计算思维培育

思维型协作深度学习实践

徐恩伟　宁可为　著

上海人民出版社

本成果受新疆师范大学优秀学术著作出版基金资助项目和新疆维吾尔自治区人才发展基金“天池英才”引进计划青年博士项目资助，为新疆高等教育发展研究中心和新疆心智发展与学习科学重点实验室的系列研究成果之一。

前 言

在智能科技日新月异的发展进程中，计算思维作为智能时代一种核心的思维方式和解决问题的关键能力，正日益受到全球范围的重视。正如周以真教授所言“计算思维不仅仅是一种与计算机科学紧密相关的思维方式，更是一种跨领域、跨学科的普遍适用的问题解决的思维方法，兼具问题解决的‘计算特征’和思维活动的‘思维属性’”。

课堂是学习发生的实践场域，对学生计算思维能力的培养最终都需要落在常态化的课堂教学层面，通过课堂教学的深度学习得以实现。《普通高中信息技术课程标准》(2017 年版 2020 年修订)和《义务教育信息科技课程标准》(2022 年版)均强调以计算思维等为学科核心素养的教学，倡导基于问题和基于项目的协作探究式学习。然而，在智能社会科技的浪潮下，教师虽然渴望为学生提供丰富的科技创新课程内容，却往往过于追求技术的酷炫与复杂性，过分强调新鲜技术工具的开发与应用，而忽视了技术的教育实用价值和学习者在知识层次与学习能力上的差异，致使学生沉溺于技术的浅层次体验与模仿之中，无法自主建构以学科核心概念为基础的结构性知识。故而，在课堂教学中，对于核心概念知识的理解性建构往往受到忽视，而过多地依赖于重复且机械化的模仿训练与浅层次的科技体验，难以促进学生对知识的深入理解和思维能力的有效迁移，从而在一定程度上抑制了计算思维等学科核心素养的培养与提升。

在基础教育实践领域，计算思维作为信息技术学科核心素养之一，蕴含着“问题思维、批判性思维、协作思维、算法思维、创新思维”五种具象化的思维素养和“抽象、分解、算法思维、概括和评估”五种计算机领域的科学方法，与编程教育的融合已成趋势。在编程教育中，学生需要深入理解真实生活情境问题的本质，通过团队协作、抽象出问题的特征、并运用计算机领域的科学方法共同探索解决方案，最终完成编程实践以解决问题。因此，聚焦学生思维发展的思维型协作深度学习活动更加关注学生对学科概念的理解性建构、高阶思维的迁移应用以及主动灵活的问题解决能力和协作能力，以实现深度学习在课堂教学中的常态化发生，进而发展学生的计算思维。

在此背景下，本书聚焦“计算思维培育，开展思维型协作深度学习实践”，依据“导向思维发展的思维型教学理论、活动理论演绎研究路径导向的协作学习活动设计过程、深度学习影响因素的 3P 模型、DELC 深度学习路线和建构主义取向的教学设计的过程模式”这五个密切相关的具体理论建构了 TDS-SPC（三阶段·双中心·六层面）螺旋推进循环型设计模型，以培养学生兼具问题解决的“计算特征”和思维活动的“思维属性”的计算思维。为更好地指导实践，本书还基于高中信息技术学科在 TDS-SPC 设计模型的指导下开展了“混合式环境下基于《开源创客-图形化编程》的‘双线融合·三阶活动’的思维型编程教学实践和面对面环境中基于《开源创客-Python 编程》的 A-IPO-D 的思维型编程教学实践”。在此过程中形成了教师视角下 TDS-SPC 具身化设计的“双中心·七步骤”过程模式（即教师设计手册）和学生视角下 TDS-SPC 具身化设计的活动记录单导学支架（即学生活动指南）。教师设计手册和学生活动指南，不仅呈现出理论指导实践的动态逻辑，而且以层层具象化的视角为编程教育中面向计算思维培养的思维型协作深度学习实践提供了具体可操作性的活动设计导向和课堂教学的实践路径；不仅为教师知晓“如何教”进行了逻辑描述与实操指南，而且为学生“如何学”提供了导学支架，从而揭示出思维型协作深度学习活动对学习者计算思维发展的具体促进过程。

最后，著者希望本书能够帮助读者深刻理解计算思维的内涵特征及其培养的重要性，灵活掌握面向计算思维培养的思维型协作深度学习活动的本质过程，尤其是 TDS-SPC（三阶段·双中心·六层面）螺旋推进循环型设计模型在指导实践过程中的实践导向价值，从而为智能社会的未来发展培养更多兼具“计算特征”和“思维属性”的计算思维能力的优秀人才！

对于本书，虽然著者已经尽最大努力进行了精雕细琢，但由于诸多因素的制约，仍难免有疏漏、不足和错误之处，在此诚恳地接受各位同行的批评指正，期待与各位同行进行探讨、交流与分享。邮箱：244924608@qq.com。

2025 年 3 月 10 日

目　录

第三篇　实践篇

第一篇　理念篇

计算思维不仅仅是一种与计算机科学紧密相关的思维方式，更是一种跨领域、跨学科的普遍适用的问题解决的思维方法。

——周以真

计算思维是解决问题的一种思维方式，是21世纪数字公民应具备的基本素养。正如周以真教授所言：计算思维运用计算机科学的基本概念进行问题求解、系统设计和人类行为理解，涵盖了反映计算机科学之广度的一系列思维活动；同时，它聚焦人的思维发展，强调在解决问题时需要考虑到系统的整体性和各部分之间的相互作用，为我们提供了一种全新的思考问题、解决问题的途径。

第 1 章　计算思维与思维型编程教学

计算思维作为智能时代问题解决的重要能力之一，是 21 世纪数字公民应具备的基本素养，科学准确地理解计算思维的内涵是有效培养计算思维的前提。课堂是学习发生的实践场域，对学生计算思维能力的培养最终都需要落在常态化的课堂教学层面，通过课堂教学的深度学习得以实现。思维型协作深度学习实践聚焦计算思维培育，更加关注学生对学科概念的理解性建构、高阶思维的迁移应用、创造和主动应用知识解决问题的能力以及协作能力，是培养计算思维的有效途径。

第 1 节　计算思维的内涵解读

1.1　计算思维的概念及发展

科学准确地理解计算思维的内涵是清晰认识且有效培养计算思维的前提。计算思维最早由麻省理工学院西摩·派珀特（Seymour Papert）教授于 1980 年首次提出并将其阐述为“儿童在通过计算机学习时所训练与培养的思维技能”①；随后周以真教授于 2006 年从计算机科学的视角对其重新进行界定，认为“计算思维是运用计算机科学的思维方式和基础概念进行问题解答、系统设计，像计算机

① Papert. Mindstorms：Children，computers，and powerful ideas[M]. New York. Basic Books，1980.

科学家一样思考问题、理解问题、解决问题等一系列涵盖计算机科学的思维活动”①,但其概念比较宽泛且不易操作。2008 年,周以真教授将计算思维的初始定义进一步拓展为:选择合适的方法进行不同层次的抽象、对抽象关系加以定义、形成模型的同时选择合适的计算机来自动执行抽象任务的过程②。2011 年,周以真教授基于不断的研究,进一步将计算思维界定为问题的表达和问题解决过程的形式化,将其定义为一个能够被信息处理主体有效执行的思维过程③。从计算思维的定义演进来看,其定义逐渐从单纯工具使用转向深层的思维过程,不再局限于计算机科学技能,而是强调利用计算机等信息处理工具解决问题的思维过程。

随着对计算思维研究的不断深入,国内外关注计算思维的研究机构以及研究学者均对计算思维提出了自己的定义。如 2011 年,美国国际教育技术协会(ISTE)和计算机科学教师协会(CSTA)共同提出了 K-12 教育中计算思维培养的操作性定义,即“计算思维是一种问题解决的思维过程,包含‘借助工具分析问题、有逻辑性的处理数据、利用算法自动化解决问题,以及解决问题过程的迁移运用’等步骤”④;布伦南(Brennan)等人在此操作性定义基础上基于 Scratch 儿童编程环境构建了包含“计算概念、计算实践、计算观念”的计算思维三维框架,成为被广泛接受的计算思维教学的支

---

① Wing J M. Computational thinking[J]. Communications of the ACM, 2006, (3):33—35.

② Wing J M. Computational thinking and thinking about computing[J]. Philosophical Transactions of the Royal Society, 2008, 366(1881), 3717—3725.

③ Wing J M. Research Notebook: Computational thinking: What and Why? [EB/OL]. http: //www. cs. cmu. edu/link/research-notebook-computational-thinking-what-and-why? 2016-11-03.

④ ISTE and CSTA. Operational definition of computational thinking for K-12 education[OL]. http://www. iste. org/docs/ct-documents/computational-thinking-operational-definition-flyer. pdf.

撑理论及实践指导①；伍拉德（John Woollard）等人在概述前人研究的基础之上提炼出“抽象、分解、算法思维、概括和评价”五个计算思维的核心要素，不仅成为问题解决的五种科学计算方法，而且成为教学实践中检验计算思维培养效果的重要评价指标②；我国学者于颖等在综合考虑有关计算思维的各种观点的基础上，提出计算思维作为一系列科学思维活动，是运用计算机科学的思维方法实现问题解决，抽象的、自动的、可解释的、可验证的和联结真实世界被定义为计算思维的本质，并基于此建构了计算思维的三棱结构③；衷克定等认为计算思维的精髓在于对所要研究和解决的问题抽象，形成形式化、程序化和机械化的执行对象，使其可以利用机器进行处理④；张立国等人认为，计算思维的本质在于人们对自然和社会的认识，作为学科核心素养的基础和教育培养的重点，计算思维在于使用科学工具完成抽象模拟，最终通过寻求问题最优解的思维方法和活动⑤；李锋等人认为，计算思维强调以贴近学生的生活学习出发，在实际经验和实际应用中培养学生运用信息技术思考和解决问题的独特能力，强调运用信息技术掌握问题解决的过程方法，以及认知思维的发展和对人机交互的理解，是人们工作、学习、生活中必不可少的关键思维能力⑥。我国新课程标准指

① Brennan. New frameworks for studying and assessing the development of computational thinking[A]. Proceeding of the Annual Meeting of the American Educational Research Association[C]. Vancouver: AERA, 2012:39—48.

② Cynthia Selby, John Woollard. Computational Thinking: The Developing Definition[J]. Special Interest Group on Computer Science Education, 2013.

③ 于颖，周东岱，于伟.计算思维的意蕴解析与结构建构[J].现代教育技术，2017, 27(05):60—66.

④ 衷克定，玛丽亚木·玉苏甫江.“大学计算机”课程的计算思维能力形态及其取向[J].中国大学教学，2013,(05):43—46.

⑤ 张立国，王国华.计算思维：信息技术学科核心素养培养的核心议题[J].电化教育研究，2018, 39(05):115—121.

⑥ 李锋，王吉庆.计算思维教育：从“为计算”到“用计算”[J].中国电化教育，2015,(10):6—10+21.

出“计算思维是指个体运用计算机科学领域的思想方法,在形成问题解决方案的过程中产生的一系列思维活动”①。

上述关于计算思维的定义虽然迥异,但其内涵聚焦于两个方面:一是问题解决,二是思维活动,即计算思维不仅是一种利用计算机工具进行问题解决的能力而且是一种问题解决过程中内在思维活动的表现,兼具问题解决的“计算特征”和思维活动的“思维属性”。但由于计算思维起源于计算机领域,教师对其认知和理解仅停留于“计算”层面,在编程教学实践中多专注于其“计算”特征而忽略了“思维”属性,致使智能时代计算思维的价值意义与教学实践的培养效果存在差异。随着基础教育课程改革的不断深化,越来越多的学者和教育实践者开始认识到计算思维作为一种普遍的、重要的思维技能,应成为基础教育领域不可或缺的一部分,并将其视为信息技术课程教学改革的关键。

1.2 计算思维的构成要素

伍拉德等人在概述前人研究的基础上提炼出“抽象、分解、算法思维、概括和评价”五个计算思维的核心要素,不仅成为问题解决的五种科学计算方法,而且成为教学实践中检验计算思维培养效果的重要评价指标②。在其定义中,计算思维的构成要素通常包括以下几个方面:

抽象(Abstraction):计算思维的核心,涉及从具体问题中提炼出关键信息,忽略次要细节,以建立更一般、更简洁的模型或表示。有助于我们更好地理解和处理复杂问题。

分解(Decomposition):将复杂的问题或系统分解成更小、更易于管理的部分,以便单独解决。有助于降低问题的复杂性,提高解

① 中华人民共和国教育部.普通高中信息技术课程标准(2017 年版 2020 年修订)[S].北京:人民教育出版社,2020.

② Cynthia Selby, John Woollard. Computational Thinking: The Developing Definition[J]. Special Interest Group on Computer Science Education, 2013.

决效率。

算法思维(Algorithmic Thinking):设计一系列步骤或规则来解决问题。是计算机编程的基础,它教会我们如何系统地思考和规划问题的解决方案。

概括(Generalisation):从特定问题或实例中识别出普遍规律或模式,以便将解决方案应用于类似问题,有助于我们提高问题的可迁移性和适应性。

评估(Evaluation):对问题解决方案的有效性、效率和可行性进行评估。是计算思维的重要组成部分,有助于我们不断改进和优化解决方案。

此外,计算思维还包括一些其他要素,如自动化、调试、模拟等,这些要素在解决问题的过程中发挥着重要作用。

在《普通高中信息技术新课程标准》(2017 年版 2020 年修订)(以下简称《新课标》)将计算思维定义为:"运用计算机科学领域的思维方法形成问题解决方案过程中的一系列思维活动。具备计算思维的学生能够采用计算机科学领域的思想方法界定问题、抽象特征、建立结构模型、合理组织数据;通过判断、分析与综合各种信息资源,运用合理的算法形成解决问题的方案;总结利用计算机解决问题的过程与方法,并迁移到与之相关的其他问题解决中"①。

其中"界定问题、抽象特征、建立结构模型"蕴含"问题思维"。智能时代将会面临各种"不确定性"的问题,是否能够分析情境中蕴含的问题并进行界定、对其特征进行抽象化诠释进而建立问题特征的结构模型,需要学生具有积极主动思考的问题思维能力。

"合理组织数据、运用合理的算法形成解决问题的方案"蕴含"批判性思维、算法思维"。其中"合理"即批判性思维,需要学生在分析评估的基础上辩证性地提出质疑、批判性的选择以监督问题

① 中华人民共和国教育部.普通高中信息技术课程标准(2017 年版 2020 年修订)[S].北京:人民教育出版社,2020.

解决沿着正确的方向行进,"算法"即算法思维,是一系列定义良好的待执行任务的逻辑步骤,步骤的排列顺序是算法思维的具象化体现。

"判断、分析与综合各种信息资源"蕴含"协作思维和批判性思维"。学习是在师生交互与协作的活动过程中达成的,在协作中不仅需要学生通过批判性思维对各种信息资源进行批判性的质疑选择和迁移应用,而且协作本身蕴含情感交互,"协作思维"有助于共同体学习情感的提升。

"迁移到与之相关的其他问题解决中"蕴含"创新思维"。迁移所学知识和能力以创造性地解决问题是创新思维的体现,是编程教学的终极指向,也是适应智能时代问题解决的关键能力。

综上分析可知,《新课标》对计算思维概念的界定蕴含"问题思维、批判性思维、协作思维、算法思维、创新思维"五种指向计算思维能力发展的具象化思维素养,为聚焦计算思维的"思维属性"提供了抓手。

总之,计算思维是一种综合性的思维技能,蕴含"问题思维、批判性思维、协作思维、算法思维、创新思维"五种具象化的思维素养和"抽象、分解、算法思维、概括和评估"五种计算机领域的科学方法。这种思维技能不仅对于计算机科学领域具有重要意义,而且对其他学科和领域也具有广泛的应用价值,是人们工作、学习、生活中必不可少的关键思维能力。

1.3 计算思维的评测方法

国内外对计算思维内涵特征的研究由于视角各不相同,对其评测存在多元化的取向,关注计算思维中"计算"属性的研究更加强调对学习者在"抽象、分解、算法思维、概括和评价"等五个计算思维的核心要素的评价,关注计算思维中"思维"属性的研究更加强调对学习者在"认知领域以知识的习得、知识的迁移进行问题解决的过程中形成高阶思维能力,以及动机策略、高投入的参与行为和积极的情绪体验等非认知能力的评价”。如阿特马齐多(Atmatzidou)挑选了 164 名学生参加为期 11 周、每周 2 小时的机器人教育,通过对不同教学阶段学生的包括程序设计的基本概念以及抽象、算法和分解在任务完成中的应用的计算思维能力开展评价①;奥兹根(Ozgen)等将计算思维能力分为创造性思维、算法思维、合作学习、批判性思维、问题解决五个维度共 29 个问题,并将量表在 726 名全日制本科、硕士和 580 名远程教育学员中进行测试,经检验量表具有良好的结构效度和信度②;张屹等针对缺乏小学阶段计算思维量表的现状,通过科学分析,编制小学生计算思维量表,并取得良好的效果③;陈兴治等针对国内缺少本土化的计算思维评价量表的现状,通过文献分析和专家咨询,确立了包括计算思维态度、计算思维技能 2 个一级维度,情感态度、思维品质、合作学习、分解、抽象、概括、算法、评估 8 个二级维度的测评工具,并通过试测和验证,证明其具有较好的信效度④。

归纳来说,计算思维的评价可分为基于试题的评价、基于量表的评价、基于编程任务(作品)的评价、基于系统环境的评价和基于思维发展水平的评价。基于试题的评价主要用西班牙学者开发的计算思维发展水平评价工具和贝布拉斯国际信息学与计算素养竞赛(Bebras Tasks)以及信息技术专项测试题测试学生的计算思维能力。基于量表的评价是目前较常用的计算思维评价方法,目前在学界获得较高认可的是由土耳其学者科尔克马兹开发的计算思

① Atmatzidou S, Demetriadis S. Advancing student's computational thinking skills through educational robotics: A study on age and gender relevant difference [J]. Robotics and Autonomous Systems, 2016(75):661—670.

② Ozgen K, Recep C, Yasar MO. A validity and reliability study of the computational thinking scales(CTS)[J]. Computers in Human Behavior, 2017(72): 558—569.

③ 张屹,莫尉,张岩,高晗蕊,李妞,林郁菲.我国小学生计算思维量表研发与应用[J].中国电化教育,2020(10):49—57.

④ 陈兴冶,马颖莹.本土化计算思维评价指标体系的构建与探索——基于1410 名高中生的样本分析与验证[J].远程教育杂志,2020, 38(05):70—80.

维评价量表,从五个方面评价学生计算思维能力,被广泛研究使用。除此之外,基于量表的评价还包括计算思维自我效能感评价量表以测量学习者对计算思维是否能够掌握的自我评估。基于编程任务(作品)的评价主要以美国学者赛特(Seiter)提出的 PECT (Progression of Early Computational Thinking)的计算思维发展模型,并应用于 Scratch 编程环境中,用于评估学生计算思维能力。基于系统环境的评价则通过开发实时评价系统,通过形成性测验、总结性测试、编程作业和迁移测试等功能模块在 Scratch 等编程工具平台上测评学生计算思维能力的发展。基于思维发展水平的评价主要依据澳大利亚学者比格斯提出的 SOLO(Structure of the observed Learning Outcome)分类法开展评价,SOLO 分类法是比格斯在皮亚杰的发展阶段理论基础上提出的,是指人在解决问题过程中经历的思维发展阶段并将内隐的抽象思维结构以可观察的学习成果结构呈现出来,强调思维能力的发展过程,分为前结构、单点结构、多点结构、关联结构和抽象结构五个层次,已被广泛应用于学生思维发展水平的评价。

第 2 节　计算思维培育的课堂实践困境

2.1　课堂教学中培养计算思维的实践困境

课堂是学习发生的实践场域,对学生计算思维能力的培养最终都需要落在常态化的课堂教学层面,通过课堂教学的深度学习得以实现。虽然基于核心素养的课程改革为课堂教学如何培养学生计算思维的能力提供了指引方向和实践思路,但是其在基础教育阶段的课堂教学中依然面临着巨大的实践困境,主要表现在以下四个方面:

(1) 学习价值意义的异化:课堂学习的浅表化现象随处可见

学习的价值意义在于"学习者能够基于知识的表层符号,产生对所学知识的深度理解，并内化为学习者的系统性知识结构、高阶思维以及导向真实问题解决的实践创新等自我价值”①。然而在实际的中小学课堂教学中学习价值意义的异化现象却随处可见：一方面，老师灌输式的课堂教学和学生浅表化的机械学习现象比比皆是，“老师疲于基础性、零碎化知识的大量讲授和传递，学生困于机械化、浅表化和无思考学习的泥潭痛苦不堪，为获取优异的考试分数，辛苦勤奋地进行着机械化的模仿和重复性的记忆、背诵，最终在不求甚解中不断地‘逾越学习阶段’”②；另一方面，蕴含着新课程改革教学理念的表演性课堂教学随处可见，尤其是在各级各类的“展示课、大赛课和交流课”中，无论课程的教学目标和教学内容是否符合活动化的学习情境和学习者的认知水平，教师都“愉快”且积极地开展着以活动为导向的一系列流于形式的协作探究、项目式合作等课堂教学活动，课堂虽呈现出高参与度、热闹非凡的学习现象，但背后却是“学生在动手而不动脑且表演性地重复着已预演多次的虚假性、无思考性的浅层学习”③。由此可见，学生在课堂教学中并没有真正习得聚焦发展核心素养理念的价值观念、必备品格和关键能力，可谓“徒有其形，而未达其里”。灌输式和表演式的课堂教学异化了学习的价值意义，使得课堂学习的浅表化现象随处可见。

(2) 基于学科核心概念的理解性结构知识的缺失：注重知识数量堆积的浅表化学习

《普通高中课程标准》(2017年版2020年修订)和《义务教育课程标准》(2022年版)均强调指向计算思维等学科核心素养的教学，

---

① 郭元祥，伍远岳.学习的实践属性及其意义向度[J].教育研究，2016，37(02)：102—109.

② 马晶新.课堂教学中促进学生深度学习的问题与举措[J].教学与管理，2020(30)：98—100.

③ 沙国禅.综合实践活动课程深度学习的困境与策略[J].教学与管理，2020，No.815(22)：32—35.

倡导以基于问题和基于项目的协作探究式学习,然而教师面对大班化教学及课程任务的压力,总是希望尽可能多地给学生提供学习内容,所讲试图能覆盖考试的所有考点,致使学生对知识没有发生深度理解,故而无法自主建构以学科核心概念为基础的结构性知识,因此需要接受大量的学科知识并进行重复且机械化的模仿训练,却较少关注核心概念知识的理解性建构,导致学生对前一主题的知识理解和构建还停留在表面,进而在"不求甚解"中不断地"逾越"学习阶段。因此,围绕学科核心概念、合理设计课堂教学活动,促使学生进行系统性的知识建构、注重知识学习的理解深度而非知识数量的广度,是当前指向计算思维等学科核心素养的课程教学必须思考的问题。

(3)"以学为中心"的主体性缺位:忽视协作学习活动的精细化设计

"以学为中心"一直是学术界认可并在教学实践中努力探索的教学范式,协作学习具有"以学为中心"教学范式的典型特征,它注重学习者在协作交互过程中通过对话、协商、辩论、质疑与思考等协作形式建构对学科核心概念的理解性结构知识和对知识运用的迁移创新,从而培养学习者的深度学习能力,发展计算思维。然而,当前教师人数少、学生人数多的课堂教学,依然是"班级授课制"主导下的"标准化、流程化、规模化"的线性讲授式教学,缺乏"以学为中心"的协作学习活动。当然讲授本身没有问题,问题在于讲什么、何时讲、怎么讲才能促进学生真正地参与学习。尽管一些学术研究者和教学实践者进行了各种改革尝试,在一定程度上提高了学习者的学习情感体验,如"翻转课堂、智慧教学、混合式学习和协作式学习"等新式教学方法被应用到课堂教学中,然而,在具体的教学实践中发现这些新式教学方法并没有真正改变学习者的主体性学习地位。尽管课堂教学表现出热闹非凡的学习氛围,似乎体现出"以学为中心"的教学理念,但实质上学习者协作流于形式以致"作而不协、协而不决";又再如当前火热的 3D 打印技术、虚拟现实、教育人工智能、教育元宇宙等科技创新课程，以其丰富且充满新鲜感的课程资源让学生对创新科技充满兴趣和好奇心，拓展了学生的视野并增强了其对技术的了解，然而这种以资源为中心的科技创新课程往往一味地追求技术的酷炫与复杂、重视新鲜技术工具的开发与应用，忽略了技术的教学实用性和学习者学习层次的差异性，即忽视了相应的对技术支撑下的协作学习活动的设计与指导。由此观之，当前教学实践虽然理论上是“以学为中心”，但实际上学生却未真正地参与课堂活动，致使学生常常出现学习迷航和认知超载，如：学习效率低的学生在“不求甚解”中隐性逃课，进而不断地“逾越”学习阶段，学习效率高的学生在“寻根究底”中静待新知，丧失了许多深度学习与创造的机会。学生对于知识的建构仍停留在记忆层面，无法有效达成对知识的深度理解和思维能力的迁移，这与“核心素养框架”中提到的计算思维能力仍有很大差距。

(4) 模仿和重复操作的浅层次学习：缺乏指向思维型协作深度学习的目标导向

在现有的课程框架及以高考为导向的教育评价体制下，信息技术课程作为非高考科目在高中阶段不受重视，课时量非常少，直接通过教学的形式对学生赋予的教育影响有限，在有限的教学影响下，对学生计算思维的培养效果甚微，具体表现在①：从课堂教学内容层面看，虽然 C 语言、Scratch、Python、编程猫等编程教育课程陆续开展，但在实际的教学过程中过于追求技术的新鲜感，缺乏科学的课程规划与教学设计，致使学习者以“尝试一次”学习为主，缺乏对学习问题的深刻认识和解决实际问题的思维能力；从教学模式层面看，虽然采用了任务驱动、基于问题或基于项目等若干教学策略，如牟琴等人提出的计算思维探究式教学模式、任务驱动式教

① 孙丹，李艳. 国内外青少年编程教育的发展现状、研究热点及启示——兼论智能时代我国编程教育的实施策略[J]. 远程教育杂志，2019，37(03)：47—60.

学模式,可惜至今仍未见长期的教学实践及教育实验的对比结果,无法说明哪一个模式更有效或更适合某个阶段的学习者,此外基础教育阶段课堂教学中核心教学模式仍然是教师先操作演示,学生再练习测试的教学模式,致使学生产生单一思维,学习成为模仿和重复操作的浅层次学习;从学习者效果层面看,学生信息技术能力参差不齐,统一大班额的教学效果往往造成"吃不饱"的学生学习困难,"吃得饱"的学生隐性逃课,无法有效促进学生计算思维的提升。

因此,面对现有的"人工智能+教育"的社会需求及当前 K12 教育阶段信息技术课程的实践困境,信息技术课堂教学迫切需要以融合计算思维等核心素养的课程教学改革,聚焦于培养学生思维能力发展的教学,以实现深度学习在课堂教学中的常态化发生,促使学习者学会学习,致其能够深度理解知识概念的内涵、主动建构知识内容、重塑问题解决的学习方式和思维方式、利用所学的知识技能解决遇到的实际问题,进而发展学生的计算思维。这将成为新时期国际基础教育教学改革的关键点和突破点,亦是导向核心素养的课堂教学、落实高质量教育体系建设和知识全球化的时代诉求亟待解决的核心问题。

第 3 节　思维型教学与思维型编程教学

3.1　思维型教学的基本要义

《新课标》指出:"计算思维是指个体运用计算机科学领域的思想方法,在形成问题解决方案的过程中产生的一系列思维活动。"因此,要深入理解计算思维,首先要明晰思维的本质。思维,作为人类心智的核心,不仅是心理层面的现象,更是我们认知世界的高级工具。它是个体在面对问题时展现出的心理认知过程,涵盖了抽象、推理、判断等关键步骤,是我们获取知识、理解世界的"心灵之旅”;思维更是人类与动物区别的关键所在,彰显着人类的智慧与独特性。

从心理学的角度来看,鲁宾斯坦将思维描述为分析、综合、抽象和概括的心理过程,体现了思维活动的复杂性和多样性;斯滕伯格进一步将思维划分为分析性思维、创造性思维和实践性思维,强调了这三种思维类型在解决问题中的重要作用,并指出这些思维过程需要掌握多种技能,如问题确定和程序选择等①。

杜威在《我们怎样思维》中提出了反思性思维的概念,强调了对问题进行反复、认真和持续反思的重要性。这种反思性思维旨在将复杂的问题情境转化为清晰、有条理的思考框架,从而有效地解决问题。反思性思维不仅涉及概念化、推理、检验等认知因素,还包括兴趣、动机等非认知因素,体现了思维的全面性和深度。

朱智贤等人将思维定义为“大脑对客观事物本质及内在规律的间接概括和反映,揭示了思维的本质是一种对世界的深度理解和洞察”②;郅庭瑾在《为思维而教》一书中强调,思维是人类在解决问题过程中展现的智力活动,是独特的思维方式和过程,帮助我们认识世界、解决问题③。林崇德和胡卫平等人认为思维作为智力的核心组成部分,具有三棱结构模型,体现了思维的复杂性和多维度特性④,于颖等人基于这一理论,进一步构建了计算思维的三棱结构,为我们理解计算思维提供了新的视角⑤。当个体面临挑战时,通过抽象、推理、判断等思维活动,我们不仅能够找到解决问题的

① 鲁宾斯坦著.赵壁如译.关于思维和它的研究道路[M].上海:上海人民出版社,1963年11月.

② 朱智贤,林崇德.思维发展心理学[M].北京:北京师范大学出版社,1986年7月.

③ 郅庭瑾.为思维而教[M].北京:教育科学出版社,2007.

④ 林崇德,胡卫平.思维型课堂教学的理论与实践[J].北京师范大学学报(社会科学版),2010(01):29—34.

⑤ 于颖,周东岱,于伟.计算思维的意蕴解析与结构建构[J].现代教育技术,2017, 27(05):60—66.

路径，还能在这一过程中获得新的知识和见解。因此，思维的本质在于对问题的探索和求解。

在教学实践中，思维型教学是聚焦于培养学生思维能力发展的教学，当前有两种基本的实践形式：独立课程的思维型教学和融合课程的思维型教学①。前者是在学校里单独开设思维型课程，通过专门的老师开展课堂教学活动以提高学生的思维能力，教学目标是要让学生“知道如何思维”；后者是把思维能力的培养与学科教学紧密融合在一起，通过教师聚焦思维能力的课程设计与活动实施，使学生在获取学科知识的同时发展思维能力，其教学目标是要让学生“迁移创新”。然而，所有知识的学习都涉及思维，并不存在无思维的教学，因此学科教学被认为是培养学生思维能力的有效实践路径②。林崇德和胡卫平等人把思维活动作为课堂教学中师生活动的核心，并依据“聚焦思维结构的三棱模型”提出了思维型教学的基本理论，包含四大基本原则和四个基本环节，即“认知冲突、自主建构、自我监控、应用迁移”原则和与之对应的“教学导入、教学过程、教学反思、应用迁移”环节③。其中认知冲突原则要求教师在教学导入环节，创设两难情境或与学生已有认知经验相冲突的问题情境以激发学生思维；自主建构原则包括个体认知建构和社会交互建构两个层面，要求教师在教学过程中加强师生的协作互动以促进学生个体思维的发展；自我监控原则强调的是学习反思对学生思维结构的促进与完善，要求教师在教学反思环节引导学生总结知识、方法、过程和经验以促使学生形成良好的思维认知结构；应用迁移原则强调的是思维的迁移训练，思维的迁移是

---

① 赵国庆.思维教学研究百年回顾[J].现代远程教育研究，2013(06)：45.

② McGuinness C. et al. Building Thinking Skills in Thinking Classrooms: ACTS in Northern Ireland[C]. The 13th International Conference on Thinking Norrköping, Sweden :Linköping University Electronic Press, 2007.

③ 林崇德，胡卫平.思维型课堂教学的理论与实践[J].北京师范大学学报(社会科学版)，2010(01)：29—34.

在知识和技能的掌握、运用过程中发生的，要求教师在应用迁移环节加强学生对知识的应用和在不同情境中的迁移训练。

因此，聚焦于培养学生思维能力发展的思维型教学理论强调课堂活动的核心是对学生思维能力的培养以促进迁移创新，其"四大基本原则"和"四个基本环节"为教学实践中研究计算思维的培养提供了理论指导和操作指南。

3.2　思维型编程教学

课堂是学习发生的实践场域，对学生计算思维能力的培养最终都需要落在常态化的课堂教学层面，通过课堂教学的深度学习得以实现。在基础教育中，计算思维作为高中信息技术学科核心素养，与编程教育的融合已成趋势。从国际上看，美国、澳大利亚、英国和欧盟为代表的国家及地区，均已将编程能力的培养作为国家政策落实，以进一步培养学生的计算思维，如英国于2012年1月，宣布将彻底放弃中小学原有的信息技术课（ICT），改为计算课程（Computing）；欧盟2016年在发布的《公民数字素养能力框架2.0》要求各成员国关注社会对公民编程能力的要求，并对运用计算思维解决问题作了具体说明；美国国家科学基金会（NSF）于2011年启动CE21计划，借助此计划以提高K-12阶段老师和学生的计算思维能力①。2017年，我国国务院印发《新一代人工智能发展规划》，提出要"在中小学设置人工智能相关课程，逐步推广编程教育"，这是我国首次将"编程教育"写入政府决策；2018年，教育部印发《普通高中信息技术课程标准（2017年版2020年修订）》，明确提出"计算思维"是高中信息技术学科的四大学科核心素养之一，是信息技术学科核心素养的根基；任友群等人提出计算思维作为信息技术学科的核心素养体现了信息技术学科的特点，强调课堂教

① Vuorikari R, Punie Y, Gomez S C, et al. Dig Comp 2.0: The Digital Competence Framework for Citizens. Update Phase 1: The Conceptual Reference Model [R]. Seville: European Union, 2016.

学中要用计算思维来帮助学生理解和解决信息社会问题①;张进宝等人提出信息技术课程应该以“促进计算思维,培养编程能力”作为核心目标②。由此可见,计算思维作为信息技术学科核心素养的重要组成部分,其本源是聚焦于问题解决的思维过程③,包含“抽象、分解、算法思维、评估、概括”五个核心要素④和“问题思维、批判性思维、协作思维、算法思维、创新思维”五种具象化的思维素养。编程教育的实质亦是对问题的求解,与计算思维的目的不谋而合,故编程教育是基础教育中培养计算思维的最佳载体,是落实学科核心素养培养的基点。

然而,传统教育较为关注零散且缺乏实际生活情境的陈述性知识,无法满足智能时代对人才的核心诉求。为此许多国际组织和国家纷纷提出发展学生核心素养以应对未来社会发展的时代诉求,如经合组织(OECD)提出的“素养界定与选择”概念框架、美国21世纪技能联盟构建的“彩虹图”学习框架和欧盟研制的“终身学习核心素养”框架等等。2016年9月,我国教育部发布《中国学生发展核心素养》总体框架,框架包含“社会参与、自主发展、文化基础”三个方面以及“学会学习、实践创新、人文底蕴、健康生活、科学精神、责任担当”六大素养,侧重培养“全面发展的人”,以此作为培养学习者形成适应社会需求和时代发展的必备品格、价值观念和关键能力。基于核心素养的课程改革一方面强调“学生的自主发展、社会参与和问题解决,重点培养学生解决实际问题的高阶思维能力和创新实践能力,其本质是在强调对学生深度学习能

① 任友群,李锋,王吉庆.面向核心素养的信息技术课程设计与开发[J].课程·教材·教法,2016, 36(07):56—61.

② 张进宝,姬凌岩.中小学信息技术教育定位的嬗变[J].电化教育研究,2018, 39(05):108—114.

③ WING J M. Computational thinking [J]. Communications of the acm, 2006, 49(3):33—35.

④ Cynthia Selby, John Woollard. Computational Thinking: The Developing Definition[J]. Special Interest Group on Computer Science Education, 2013.

力的培养”①；另一方面“核心素养的培育涉及认知、情感、思维和价值观念等诸多要素，任何外在的学习环境及其支撑平台只有转化为学习者的主体性学习实践，即引发学习者的学习主动性和自发的学习行为，尤其是引发深度学习，才能更好地促进学生发展核心素养的形成”②。美国研究协会（American Institutes for Research）主导实施的深度学习项目（SDL）和我国教育部基础教育课程教材发展中心组织开展的深度学习教学改进项目，均从不同的视角阐明“深度学习是发展学生核心素养的重要路径之一”③。

由此可见，深度学习基于核心素养变革课程教学的内涵式追求，已经成为衡量基于核心素养的课程改革对人才培养质量的标准之一。计算思维，作为一种以问题解决为核心的思维方式，强调持续、有目的的探究，追求的实质就是深度学习。学习不是个体独立完成的，而是置于社会化的情境中在师生交互与协作的活动过程中达成的。“协作学习是知识建构的重要组成部分，是学习者为了实现共同的学习目标，以小组形式参与社会性交互并在一定的奖励机制下最大化学习成果，而与共同体内其他成员进行交互、对话与意义协商等互动的行为过程”④，是促进学习者群体发展并在协作过程中促进个体发展的一种有效的学习方式。在课堂教学中开展协作学习活动不仅可以促进师生、生生之间的协作交流和质疑思考，而且能够打破传统课堂上师生之间单调的互动、加深学生对学科核心概念知识的深刻理解与迁移运用，从而达成深度学习

---

① 郭华.如何理解“深度学习”[J].四川师范大学学报（社会科学版），2020，47（01）：89—95.

② 崔友兴.基于核心素养培育的深度学习[J].课程·教材·教法，2019，39（02）：66—71.

③ Zeiser K，Taylor J，Rickles J. The study of deeper learning：opportunities and outcomes[R]. Washington，D C：AmericanInstitutes for Research，2014.郑葳，刘月霞.深度学习：基于核心素养的教学改进[J].教育研究，2018，39（11）：56—60.

④ 张文兰，刘君玲，刘斌.情绪交互对在线协作学习者知识建构的影响[J].电化教育研究，2021，42（01）：72—79.

的目的。

因此,在编程教育中,思维型编程教学必然导致学生的思维型协作深度学习,思维型协作深度学习促使学生深入理解问题的本质,通过团队协作共同探索解决方案,并进行编程实践。这个过程聚焦于培养学生思维能力发展,以实现深度学习在课堂教学中的常态化发生,促使学习者学会学习,使其能够深度理解知识概念的内涵、主动建构知识内容、重塑问题解决的学习方式和思维方式、利用所学的知识技能解决遇到的实际问题,进而发展学生的计算思维,是培养计算思维的有效途径之一。

第2章　思维型协作深度学习的理论基础

在思维型编程教育中，“聚焦学生计算思维发展的思维型协作深度学习实践”旨在通过小组协作的方式促进协作组群体以及组内个体的深度学习，不仅关注学习者个体的学习发展，还注重协作组整体的学习发展，强调通过社会性交互、对话、协商等协作的方式促进学习者对学科概念知识的深刻理解与迁移运用、能够运用高阶思维创新灵活地解决实际情境中的问题、完成深度学习，达成计算思维的培养。

第1节　协作学习活动的知识基础

1.1　协作学习活动的内涵特征

协作学习活动作为一种特殊类型的教学活动，涉及“协作学习和学习活动”的双重概念，需分别对其进行分析以明确协作学习活动的内涵特征。

“协作学习”的概念由来已久，如“独学而无友，则孤陋而寡闻”“三人行，必有我师”均蕴含了协作的内涵，其与“合作学习”又常常相互关联、模糊不清。部分研究者从不同的视角提出了协作学习与合作学习具有明显的差异，如巴克利(Buckley)等人认为“学习者在合作学习中是独自完成分配的任务，而在协作学习中是共同交互完成整个任务”①;迪伦伯格(Dillenbourg)认为“在协作学习中学习者是一起工作而在合作学习中学习者是各自完成各自的子任务”②。然而,亦有相当多的学者认为没有任何一种协作学习是完全的协作而不包含合作,也没有任何一种合作学习是完全的合作而不包含协作,所以没有必要对这两个概念做明显的区分,如基尔希纳(Kirschner)认为“这两个概念的差别很小,而共同点很多,可以不做区分”③;王坦等人认为“在基础教育的相关文件中多使用合作而在教育技术领域多使用协作,它们都强调以小组为单位的互动”④;哈德温(Hadwin)等人通过对 CSCL 综述性的文献进行元分析,发现“协作与合作的差异主要体现在理论观点等方面的不同,其在教学实践中往往交叉使用,不存在明显的差异”⑤。此外,《现代汉语词典》(第 5 版)解释“协作”是“若干人或若干单位互相配合来完成任务”,“合作”是“互相配合做某事或共同完成某项任务”;《新牛津汉语词典》解释“Collaboration”为“work jointly on an activity, especially to produce or create something”,“Cooperation”为“act jointly, word towards the same end”,从两个词语的中英文解释来看,“协作”与“合作”虽表述不同但并无本质的区别。综上所述且本书侧重实践取向,故而不区分合作学习与协作学习概念差异,统一称协作学习。国内外许多学者均对协作学习做过界定,影响比较广泛的有:澳大利亚学者吉利斯认为“协作学习是一种能够

① Buckley K M, & Trocky, N. M. From Cooperative to Collaborative Learning Use of a Wiki for a Community Cultural Assessment[J].CIN-Computers, Informatics, Nursing, 2019, 37(9), 439—443.

② Dillenbourg. Over-scripting CSCL: The risks of blending collaborative learning with instructional design [A]. Open Universiteit Nederland, 2002, 61—91.

③ Kirschner. Using integrated electronic environments for collaborative teaching learning[J]. Learning and Instruction, 2001, (10):1—9.

④ 王坦.合作学习的理论基础简析[J].课程·教材·教法,2005(01):30—35.

⑤ Jeong H, Hmelo-Silver C E, & Jo K Ten years of Computer-Supported Collaborative Learning: A meta-analysis of CSCL in STEM education during 2005—2014[J]. Educational Research Review, 2019, 28, 100284.

引导学习者以小组的形式有效开展学习活动的课堂教学方法"①；美国明尼苏达大学"协作学习中心"的约翰逊兄弟(D. W. Johnson & R. T. Johnson) 认为"协作学习是一种课堂教学方式，具有'积极依赖、小组加工、个人责任、促进性交互和社交技能'5 个核心要素"②；我国学者黄荣怀教授认为："协作学习是指学习者基于共同的学习目标，在一定的奖励机制下以小组形式参与信息共享、质疑论辩、协作互助、问题解决和角色扮演等互动过程的一切学习行为"③。上述关于协作学习的概念界定虽然各有侧重点，但突出表现了协作学习的几个特征(四个强调)：一是"强调以异质分组的小组活动为主体"，二是"强调小组成员之间基于共同学习目标的协作互助"，三是"强调小组的整体成绩作为教学奖励"，四是"强调协作学习对个体的认知发展"。

"学习活动"存在广义与狭义两种概念。广义的学习活动指向人的一切行为，涵盖人类最基本、最广泛的社会实践活动，其对于本书教学实践层面的学习活动设计缺乏指导性意义。狭义学习活动的概念聚焦于活动环境和活动目标两个层面，如比瑟姆(Beetham)聚焦学习目标和学习对象，提出了"学习活动是指学习者与学习伙伴或教师等学习群体在共同学习目标的引导下进行的一切学习操作"④；梅耶(Mayes)等基于学习环境中的交互过程提出"学习活动是指学习者个体与学习群体基于预期的学习目标而与现实事物、学习内

① Gillies R M. Promoting academically productive student dialogue during collaborative learning[J]. International Journal of Educational Research, 2019, 97, 200—209. https://doi.org/10.1016/j.ijer.2017.07.14.

② Johnson, D. W., Johnson, R. T., & Holubec, E. J. Circles of Learning [M]. 1993.

③ 黄荣怀.计算机支持的协作学习——理论与方法[M].北京：人民教育出版社，2003.

④ Helen Beetham. An Approach to Learning Activity Designin Rethinking Pedagogy for a Digital Age: Designing and Delivering E-learning, eds. Helen Beetham and Sharpe Rhona, Routledge: 2017, 26—40.

容、学习工具和学习资源等学习环境进行的互动行为"①;杨开城从学习活动目标指向的视角提出"学习活动是指学习者个体或学习群体在预期学习目标的引导下而完成所有学习任务的参与行为总和,如设计学习活动的规则、任务、分工与评价和实施步骤等以及实施学习活动过程中的一切交互行为"②,这一界定在强调学习目标的同时还强调了实现学习目标的任务设计,即任务是构成学习活动的诸多因素中的一个,学习者可以使用技术工具、媒体资源和角色分工等使得任务得以顺利完成,进而实现活动的预期目标。从中可以看出,杨开城关于学习活动的界定比较契合本书的研究目的,故而将其作为本书对学习活动的界定。

由上述分析可知:协作学习活动作为一种特殊类型的教学活动,从属于狭义的学习活动观(强调学习环境和学习目标),且具有协作学习"四个强调"的典型特征。基于此,本书将协作学习活动界定为:异质化的学习小组为达成共同的学习目标,在特定的学习环境下,通过彼此之间的分工合作、沟通交流、意义协商等协作方式而进行的促进学习者个体和协作群体在知识认知、思维能力和情感体验等方面习得成果最大化的一系列操作。其中异质化的学习小组,指协作学习活动不仅注重群体性(师生、生生)而且注重个性化(异质),这是协作学习活动开展的基础;共同目标,指共同体追求的目标导向的任务完成或问题解决,这是协作学习活动开展的动力;特定的学习环境,指学习活动发生的场景,如混合式环境中的"双线融合·三阶活动"的编程教学和面对面课堂环境中的"A-IPO-D"编程教学。此外,由于信息技术课程的特殊性(技术支持的学习尤为重要),技术的支持功能主要体现为媒体资源支持、平台工具支持和

---

① Mayes, T. & S. de Freitas. Review of e-learning frameworks, models and theories: JISC e-learning models desk study, JISC[EB](2021-08-06), http://www.elearning.ac.uk/.

② 杨开城.以学习活动为中心的教学设计理论——教学设计理论的新探索[M].北京:电子工业出版社,2005, 16—17.

协作互动支持，这是协作学习活动开展的场域；协作方式，指协作小组成员之间为达成共同目标而采取的一系列交互行为，这是协作学习活动开展的组织方式；最大化学习者个体和协作群体的习得成果，指协作学习活动不仅追求协作组的协同共识，而且注重学习者个体能够基于学科核心概念主动建构知识的理解性意义，并能够运用高阶思维将学科知识在协作组交互过程中进行迁移应用，以创新灵活的解决实际生活情境中的复杂问题，即在思维型协作深度学习活动中培养计算思维，这是协作学习活动的核心目标追求。

1.2　协作学习活动的结构要素

结构要素是活动系统的基本单元、是构成活动系统的基本成分，因此，明晰协作学习活动的结构要素是对其进行有效设计的关键。通过对关键性文献的梳理发现：国内外对协作学习活动结构要素的研究路径有两条，一是基于教育学视角的“归纳”研究，二是基于活动理论视角的“演绎”研究。前者基于教学经验的总结归纳出协作学习活动的构成要素；后者认为教学活动是包含教与学的一种特殊的活动，基于此将活动理论中的诸要素演绎为教学活动中的诸要素，并对其进行一一释义，然后具化于协作学习活动中。

(1) 教育学视角的“归纳”研究

教育学视角的“归纳”研究一般从已有的协作学习活动实践出发，基于学习理论、教学理论和教学设计等教与学理论不断总结并提炼存在于协作学习活动中的构成要素，典型的代表是 Dialog Plus 研究项目和李青的学习活动建模实践。

Dialog Plus 研究项目旨在“为教师创建详细的学习活动提供支持并基于教学实践提炼出了学习活动的三个要素：背景、任务和教学方法，每个要素又对应若干子要素”①(见图 2-1)。其中背景包

① Conole G. A learning design toolkit to create pedagogically effective learning activities. Journal of Interactive Media in Education(Portable Learning. Special Issue, eds. Colin Tattersall, Rob Koper), 2005/08. ISSN: 1365-893X.

括学习目标、学习成果、学科性质和活动所发生的环境等方面;教学方法主要是教学过程中所采用的学习和教学的方法;任务包括任务的描述和任务序列。

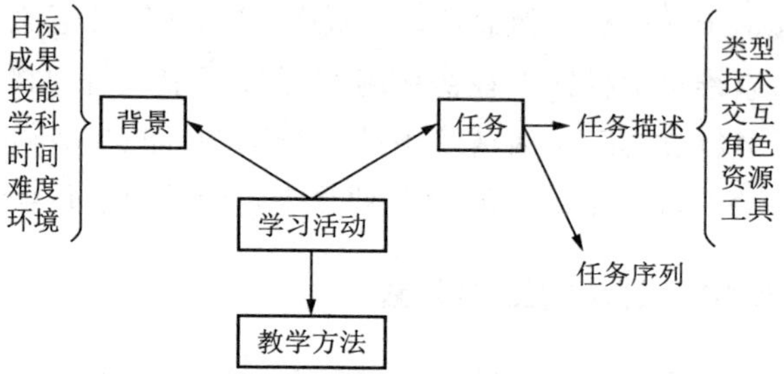

图 2-1　学习活动构成要素(Dialog Plus 研究项目)

李青使用活动建模的方法从以活动为中心的视角将学习活动的结构分为“活动、目标、资源、学习者和情境”5 个构成要素①(见图 2-2)。其中“活动”是学习的中心,“情境”是各要素发生作用的环境,包含与学习相关的社会、文化因素,学科背景因素等;“学习者”是学习发生的主要角色,包含学习者的需要、动机、已有知识经验和技能、认知风格等因素;“目标”是学习者学习方向的指引,一定程度上决定了学习者学习的内容和采取的学习方法;“资源”是支持学习者在特定情境中达成学习目标的一切可供使用的材料。

总之,教育学视角的“归纳”研究主要从应用实践层面并基于相应的教学理论归纳提炼出构成学习活动的基本要素,并分析各构成要素间的相互关系,虽然这些要素涉及学习活动的各个方面,但更多的是基于学科特点和教师经验的总结,使其基本构成要素经验性较强且不在一个认知层面,对本书研究的借鉴意义不大。

① 李青.学习活动建模[D].上海:华东师范大学,2005.

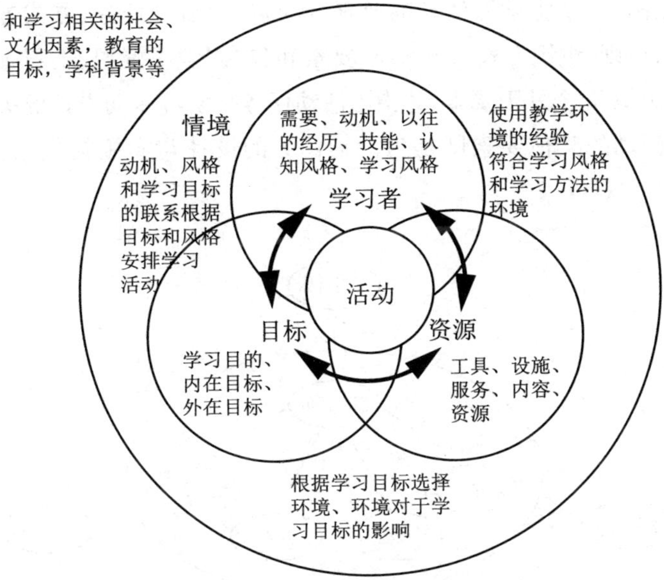

图 2-2　以活动为中心的学习设计框架

（2）活动理论视角的“演绎”研究

活动理论起源于苏联社会文化历史学派，后经维果斯基、列昂捷夫、恩格斯托姆等人的研究，逐步完善，成为包含主体、客体和共同体以及将三者联系起来的工具、规则和分工等互动要素的理论框架。该视角下的研究者认为教学活动是包含教与学的一种特殊的活动，这一特殊的活动具有活动理论框架的六个基本因素①，基于活动理论的协作学习活动设计应该建立在对活动理论所包括各个因素的分析基础上，即基于活动理论框架的六个基本要素（主体、客体、共同体、工具、规则和劳动分工）设计相应的教学活动。如杨开城等人以活动理论为依据构建以活动为中心的教学设计模

① Pettersson F. Understanding digitalization and educational change in school by means of activity theory and the levels of learning concept[J]. Educ Inf Technol, 2021, (26):187—204.

型(见图 2-3),将学习活动的要素分为包含"活动任务、方式方法、过程、规则、组织方式"5 个核心要素和包含"学习资源、学习工具、信息组织"3 个外围要素,并指出活动任务是学习活动设计的关键,学习活动的其他要素则是为活动任务的设计与实施提供服务性支持。

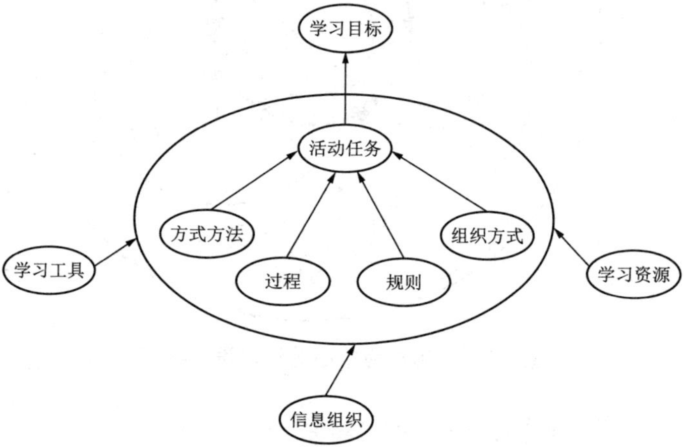

图 2-3　以活动为中心的教学设计模型

以上关于学习活动设计的两类研究为本书研究设计系统规范的促进深度学习的协作学习活动提供了重要启示与借鉴。协作学习本质上是一种特殊类型的学习活动,因此具有活动理论的典型特征,本书基于活动理论视角的"演绎"研究,提出活动理论导向的协作学习活动结构(见图 2-4)。

在协作学习活动结构中,学习者作为学习活动的主体,而教师作为学习活动的设计者和指导者,主导着学习活动的进程。因此,教师在设计学习活动之前,应该充分了解学习者的知识基础和学习风格等活动主体的特征;主体所作用之客体,是客观存在的学科知识,即学习内容;学习内容必须承载于教材、辅材、学材等资源,即学习者主体通过资源媒介将学习内容转化为学习结果;共同体

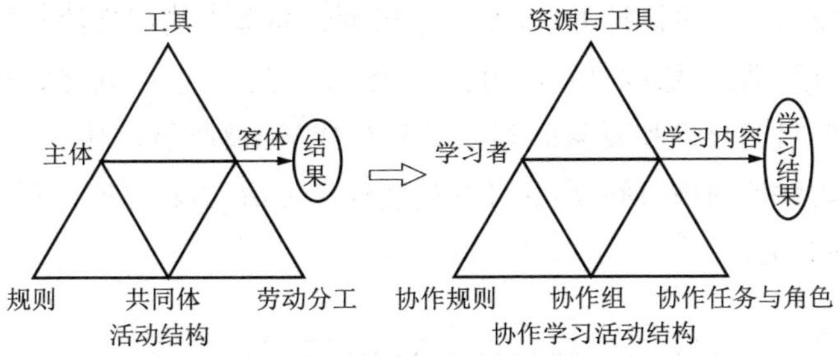

图 2-4　活动理论导向的协作学习活动结构

是共同参与学习的协作者与指导者，如学科教师、学习同伴、教研员、家长等，在协作学习活动中，协作组即是协作学习活动的共同体；学习者在学习学科知识并与共同体互动的过程中需要遵守相应的学习规则、借助相应的学习工具，从而以特定的协作分工和角色分工完成不同的学习任务，达成在思维型协作深度学习活动中培养计算思维的目标。

1.3　协作学习活动的设计过程

协作学习活动的设计直接影响着协作学习的教学实践，国内外研究者在协作学习理论、活动理论和教学设计理论研究成果的基础上均从不同的视角探索了协作学习活动在学科教学过程中的设计模型。概而观之，国外研究者主要围绕教学实践中存在的问题以实证研究的方式建构解决问题的理论模型，然后对其进行验证、修改和完善；国内研究者偏重介绍相关的指导理论，并基于理论思辨的方式归纳、演绎出该指导理论的模式、方法和策略，然后进行教学实践以验证该理论指导教学实践的有效性。比较典型的有活动理论演绎导向的协作学习活动的设计模型、在线网络环境下的协作学习活动的设计模型、面向交互的协作学习活动的设计模型、活动或任务类型导向的协作学习活动的设计模型。

（1）*活动理论演绎导向的协作学习活动的设计过程*

该视角下，研究者基于活动理论来推演协作学习活动设计的构成要素或基本设计方法,如余亮和黄荣怀基于活动理论,提出协作学习活动的“资源、任务、角色、时序”4 个基本要素,并将“对四个基本要素的分析和要素间相互关系构成的流程设计”作为协作学习活动设计的核心问题,由此建构协作学习活动设计的过程模型①(见图 2-5)。

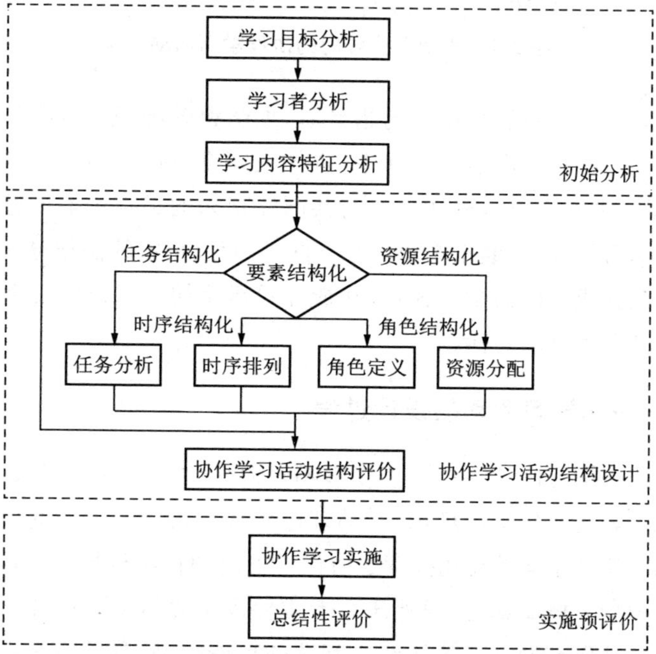

图 2-5　协作学习活动设计过程模型

该设计模型包括“初始分析、协作学习活动结构设计和实施预评价”三个阶段,其中初始分析聚焦于“学习目标分析、学习者分析和学习内容特征分析”三个环节,协作学习活动结构设计聚焦于“任务分析、时序排列、角色定义和资源分配”四要素的结构化设

① 余亮,黄荣怀.协作学习活动结构设计研究[J].远程教育杂志,2012,(05):74—81.

计，实施预评价关注的是"协作学习活动的实施过程和总结性评价"。总之，该设计模型较为具体，对本书研究促进深度学习的协作学习活动设计具有很强的借鉴意义。

(2) 在线网络环境下的协作学习活动的设计过程

该视角下，研究者结合活动理论的演绎过程和教学实践的经验总结，探讨了在线网络环境下的协作学习活动的设计过程，如张建伟提出的"环境—活动"两层次的在线网络协作学习活动的设计框架①(见图 2-6)。

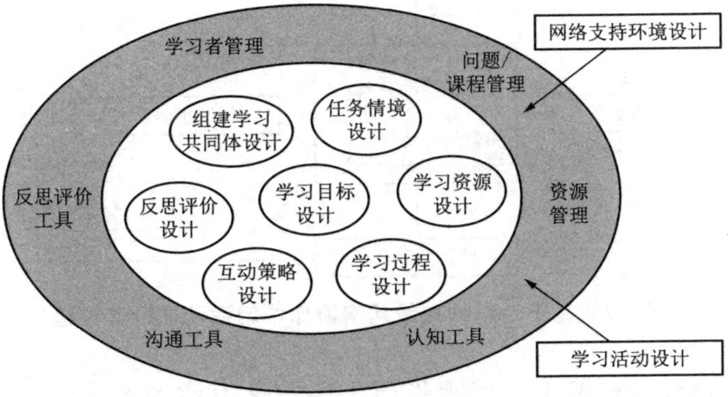

图 2-6　在线网络协作学习活动的设计框架

该设计框架包含网络支持环境设计和学习活动设计两个层次，其中网络支持环境设计主要基于"学习者管理、资源管理、问题/课程管理、沟通工具、认知工具和反思评价工具"6 个方面进行在线学习管理系统的设计；学习活动设计主要聚焦"学习目标设计、任务情境设计、学习资源设计、互动策略设计、学习过程设计、组建学习共同体设计和反思评价设计"7 个环节。该设计框架虽然提出了在线网络协作学习活动设计的七个基本环节，但是其各环节之间的逻辑关系及其先后顺序具有模糊性，无法为本书研究的

① 张建伟.网络协作探究学习的设计[J].中国电化教育，2003，(09)：88—92.

促进深度学习的协作学习活动的设计与应用提供具体的参考借鉴。

此外,尹睿借鉴"环境—活动"两层次的在线网络协作学习活动的设计框架,构建基于专题的在线网络协作学习活动的设计框架①(见图 2-7)。

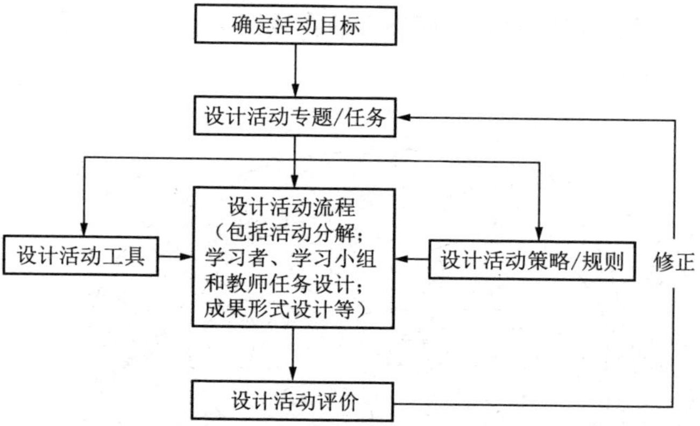

图 2-7　基于专题的在线网络协作学习活动的设计过程

该设计框架不仅明确指出了协作学习活动设计的 6 个环节,即活动目标、活动专题/任务、活动工具、活动流程、活动策略以及活动评价等方面,而且对各个环节之间的逻辑顺序和设计要点均作了相应的说明,对于教学实践可以提供较强的操作性指导。

(3) 面向交互的协作学习活动的设计过程

交互是激发学习者或学习共同体知识建构的基本活动单元,是协作活动产生的基础。因此,该视角下主要是从交互的视角探讨如何促进交互以达成协作学习活动的目标,如穆阿利姆基于社会建构主义理论和在线协作学习的环境,建构面向交互的协作学

① 尹睿.基于专题的网络协作学习活动的设计[J].中国电化教育,2004,(12):45—49.

习活动设计过程模型①(见图 2-8)。

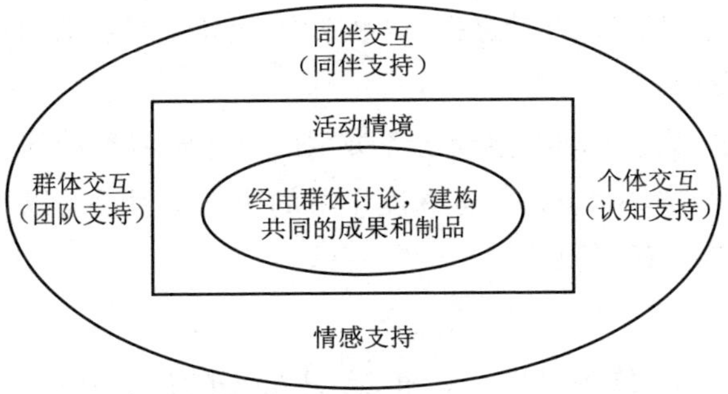

图 2-8　面向交互的协作学习活动设计过程模型

该设计模型强调协作学习活动的设计应聚焦“学生与学习内容的个体交互、学生之间的群体交互和在交互过程中提供的同伴支持和情感支持”，并强调“协作学习活动过程中的任务类型、任务结构及其属性是影响学生社会性交互、建构共同概念的关键因素，在协作学习活动过程中必须对其进行精细化设计，才能有效促进学习者社会性交互的质量，提高学习者参与活动的积极性”。

(4) *活动或任务类型导向的协作学习活动的设计过程*

该视角下，研究者关注“协作学习活动过程中具体活动类型或任务类型的设计”，以活动类型或任务类型作为设计起点，设计整个协作学习活动。如黄荣怀教授基于对协作学习活动内容属性的分析，将协作学习活动划分为六种不同的活动类型，然后针对每类活动类型提出相应的设计原则，遗憾的是并未涉及具体的设计方法②；郑兰琴基于协作学习过程中“知识建构类和问题解决类”两种

① Moallem M. An interactive online course: a collaborative design model[J]. Educational Technology Research and Development, 2003, 51(4):85—103.

② 黄荣怀.计算机支持的协作学习——理论与实践[M].北京:人民教育出版社,2003.

任务类型,提出了协作学习活动设计过程中的注意事项和一些实用的互动策略,还指出"协作学习活动设计应聚焦任务类型,从任务目标、学习资源、互动过程、学习成果、媒体工具和活动规则等方面进行设计"①。

总之,基于活动类型或任务类型的协作学习活动的设计过程也为教学实践中"设计促进深度学习的协作学习活动以培养计算思维"提供了研究视角。

第2节　深度学习的知识基础

2.1　深度学习的内涵特征

国外对深度学习的研究经历了从索求学习过程的"意义理解"到追求素养能力的"问题解决、迁移应用和实践创新"的过程;国内对深度学习内涵的研究则聚焦于作为学习方式、学习过程、学习结果和学习理念的深度学习,并没有取得共识。可见国内外对深度学习内涵特征的研究由于视角各不相同,存在多元化的取向,综合起来主要有以下四个不同的角度。

一是以浅层学习相对的概念来阐述深度学习内涵,此种方式的定义是基于学生在学习过程中表现出来的信息加工的差异性,是一种作为学习方式或学习方法的深度学习。正如深度学习概念的提出者马顿和塞尔乔的研究所述:浅层加工学习(surface level processing)是复制导向的以学习者仅想要达成课程任务的要求为基本特征,以重复记忆信息而对内容不作任何分析为主;深度加工学习(deep level processing)则是意义导向的以追求对内容的深度理解、强调学习内容各部分之间的联系及其意义为基本特征。随

① 郑兰琴,钟璐,牛佳玉.目标导向的协作学习活动设计与案例分析——以表现性目标导向的协作学习活动为例[J].现代教育技术,2020,30(11):47—54.

后恩特威斯尔和拉姆斯登、比格斯等人在其研究中印证了马顿的研究结论。张浩和吴秀娟等人探讨了深度学习与浅层学习的异同，认为“深度学习具有着意迁移应用、注重批判性理解、促进知识建构、强调信息整合和面向问题解决 5 个特征”①。这种视角界定了深度学习是以意义理解为表征的学习，强调学科知识的理解性建构、学习投入的积极参与和高阶认知策略的主动运用，而处于对立面的浅层学习，则是以复述学习材料为学习目的并在此基础上采用重复、死记硬背的方式对所学知识进行加工。

二是面向学习者有意义学习内在机制的概念转变来定义深度学习的内涵。高文在《学习科学的关键词》一书中提出：“概念转变是学习者发生有意义学习的内在机制，有意义学习的发生需要学习者在生活和科学的概念之间建立相互联系，进而改变对原有概念的认识”②，也有学者认为“深度学习旨在促进学习者进行有意义学习，有意义学习的内在机制是概念转变，因此，深度学习的最终结果是促使学生的原有概念发生转变”③。这种视角与索耶认为的“概念转变是学习者以原有概念为基础自发转向更高级层次的科学概念的过程，是学习者进行有意义学习的内在机制，也是促进学习者深度学习的重要因素”④的观念是一致的。

三是从指向问题解决的迁移过程来阐述深度学习的内涵。美国卓越教育联盟和美国国家研究委员会均强调“深度学习不仅仅是促使学习者掌握基本的阅读、协作和问题解决等知识和技能，还包括学习者个体将建构的知识内容应用到新情境中问题解决的过

---

① 张浩，吴秀娟.深度学习的内涵及认知理论基础探析[J].中国电化教育，2012，(10)：7—10+21.

② 高文.学习科学的关键词[M].上海：华东师范大学出版社，2009.

③ 段茂君，郑鸿颖.基于深度学习的高阶思维培养模型研究[J].现代教育技术，2021，31(03)：5—11；Solvik，R. M.，& Glenna，A. E. H. Teachers' potential to promote students' deeper learning in whole-class teaching：An observation study in Norwegian classrooms. Journal of Educational Change，2021，23(3)，343—369.

④ Keith Sawyer R.剑桥学习科学手册(第 2 版)[M].徐晓东等译.北京：教育科学出版社，2021：158—165.

程,即迁移"①。黎加厚等人在阐述深度学习时指出"具有深度学习的人不仅能够基于知识概念的理解进行批判性地学习,还能够将学习的知识和技能迁移应用至新的生活情景中,从而灵活地解决问题、作出决策"②。张浩和吴秀娟等人在此基础之上进一步分析深度学习的理论基础,指出"深度学习具有着意迁移应用、注重批判性理解、促进知识建构、强调信息整合和面向问题解决 5 个特征,是学习者在实际生活情境中运用多样化的深度学习策略、聚焦复杂问题解决的学习过程"③。这种视角强调深度学习的目的性,即深度学习就是为了能够发生知识的迁移,并能在生活中解决真实且复杂的问题。

四是从学生发生深度学习之后应具备的能力结果与素养目标来阐述深度学习的。威廉和弗洛拉·休利特基金会提出"深度学习具有 3 个维度下的 6 项基本能力,即认知维度下理解学科核心知识和批判性思维的能力,人际维度下团队协作和有效沟通的能力,个人维度下学会学习和学习毅力的能力"④。佩莱格里诺等人在《为生活和工作的教育:发展 21 世纪可转让的知识和技能》一书中提出深度学习主要有 3 个目标维度,分别是"认知维度、人际交往维度和个体维度"⑤。维金斯和麦克提格则从"理解"的角度阐述了何为深度学

---

① National Research Council. Education for life and work: Developing transferable knowledge and skills in the 21st century[M]. Washington, DC: National Academies Press, 2012; Ark T V, Carri S. Deeper Learning For Every Student Every Day[EB/OL]. [2021-06-20]. Getting Smart. https://www.hewlett.org/library/deeper-learning-for-every-student-every-day/.

② 何玲,黎加厚.促进学生深度学习[J].现代教学,2005(05):29—30.

③ 张浩,吴秀娟,王静.深度学习的目标与评价体系构建[J].中国电化教育,2014(07):51—55.

④ William and Flora Hewlett Foundation. Deeper learning competencies[DB/OL]. [2021-04-15]. http://www.hewlett.org/uploads/documents/Deeper_Learning_Defined__April_2013.pdf.

⑤ Pellegrino J W E, Hilton M L E. Education for Life and Work: Developing Transferable Knowledge and Skills in the 21st Century[M]. National Academies Press. 500 Fifth Street NW, Washington, DC 2001.

习，即“学生达成理解目标之后能够达到的能力和行为，并且将理解划分为‘解释、运用、释译、洞察、自我认识和移情’6 个不同的维度，每一个维度都将学生学习后能够达到的要求进行了详细的阐述”①。段茂君和郑鸿颖指出“深度学习关注更高层次的认知目标，强调学习过程中的高阶思维、反思和元认知等素养能力的培养以及高情感状态和高参与行为的学习投入”②；张立国等人提出“深度学习发生于实际生活情境中聚焦问题解决的学习过程中”③。这种界定的视角与前三种对深度学习的界定在本质上是一致的，只不过是从学生的角度进行深度学习内涵的阐述，对于进行课程设计、教学设计和目标设计的一线教师，有着更为具体和详细的指导意义，也是教育领域广泛认可的对深度学习内涵的阐述，也给本研究在评定学生是否达成深度学习，提供了许多可操作性的借鉴意义。

结合上述几种不同视角下对深度学习内涵的界定及国内外对深度学习内涵特征的研究，可以发现：国际各大组织及其专家学者在不同视角下对深度学习内涵特征的界定存在相互借鉴之处，处于交融与继承的关系之中，但均不谋而合地强调了“深层次学习动机、高投入的参与行为、学科概念的理解、问题解决能力”是深度学习的核心，在一定程度上揭示了深度学习的本质内涵，也在一定程度上为蕴含“问题思维、批判性思维、协作思维、算法思维、创新思维”5 种具象化的思维素养和“抽象、分解、算法思维、概括和评估”5 种计算机领域的科学方法的计算思维的培养带来诸多启示，主要表现在以下几个方面：

---

① Grant Wiggins & Jay McTighe 著；闫寒冰等译.追求理解的教学设计[M].上海：华东师范大学出版社，2017：331—335.

② 段茂君，郑鸿颖.基于深度学习的高阶思维培养模型研究[J].现代教育技术，2021，31(03)：5—11.

③ 张立国，谢佳睿，王国华.基于问题解决的深度学习模型[J].中国远程教育，2017(08)：27—33+79.

(1) 动机指向性:指向理解的学习动机是深度学习的关键表征

动机指向性主要是指学习者在面对学习过程中的学习任务时,持有什么样的学习动机。若学习动机在于寻求知识的理解及其意义关联,学生表现出高投入的参与行为并能够整合"零散、浅表"的知识信息自觉且主动建立不同知识点之间的关联,那么通常是深度学习;如果学习动机只是为了达成学习任务的最低要求,学习过程中表现出逃避的参与行为且注重无意义理解的死记硬背,那么通常是浅层次学习。学生是学习的主体,激发学生指向理解的学习动机是理解深度学习的重要前提。奥苏伯尔在有意义的学习理论中指出,"通过激发学习者的学习动机才能提高其学习参与的主动性和积极性,进而促进有意义学习"①。深度学习的动机指向性表征为理解深度学习是如何发生的提供了很大的启示:即深度学习并不排斥以记忆和背诵为表征的浅层次学习,关键在于学习动机的指向性。深度学习可以开始于浅层次学习,因为指向理解的学习动机也需要依赖重复的记忆与背诵,达到对事实性知识的浅层次学习才能在特定的场景下与别人进行有意义的交流和协商。

(2) 学科概念:基于学科概念的理解性建构与反思是转向深度学习的关键路径

"学科概念是学科本质属性的体现,统领和主导着学科领域零散、孤立、碎片化的知识,然而对学科概念知识的学习不是来自阅读学科概念内容而是来自加工、思考或反省"②。对学科概念建构理解与反思实质上是对学科知识、事实经验或自然实体进行结构化的有意义学习过程,而非简单记忆概念的机械学习过程。奥苏伯尔、布鲁纳、索耶等人均强调"概念转变是学习者进行有意义学习的内在机制,而有意义的学习需要学习者在原有经验和科学概

① 王惠来.奥苏伯尔的有意义学习理论对教学的指导意义[J].天津师范大学学报(社会科学版),2011(02):67—70.

② Keith Sawyer R.剑桥学习科学手册(第 2 版)[M].徐晓东等译.北京:教育科学出版社,2021:158—165.

念之间建立自然的、本质的联系，并通过积极的思维活动挖掘出科学概念的内涵和外延，进而改变个体已有的认知结构状态”①。正如哈里斯指出“当学生试图理解学习任务的意图并将其和自身前概念以及个人经验进行关联时，深度学习就发生了”②。学科概念作为高度概括化的抽象知识，只有经过理解并内化为学生已有的认知框架，才能对学习者能力的发展产生影响。因此，学习者基于学科概念的理解性建构与反思是促进深度学习的关键路径，是深度学习中知识深度的重要体现。

（3）高阶认知：认知水平的高阶是深度学习的重要体现

高阶认知涉及更为深刻的批判性思维和反思性思维等思维方式，是深度学习过程中思维深度的重要体现，已是深度学习研究领域普遍性的结论。布鲁姆的教育认知目标分类理论和比格斯的 SOLO 分类理论作为学习者认知水平的评价工具，已成为国内外众多研究者探讨深度学习结果的理论依据。正如黎加厚教授所言：“深度学习和浅层学习的本质区别在于学习者认知水平的差异，记忆和理解的层次涉及的是重复性的记忆背诵、机械化的做题刷题和不求甚解的浅层认知等低阶思维活动，属于浅层学习水平；应用、分析、评价和创造的层次指向迁移应用、智慧创生等高阶思维活动，属于深度学习水平”③；亦如伯内特所说：“前结构、单点结构和多点结构作为 SOLO 的前三级强调的是一种学习数量的变化，因此处于浅层学习阶段，而关联结构和抽象结构作为 SOLO 的后两级强调的是学习质量的变化，处于深度学习的阶段。”④

---

① Keith Sawyer R.剑桥学习科学手册(第 2 版)[M].徐晓东等译.北京：教育科学出版社，2021：158—165.

② Harris, C., Krajcik, J., Pellegrino, J., & DeBarger, A. Designing Knowledge-In-Use Assessments to Promote Deeper Learning[J]. Educational Measurement: Issues and Practice, 2019, 38(2), 53—67.

③ 何玲，黎加厚.促进学生深度学习[J].计算机教与学.现代教学，2005(5)：29.

④ Burnett P C. Assessing the structure of learning outcomes from counselling using the SOLO taxonomy: An exploratory study[J]. British Journal of Guidance and Counselling, 1999(4)：568.

(4) 问题解决:创新灵活地解决实际情境中的真实问题是深度学习的目标指向

“深度学习的本质是学习者个体将建构的知识内容和思维技能迁移应用到新情境中问题解决的过程”①。“问题解决是学科概念知识和高阶思维迁移的实践,强调学习者有能力将理解性建构的学科概念和高阶认知迁移应用于不同情境中以创新灵活地解决真实且复杂的生活问题,即问题解决能力,包括近迁移的实践运用能力和远迁移的融合创生能力”②。解决实际生活情境中的真实问题是深度学习的目标指向,其中基于学科概念的理解性建构和高阶认知是问题解决的前提和基础,同时问题解决又能够促进学习者对学科概念的意义建构和高阶认知的达成,三者往往协同共生。正如美国威廉和弗洛拉·休利特基金会的一系列研究均将深度学习描述为学习者能够胜任 21 世纪工作和公民生活的能力,亦如比格斯、黎加厚、张浩、吴秀娟等学者均将深度学习视作个体将学习的结构化的学科概念知识和高阶认知有效迁移应用到真实生活情景中,以创新灵活地解决复杂问题的学习过程,并认为这种在不同情境中迁移运用以创造性解决问题的能力就是“深度学习”能力。

(5) 参与行为:高投入的参与行为是深度学习的外在表现

在深度学习中,“高投入的参与行为表征着学生全身心积极参与深度学习的程度”③,“在复杂的学习环境下,表现出高度投入的学生更容易达成深度学习”④。深度学习的先驱者马顿和比格斯等

---

① 郭华.深度学习及其意义[J].课程・教材・教法,2016, 36(11): 25—32; Harris, C., Krajcik, J., Pellegrino, J., & DeBarger, A. Designing Knowledge-In-Use Assessments to Promote Deeper Learning[J]. Educational Measurement: Issues and Practice, 2019, 38(2), 53—67.

② 张立国,谢佳睿,王国华.基于问题解决的深度学习模型[J].中国远程教育,2017(08):27—33+79.

③ 郭华.深度学习及其意义[J].课程・教材・教法,2016, (11): 25—32.

④ 张春莉,王艳芝.深度学习视域下的课堂教学过程研究[J].课程・教材・教法,2021, 41(08):63—69.

人均在他们的研究中指出“学习者参与学习活动的投入行为是评价深度学习的重要指标”①。已有研究表明：“学生在高投入的参与学习之后，会产生一种忘我的心流（Flow）状态，这种状态使得学生能够完全沉浸在学习活动中，从而引发深度学习的发生”②。因此，“心流状态可以作为评价学生是否高投入参与深度学习的有效证据，而心流状态量表（Flow State Scale，FSS）能够有效地评估学生学习期间的自我‘心流状态’，从而能够借此判断学生的学习是否是高投入的参与行为”③。

（6）情感体验：积极的情感体验是深度学习的态度感受

情感体验伴随着学习的参与行为而产生，既发生于学习者深度学习的认知过程中，同时也伴随着深度学习中学习任务的完成状态而表现出的愉悦、兴奋、低沉和烦恼等情绪。梅塔和莎拉指出，“深度学习在强调深度理解和迁移创新等能力层面的结果外，学习过程中的情感因素也非常重要”④；格雷泽等人对深度学习中的情感类型做了实证研究，发现“积极的情感体验能够正向影响学习者的学业成就，且‘困惑（confused）和入迷（flow）’两种情感体验

---

① Harris, C., Krajcik, J., Pellegrino, J., & DeBarger, A. Designing Knowledge-In-Use Assessments to Promote Deeper Learning[J]. Educational Measurement: Issues and Practice, 2019, 38(2), 53—67.

② Beaty, R. E., Zeitlen, D. C., Baker, B. S., & Kenett, Y. N. Forward flow and creative thought: Assessing associative cognition and its role in divergent thinking[J]. Thinking Skills and Creativity, 2021, 41, 100859. https://doi.org/10.1016/j.tsc.2021.100859.

③ Mchugh M C. Experiencing flow: Creativity and meaningful task engagement for senior women[J]. Women & therapy, 2016, 39(3—4): 280—295; Gray, K., Anderson, S., Chen, E. E., Kelly, J. M., Christian, M. S., Patrick, J., Huang, L., Kenett, Y. N., & Lewis, K. “Forward flow”: A new measure to quantify free thought and predict creativity[J]. American Psychologist, 2019, 74(5), 539—554.

④ Mehta, Jal & Sarah Fine. The Why, What, Where, and How of Deeper Learning in American Secondary Schools. Students at the Center: Deeper Learning Research Series[M]. Boston, MA: Jobs for the Future, 2015.

是引发学习者深度学习的关键性情感"①,因此,格雷泽等人提出"困惑与入迷"是表征深度学习情感体验的重要因素。此外,拉斯沃尔依据活动过程中情感的递进和内化程度,对情感的层级分类进行了研究,提出了情感目标存在的五级表现,即"接受、反应、价值判断、组织、价值体系个性化,其中前两级情感对应浅层学习活动,后三级情感对应深度学习活动"②。

鉴于上述分析和启示,本书将"动机指向性、学科概念、高阶认知、问题解决、参与行为、情感体验"作为界定深度学习的 6 个核心要素,其中"指向理解的学习动机、基于学科概念的理解性建构与反思、认知水平的高阶、创新灵活地解决实际学习情境中的问题、高投入的参与行为和积极的情感体验"可以表征深度学习的内涵特征。在此定义下,深度学习和浅层学习的差异如表 2-1 所示:

因此,本书在把握深度学习的内涵与特征的基础之上,基于深度学习与浅层学习辩证统一的关系,着重从学习过程和学习结果的角度对深度学习作如下操作性定义:深度学习是学习者主体基于学科核心概念主动建构并反思知识的理解性意义,并能够运用高阶思维将学科知识进行迁移以创新灵活地解决真实学习情境中的问题,进而促进学生在知识认知、思维能力和情感体验等维度学习样态的发展。其中"指向理解的学习动机、高阶思维认知水平、学科概念的意义建构、问题解决能力、批判性反思能力、高投入的参与行为和积极的情感体验"是衡量深度学习的重要指标。

定义的几层意思与深度学习的内涵特征相对应:"学习者主体"指出深度学习的主体对象,关注的是以学习者为中心的学习理

---

① Graesser A, Sullins J, et al. Affect and learning: an exploratory look into the role of affect in learning with AutoTutor[J]. Journal of educational media, 2004(3):244—247.

② Harris C, Krajcik J, Pellegrino J, & DeBarger A. Designing Knowledge-In-Use Assessments to Promote Deeper Learning[J]. Educational Measurement: Issues and Practice, 2019, 38(2), 53—67.

表 2-1　浅层学习与深度学习的比较

		浅层学习	深度学习
要素	动机指向性	指向最低任务的完成	指向知识的整合建构与迁移应用
	学科概念	表层知识或条件反射性操作技能	复杂的知识或技能
	高阶思维	缺乏思维的复杂性、注重知道和理解	思维发散、比较灵活、注重应用、分析、综合与评价
	问题解决	良构问题解决或无问题解决的知识获得	创新灵活的解决非良构的真实问题
	参与行为	被迫地参与或逃避学习	活跃地参与、坚持不懈
	情感体验	对学习失败感到恐慌、低成就感	对学习感到愉快、沉浸、高成就感
再理解	学习结果	可以一次性学会的知识或操作技能，着意于记忆与表层理解、机械的运用。如记住重要的历史事件、背诵乘法表	需多层的认知加工，着意于整合建构、创新灵活的迁移应用与问题解决。如问题解决方案、作品设计与制作
	同义概念	条件反射的学习、机械学习、无意义学习、简单学习、浅度学习、肤浅学习等	深层知识加工、深层学习、高水平思维、创造性思维、批判性思维等
	基本关系	属于外部动机驱动的“强加性”学习，常常为深度学习做知识准备、提供基础	内部动机驱动的主动性学习，往往需要基本的浅层次知识做铺垫

念，即学习应及时关注学习者在学习过程中的行为表现是否为积极的高投入状态、情感状态是否为积极的学习情感体验；“学科核心概念的理解性意义建构与反思”揭示了学习者对学科知识顺应、内化的建构过程，既指出了深度学习的载体是学科核心概念，又指出了对学科概念建构的深度是通过反思知识内在的意义而非表层的识记符号，体现了知识的深度；“主动建构”体现了学习动机的指向性，即学习者在面对学习过程中的学习任务时，持有什么样的学习动机，追求学科知识的意义理解而非无意义死记硬背的学习动

机是深度学习的关键表征;“高阶思维”是深度学习应该达成的思维能力,要求学习者能够运用高阶思维将学科知识在不同情境下进行灵活的迁移应用与创新实践,体现了思维的深度;“问题解决”是深度学习的目标追求,揭示了真实问题解决的基本过程和解决水平,体现了学习者具体投入的学科概念、高阶认知、协作互动和积极的情感体验;学习伴随着外在学习环境、问题复杂度等产生的焦虑、迷茫、恐惧、挑战性成就、自豪等各种情感体验,“积极的情感体验”是深度学习追求的学习情感状态,作为一种非常重要的因素直接影响着学习者学习动机的指向性,能够有效地促进学习者对学科概念进行意义建构。

本书认为的深度学习的操作性定义与艾利克斯·班纳特和郭元祥对深度学习的理解较为一致,即:学习者能够基于知识的表层符号,产生对所学知识的深度理解,并内化为学习者的系统性知识结构、高阶思维以及导向解决真实问题的实践创新等自我价值。该定义既指出了学习的主体(学习者),又体现了主体操作的客体(学科概念知识和高阶认知思维)和最终学习的目标程度(解决问题)及其伴随的学习状态(高投入参与行为和积极情感体验),在教学实践中可以有效地将深度学习的内涵特征转化为可操作的实践路径,让学生在深度学习中达成对计算思维的培养。

2.2 深度学习的发生机制

众多研究者从不同的视角提出了深度学习的认识论以回应“深度学习是如何发生的?”这个核心问题,胡航等人从认知图式发展的角度提出深度学习需要经过“觉知、调和、归纳和迁移”四个主要环节①;钱旭升从认知过程的角度提出深度学习需要跨越“激活与触发、探究与整合、创生与共享”几个认知进阶②;比格斯基于“预

① 胡航,李雅馨,郎启娥,等.深度学习的发生过程、设计模型与机理阐释[J].中国远程教育,2020(01):54—61+77.

② 钱旭升.论深度学习的发生机制[J].课程·教材·教法,2018,38(9):68—74.

示—过程—结果”(Presage-Process-Product)3P 深度学习模型提出了学生的内在个体和外部教学情境是影响深度学习发生的重要因素。可见,深度学习的发生在学术领域存在不同的视角,尚未取得共识。然而深度学习归根结底是一种学习,“学习是如何发生?”一直是教育领域研究的核心问题,并取得了一系列研究成果,其中建构主义认识论对教与学的辩证关系及其实践产生深刻影响。建构主义认为“学习是个体在特定情境中由于新旧经验的互相联结而引发认知冲突产生的主动建构对知识意义理解的过程或者与群体通过协作与会话达成对意义理解的一致性过程或个体理解和群体的理解之间达到的新平衡状态,具有情境依赖性、知识共创性、群体协同性等特点,最终反映在认知层面的是概念转变,反映在知识层面的是知识创造”①,并认为结构性知识多涉及相关概念、原理等,是浅层次认知目标的达成结果;非结构性知识多涉及知识的综合应用、评价与创新等,是深层次认知目标的达成结果。

除此之外,关于在“学习发生过程中是如何导向深度的”这一问题,关注学习现象和学习规律的学习科学认为:基于真实情境的学习是导向深度学习的前提,传统教学简化了知识内容的传递形式、忽略了概念性知识的复杂性,导致学习者对学科概念的浅层化理解,因此“要促使深度学习的有效发生,必须提供真实情境化的学习环境”②。知识的社会属性及社会建构主义理论认为:“深度学习是一种社会性学习,是在社会的情境中通过论辩协商、协作会话中进行意义建构达成学习深度的,学习过程中的榜样力量对于学习的深入与持续意义重大,充满合作者和伙伴的社会化学习情境是深度学习必不可少的因素”③。

① 张海燕,周海涛.从建构主义到建造主义:面向深度学习的知识教学范式转向[J].教育理论与实践,2021, 41(22):48—53.

② Keith Sawyer R.剑桥学习科学手册(第 2 版)[M].徐晓东等译.北京:教育科学出版社,2021:158—165.

③ 段金菊.学习科学视域下的网络深度学习:理论·技术·趋势[M].科学出版社,2016.

由此可见,学习科学和社会建构主义均认同,真实的学习情境是引发深度学习的基本场域,师生、生生等协作共同体之间的共享会话、质疑论辩、协作共创等协作互动是引发深度学习的具体过程,基于知识建构和概念转变的问题解决是深度学习的目标追求,理解课堂中深度学习的发生机制,对于创设思维型协作深度学习活动以培养学生的计算思维,具有直接的借鉴意义。

2.3 深度学习的基本过程

深度学习的基本过程直接影响深度学习的设计与实践,重要性不言而喻。国内外研究者均从不同的视角在深度学习理论研究成果的基础上探索深度学习与学科深度融合的实践过程。整体来看,存在着两种研究视角:一是基于完善与改进传统课堂教学结构的视角,即围绕传统课堂教学结构的基本要素,探讨如何从"教学目标分析、教学策略与方法的选择、媒体资源的组织与加工、课堂教学的实施和学习目标达成的评价"等课堂教学结构要素方面作出革新性的改进与完善,典型的代表有埃里克·詹森(Eric Jensen)和勒安·尼克尔森(LeAnn Nickelsen)的 DELC 深度学习路线、张浩和吴秀娟等人的深度学习过程的实践模式、段金菊的深度学习认知过程模型;二是基于信息技术与学科教学融合的视角,探讨的是"如何将支持性技术融入学科知识的搜集与整合、学生的认知发展、自动精准的学习分析与评价"等学科教学的全过程,以促进学生深度学习发生,比较典型的是李洪修和丁玉萍基于虚拟学习共同体的深度学习模型、余胜泉等人构建的双螺旋深度学习过程模型。

(1) Eric Jensen 和 LeAnn Nickelsen 的 DELC 深度学习路线

埃里克·詹森和黎安·尼克尔森指出"深度学习追究其源应该是学习者自主构建结构化和非结构化知识的联结过程,同时也是多种信息融合处理的过程,需要学习者协调已有的储备知识和已有经验进行有效地加工处理。在此基础上,他俩于 2007 年提出一条让学生获得更深入、更有意义的七步骤 DELC 深度学习路线”①(见图 2-9)。

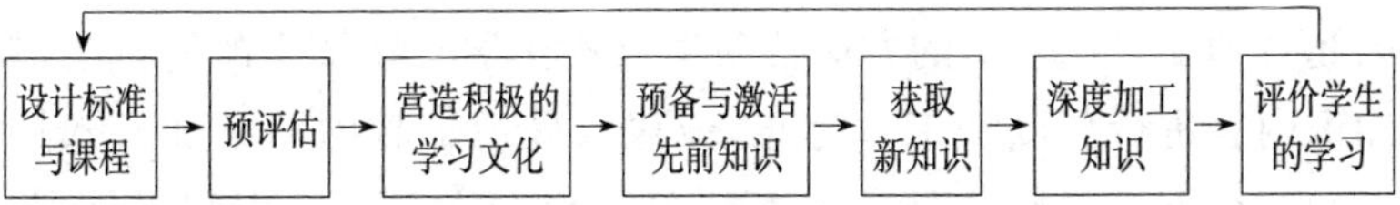

图 2-9　DELC 深度学习路线

DELC 深度学习路线共有七个步骤,其中前三个步骤(DELC 1—3)不涉及学生的学习,属于学习开始前的准备阶段,该阶段 DELC 以设计标准与课程(步骤 1)开始,接着对将学习该课程的学生进行预评估(步骤 2),然后营造积极的学习文化氛围(步骤 3),以便全体学生为深度学习做好准备。为此,步骤 1 呈现给教师可利用的一系列问题来思考如何选取互相联结的内容以形成有意义的、连贯的学习单元,进而确定课程内容和教学目标;步骤 2 呈现给教师可利用的学习风格测试网站、H 图解、KWL 等策略预评估学生的已有经验和学习风格,进而确定教学的起点;步骤 3 呈现给教师支持积极学习文化构建的“协作学习、Q 卡片、分布—暂停—思考”等策略,以形成师生、生生融洽的积极学习氛围。

步骤四和步骤五(DELC 4—5)已经进入课堂学习阶段,但属于浅层次的学习理解阶段,该阶段强调通过预备与激活先前知识(DELC 4)以促进学生获取新知识(DELC 5),从而为学生获取知识的深度加工做好准备。为此,步骤 4 呈现给教师可利用的“四选项加工”法,即以至少四种不同的方式激活学习者的先验知识并引起学生学习兴趣,以使其将新的知识与已有的知识关联起来;步骤五呈现给教师在课堂中运用“10—80—10”经验法则和“一项一事”等策略让学生掌握新的知识。

① Eric Jensen, LeAnn Nickelsen.深度学习的 7 种有力策略[M].温暖,译.上海:华东师范大学出版社,2010.

步骤六(DELC 6)，也是课堂学习阶段，但属于深度学习阶段。该阶段DELC强调学习不是来自对学习内容的阅读和浏览，而是来自对学习内容的整合、联结、思考或反省等深度加工(DELC 6)，因此教师要采用合适的方法帮助学习者在学习新知识的基础上对知识内容进行深度加工。为此，步骤六呈现给教师精细和有效加工的四个不同层次的领域，包括觉知、分析与综合、应用和同化，并在每个领域都列举了大量的活动和策略，用以帮助学生对知识进行深度加工。

步骤7(DELC 7)，属于课后的评价阶段，该阶段DELC倡导对学生不同方面进行多元评价，不仅包含对学生深度学习结果的评价，还包括对深度学习过程中前几个步骤的整体性评价。

综上所述，DELC深度学习路线是对常规课堂教学结构的改进，其以教学实施者的视角描述了课堂教学中促进学生深度学习的七个步骤，提出了多种辅助深度学习发生的教学策略和手段，为教师应该怎样引导学习者实现深度学习提供了一个具体的、可以施行的教学路径，唯一的缺陷是对于学习者在此过程中需要开展怎样的学习活动没有体现。

(2) 张浩和吴秀娟等人的深度学习过程的实践模式

张浩和吴秀娟等人立足学习者个体知识加工的视角构建了聚焦学习者批判性反思的三阶段深度学习过程的实践模式①(见图2-10)。该实践模式将深度学习过程划分为导入、主体和评价三个阶段，不仅说明“学习者能够关联新旧知识经验、整合学习内容并进行批判性思考与分析”是知识转化或知识建构的基础，也是引发深度学习的前提；而且还强调了“学习者对学习内容的主动建构以提取应用或迁移应用”是学习者深度加工知识、建构理解性意义、形成高阶思维和实践创新的必要环节，也是学生发生深度学习的关键环节。

① 吴秀娟，张浩等.基于反思的深度学习：内涵与过程[J].电化教育研究，2014(12)：24.

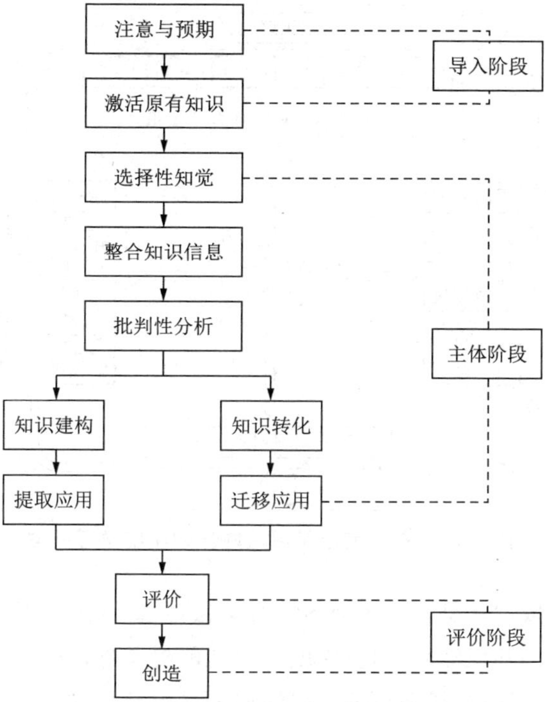

图 2-10　深度学习过程的实践模式

张浩和吴秀娟等人的深度学习过程的实践模式亦是对常规课堂教学结构的改进，其将加涅九段教学论与深度学习的过程一一对应，划分了教学活动与深度学习的阶段，然而该实践模式中信息认知加工痕迹过于抽象，无法为教师开展深度学习提供一个具体可以实施的教学路径。

(3) 李洪修和丁玉萍基于虚拟学习共同体的深度学习模型

李洪修和丁玉萍探讨了虚拟学习共同体的优势，并借鉴 DELC 深度学习路线构建了基于虚拟学习共同体的深度学习模型（见图 2-11）。

该深度学习模型不仅指出了学习者发生深度学习过程的四个阶段，而且表明了虚拟学习共同体在四个方面可以支持学生深度

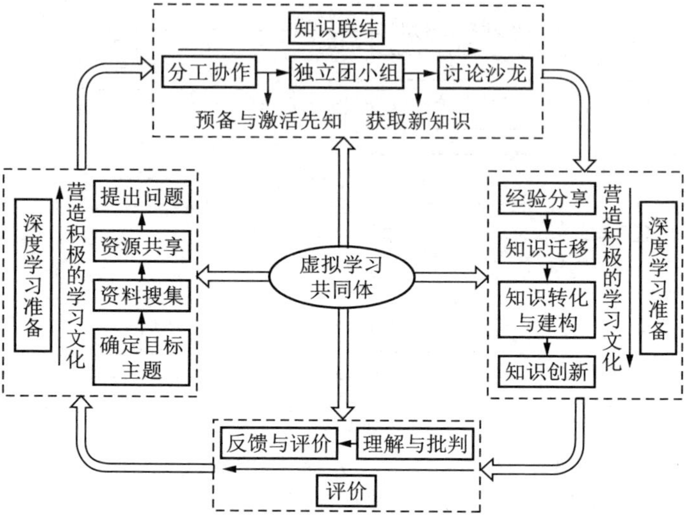

图 2-11　基于虚拟学习共同体的深度学习模型

学习的达成:“一是营造积极的学习文化,做好深度学习的准备;二是联结新旧知识经验,引发深度学习的前提条件;三是迁移、转化、建构与创新知识,导向深度学习的加工过程;四是批判性理解与反馈评价的社会性交互,评价并促进深度学习的有效发生”①。这是DELC深度学习路线的中国化本土实践,可以有效指导教师基于学习共同体开展深度学习,然而其没有体现学习者在此过程中需要开展怎样的学习活动以达成深度学习。

(4) 余胜泉等人基于学习元的双螺旋深度学习模型

余胜泉等人将深度学习的核心理念与学习者的具体学习行为结合起来,基于学习元平台围绕“社会知识网络、学习活动、学习内容和学习评价”构建了双螺深度学习的过程模型②(见图 2-12)。

---

①　李洪修,丁玉萍.基于虚拟学习共同体的深度学习模型的构建[J].中国电化教育,2018(07):97—103.

②　余胜泉,段金菊,崔京菁.基于学习元的双螺旋深度学习模型[J].现代远程教育研究,2017(06):37—47+56.

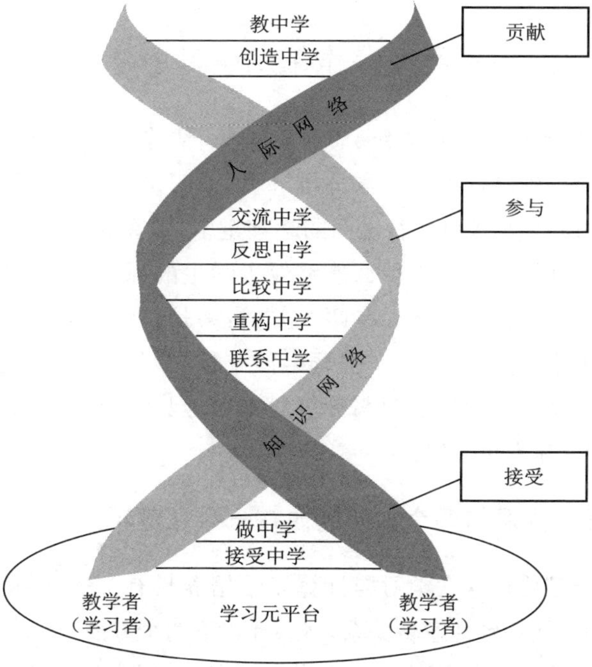

图 2-12　基于学习元平台的双螺旋深度学习过程模型

该过程模型将学习者的深度学习过程划分为“接受、参与和贡献”三个阶段,强调了具有平等地位且可互换角色的师生在每个阶段的不同学习活动中引领学习者自下而上围绕“知识网络、人际网络”两条学习支架进行由浅入深、认知递进的接受式学习、参与式学习和创造性学习,体现了“社会互动、群建共享和认知递进”的深度学习理念,对于本书研究具有一定的指导作用。

综上所述,无论是基于传统课堂的教学改进抑或基于技术与学科教学的融合创新,深度学习的实践过程都包含学习准备、参与建构、迁移应用以及评价反思等四个相互作用的核心阶段,这为本书研究设计思维型协作深度学习活动以有效培育计算思维提供了重要启示。

第 3 节　思维型协作深度学习的逻辑与内涵

至此,本书对计算思维、思维型教学、协作学习活动和深度学习的知识基础进行了梳理与分析,但仍未明确地探讨思维型协作深度学习和计算思维培育之间的学理逻辑,即在编程教育中,思维型协作深度学习实践为什么能够促进学生的深度学习,达成对计算思维的培养目的? 体现在两个方面:一是思维型协作深度学习与计算思维培养具有"三个强调与四个指向"的内在一致性逻辑;二是思维型协作深度学习与计算思维培养具有"双向交互与动态融合"的外显发生逻辑。

3.1　三个强调与四个指向的内在一致性逻辑

思维型协作深度学习与计算思维培养具有"三个强调与四个指向"的内在一致性逻辑关系,体现在以下两个方面。

一是活动理论强调了"实践与思维的一致性、群体的协作性和活动系统的整体性",一定程度上为聚焦于思维型协作深度学习培育计算思维提供了理论性的逻辑观点。实践与思维的一致性表明"行为是活动的外现形式,思维是活动的内化形式,个体对外在世界的理解建立在相应的活动中,学习者通过学习活动将思维过程外显并在共同体的协作下进行修正、最终完成意义建构与迁移创新";活动的群体协作性表明"活动离不开共同体成员的分工和协作,即使是学习者独自从事的活动,事实上也是共同体协作的社会关系,比如独立自主的学习虽然是个体性的,但是其自身的学习能力却是由共同体中其他个体成员所教授的";活动系统的整体性表明"任何活动的设计都需要考虑活动的 6 个基本要素,即主体、客体、工具、共同体、规则和劳动分工及其各要素之间的相互关系,以此保持活动系统的良性运转"。

二是思维型协作深度学习并非唯一培育计算思维的方式,但却是一种极其重要且在指向内涵理念、学习结果、社会发展需求以及基于核心素养的课程改革等方面具有一致性指向。

指向内涵理念的一致性。结合协作学习的“四个强调”和深度学习的内涵特征，可以看出思维型协作深度学习与计算思维具有指向内涵理念的一致性：从学习方式来看，计算思维培养追求一种基于主动、探究和理解的深度学习方式，较为强调指向理解的学习动机和高阶思维参与的问题解决，思维型协作深度学习是一种区别于个体学习的具有“四个强调”的学习组织样态，较为强调协作共同体的互动探究及深层次知识建构；从学习过程来看，思维型协作深度学习关注协作组的整体学习过程及其对个体的发展，计算思维的培养较为关注学习者个体的思维发展但并不排斥思维型协作深度学习；从学习结果来看，思维型协作深度学习注重基于共识的协同知识建构以解决真实情境中的问题，计算思维的培养较为关注学习者个体基于学科概念的意义建构与高阶思维的运用以灵活地解决实际情境中的问题。由此可以看出，计算思维的培养并没有要求学习者以协作组形式开展学习，而思维型协作深度学习往往追求的是一种深度学习，在深度学习中培养学生的计算思维。因此，思维型协作深度学习是在学生深度学习中培养计算思维的最佳形式之一，具有指向内涵理念的一致性。

指向学习结果的一致性。众多的研究与实践表明“协作学习不仅能够提升学生学习成效，而且能够提高学习过程的参与度和问题解决能力；在协作学习过程中，协作组成员之间的讨论争辩、信息共享、协作互助、质疑思考、共享生成和汇报展示等协作活动可以促进学习者的深度学习，达成计算思维的培养；基于同伴互助及同伴反馈的协作学习能够加深学生对学科核心概念知识的深刻理解与迁移运用，促进学生创新能力的提高；经历过协作学习的学生互相尊重的意识和沟通交流的能力得到增强，并且能够从协作学习的过程中满足其对归属感和友谊等积极学习情感体验的需要"①,这些研究成果的实证结论与美国威廉和弗洛拉·休利特基金会在深度学习项目 SDL 中提出的深度学习的评测维度不谋而合②。在编程教育中,思维型协作深度学习聚焦计算思维培育的深度学习,更加关注学生对学科概念的理解性建构、高阶思维的迁移应用、创造和主动应用知识解决问题的能力以及协作能力,是培养计算思维的有效途径之一。

指向社会发展需求的一致性。已有研究表明:"协作学习活动可以激发学习者学习的成就动机,促使学生形成能够适应未来社会发展的协作沟通、批判性思维、分享表达和问题解决等关键能力"③。深度学习可以在学生与同伴分享学习、论辩质疑的协作互动中发生并产生迁移,学生可以在协作互动后能做到为何、何时、怎样用这些知识和能力来解决问题。因此"深度学习的本质是学习者个体将建构的知识内容、关键能力和必备品格迁移应用至新学习情境中问题解决的过程,而协作是形成这一过程的最佳方式"④,这与智能时代对计算思维培养的诉求相一致。

指向核心素养课程教学改革需求的一致性。协作探究是素养时代课程改革倡导的学习方式之一,"设计良好的协作学习活动可

---

① Järvenoja H, Järvelä S, & Malmberg J. Supporting groups' emotion and motivation regulation during collaborative learning[J]. Learning and Instruction, 2020, 70, 101090; Nuria HS., Pablo CMC, & Mercedes GS. Computer-supported collaborative learning: An analysis of the relationship between interaction, emotional support and online collaborative tools[J]. Computers & Education, 2019, 138, 1—12;黄荣怀,刘黄林子,郑兰琴.协作学习中的动机因素[J].电化教育研究,2002,(11):35—39;李海峰,王炜.面向问题解决的在线协作知识建构[J].电化教育研究,2018, 39(01):36—41+67.

② American Institutes for Research. The Study of Deeper Learning: Opportunities and Outcomes[R]. American Institutes for Research, 2016.

③ 何文涛,李梦晴,王亚萍.知识空间维度下问题解决类协作学习的探究路径分析[J].电化教育研究,2022, 43(03):69—76.

④ Pellegrino, Hilton. Education Life and Work: Developing Transferable Knowledge and Skills in the 21st Century[M]. National Academies Press. 500 Fifth Street NW, Washington, DC 2001:61.

以积极地引导和鼓励学生参与深度学习，能够引导学生沉浸在深度学习的过程中并主动建构新知识，然后创造并运用新知识解决真实情境中的复杂问题”①。佐藤学在《静悄悄的革命》中强调“真正有意义的学习发生在学习者与学习环境及环境中的共同体协作互动的过程中”②。在课堂教学中开展协作深度学习活动可以打破传统课堂教学中单调的师生互动，促进师生、生生之间的会话沟通、质疑论辩和协作交流，加深学习者对学科核心概念知识的深刻理解与迁移运用，引发深度学习的发生，达成对计算思维的培养。

3.2　双向交互与动态融合的外显发生逻辑

深度学习归根结底是一种学习，在“学习是如何发生的?”以及“在学习发生过程中是如何导向深度的?”研究成果中，建构主义认识论和学习科学理论对教与学的辩证关系及其实践产生了深刻的影响。建构主义认为“学习是个体在特定情境中由于新旧经验的互相联结而引发认知冲突产生的主动建构对知识意义理解的过程或者与群体通过协作与会话达成对意义理解的一致性过程或个体理解和群体的理解之间达到的新平衡状态，具有情境依赖性、知识共创性、群体协同性等特点，最终反映在认知层面的是概念转变，反映在知识层面的是知识创造”③。关注学习现象和学习规律的学习科学认为：基于真实情境的学习是导向深度学习的前提，传统教学简化了知识内容的传递形式、忽略了概念性知识的复杂性，导致学习者对学科概念的浅层化理解，因此“要促使深度学习的有效发生，必须提供真实情境化的学习环境”④。故而深度学习的发生实

① 迈克尔·富兰，于佳琪译.极富空间：新教育学如何实现深度学习[M].重庆：西南师范大学出版社，2015，12：1.

② 佐藤学，李季湄译.静悄悄的革命[M].北京：教育科学出版社，2014，106.

③ 张海燕，周海涛.从建构主义到建造主义：面向深度学习的知识教学范式转向[J].教育理论与实践，2021，41(22)：48—53.

④ Keith Sawyer R.剑桥学习科学手册(第 2 版)[M].徐晓东等译.北京：教育科学出版社，2021：158—165.

现需要社会化学习情境的协作,而社会化学习情境的协作依赖于协作学习活动的实现。思维型协作深度学习聚焦计算思维培育的深度学习,通过协作的方式强调学生对学科概念的理解性建构、高阶思维的迁移应用、创造和主动应用知识解决问题的能力以及协作能力,达成计算思维培养的核心目标,在此过程中呈现出“双向交互与动态融合”的外显发生逻辑。

3.3 思维型协作深度学习的内涵界定

由上述分析可知,计算思维的培养和思维型协作深度学习在追求学习本质的理念上不仅具有“三个强调与四个指向”的内在一致性逻辑,而且具有“双向交互与动态融合”的外显发生逻辑。此外,课堂是学习发生的实践场域,对学生计算思维能力的培养最终都需要落在常态化的课堂教学层面,通过课堂教学的深度学习得以实现。在基础教育中,计算思维作为高中信息技术学科核心素养,与编程教育的融合已成趋势,故编程教育是基础教育中培养计算思维的最佳载体,是落实学科核心素养培养的基点之一。在编程教育中,思维型协作深度学习是聚焦于培养学生思维能力发展的教学,以实现深度学习在课堂教学中的常态化发生,促使学习者学会学习,致其能够深度理解知识概念的内涵、主动建构知识内容、重塑问题解决的学习方式和思维方式、利用所学的知识技能解决遇到的实际问题,进而发展学生的计算思维,是培养计算思维的有效途径。

鉴于此,本书结合狭义的学习活动观(强调学习环境和学习目标)、协作学习“四个强调”的共性特征以及深度学习与思维型编程教学的内涵,提出思维型协作深度学习的操作性定义,即:异质化的学习小组为达成共同的学习目标,在特定的学习环境下通过彼此之间的分工合作、沟通交流、意义协商等协作方式而进行深度学习的一系列操作,旨在促进学习者个体和协作群体在认知、能力和情感等方面进行双向的交互与融合,最终习得最大化的学习成果,达成计算思维的培养。此定义中："异质化的学习小组"，指思维型协作学习不仅注重群体性(师生、生生)而且注重个性化(异质)，更加强调聚焦学生的思维发展，这是思维型协作深度学习实践开展的基础；"共同目标"，指目标导向的任务完成或问题解决，这是思维型协作深度学习实践开展的动力；"特定的学习环境"，指协作学习发生的场景，如混合式环境中"双线融合 · 三阶活动"的思维型编程教学场景和面对面课堂环境中的"A-IPO-D"的思维型编程教学场景；"协作方式"，指协作小组成员之间为达成共同目标而采取的一系列交互行为，这是思维型协作深度学习实践开展的组织方式；"计算思维"是学习活动的目标指向，是学习者主体基于学科核心概念主动建构并反思知识的理解性意义，并能够运用高阶思维将学科知识进行迁移以创新灵活地解决真实学习情境中的问题，促进学习者在知识认知、思维能力和情感体验等维度发展的学习样态，这种学习样态通过深度学习的方式达成；"最大化学习者个体和协作群体的习得成果"是指学习活动不仅追求协作组的协同共识而且注重学习者个体能够习得深度学习能力，达成对计算思维的培养，这是思维型协作深度学习实践的核心目标追求。

第二篇　设计篇

设计不仅仅是视觉和感觉上的愉悦，它更是一种解决问题的思维方法。

——保罗·兰德

设计是一种追求内在完美的艺术，它要求设计师以敏锐的洞察力、无限的创造力和坚定的决心，将抽象的理念转化为具体的形态，以满足问题解决的需求。计算思维的培养需要设计学习过程将抽象的问题转化为具体的解决方案，并通过迭代和优化来不断提高问题解决的质量和效率。正如保罗·兰德所言，设计是一个综合性的过程，需要考虑各种要素之间的平衡和协调，不仅仅是为了追求外在的美感和吸引力，更重要的是通过设计解决问题。因此，设计思维型协作深度学习活动的主旨是将抽象的计算思维培养问题具象化，转化为一套系统、可操作的课堂教学实施方案，有效提升学生的计算思维能力。

第3章　思维型协作深度学习的设计框架与要点

如何设计思维型协作深度学习活动以促进学生达成计算思维的培养，需要基于已有的思维型教学理论、协作学习理论、深度学习的实践路径和教学设计的一般过程等相关理论进行设计。基于此，本书提供了一个相对完善的思维型协作深度学习设计框架，以作为编程教学实践中面向计算思维培养的思维型协作深度学习设计的操作指南。然而，实际的编程课堂教学往往涉及复杂的情境因素，故没有一种设计策略或设计方法每次对所有情境下的教学都有效，本书构建的思维型协作深度学习设计框架仅仅提供了一个宏观、可供借鉴的设计途径，只要理解其设计的必要理念和遵循的设计原则，便可根据教学情境的需要对本书构建的设计框架进行修订以适应当前的课堂教学，这是设计框架构建中虽未提及，却是不可忽略的最为重要的设计原则。

第1节　设计框架构建的理论基础

在编程教育中，深度学习的发生与协作促进过程涉及复杂信息的认知加工，故诸多认知科学相关理论、教学论与学习论均一定程度上为深度学习提供了理论支撑，如强调知识协同建构的社会建构主义学习理论、强调学习情境的情境认知理论、强调学习者个体差异的认知弹性理论以及强调以反思促进高阶思维的元认知理论等。在本书中，促使学生在编程教育中培养计算思维的核心假设是设计思维型协作深度学习活动,其设计从属于思维型教学理论、深度学习、协作学习活动及教学设计的交叉研究领域(见图 3-1)。考虑到上述相应的研究理论并非根据计算思维内涵提出的针对性理论而是适用于教与学相关研究的普适性理论,因此,为避免本书设计框架建构的理论基础不够聚焦而发生泛化且缺乏情境,故主要选取"聚焦思维发展的思维型教学理论、活动理论演绎研究路径导向的协作学习活动设计过程、深度学习影响因素的"3P 模型"、DELC 深度学习路线和建构主义取向的教学设计的过程模式"五个密切相关的具体理论作为编程教育中培养计算思维的思维型协作深度学习活动设计框架的构建依据。

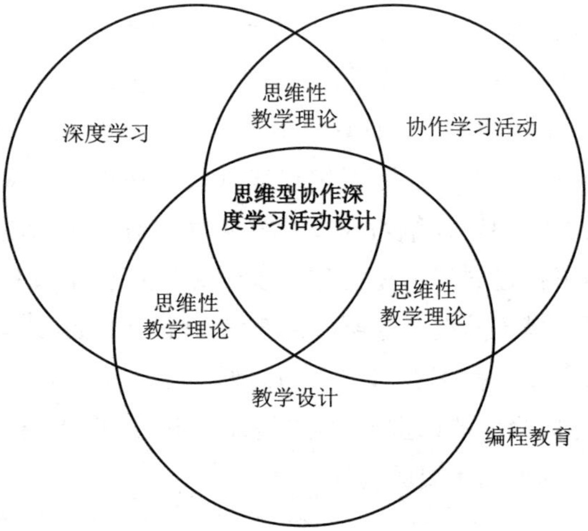

图 3-1　编程教育中思维型协作深度学习活动设计的理论依据

1.1　聚焦思维发展的思维型教学理论

思维型教学是聚焦于培养学生思维能力发展的教学,当前有两种基本的实践形式:独立课程的思维型教学和融合课程的思维型教学①。前者是在学校里单独开设思维型课程,通过专门的老

① 赵国庆.思维教学研究百年回顾[J].现代远程教育研究,2013(06):45.

师开展课堂教学活动以提高学生的思维能力，其教学目标是要让学生“知道如何思维”；后者是把思维能力的培养与学科教学紧密融合在一起，通过教师聚焦思维能力的课程设计与活动实施，使学生在获取学科知识的同时发展思维能力，其教学目标是要让学生“迁移创新”。然而，所有知识的学习都涉及思维，并不存在无思维的教学，因此在学科教学中发展学生的思维能力被认为是培养学生思维能力的有效实践路径①。林崇德等人把思维活动作为课堂教学中师生活动的核心，并依据“聚焦思维结构的三棱模型”提出了思维型教学的四大基本原则和四个基本环节，即“认知冲突、自主建构、自我监控、应用迁移”原则和与之对应的“教学导入、教学过程、教学反思、应用迁移”环节②。其中认知冲突原则要求教师在教学导入环节，创设两难情境或与学生已有认知经验相冲突的问题情境以激发学生思维；自主建构原则包括个体认知建构和社会交互建构两个层面，要求教师在教学过程环节中加强师生的协作互动以促进学生个体思维的发展；自我监控原则强调的是学习反思对学生思维结构的促进与完善，要求教师在教学反思环节引导学生总结知识、方法、过程和经验以促使学生形成良好的思维认知结构；应用迁移原则强调的是思维的迁移训练，思维的迁移是在知识和技能的掌握、运用过程中发生的，要求教师在应用迁移环节加强学生对知识的应用和在不同情境中的迁移训练。

思维型教学理论强调课堂活动的核心是对学生思维能力的培养以促进迁移创新，其四大基本原则和四个基本环节为研究思维

---

① McGuinness C. et al. Building Thinking Skills in Thinking Classrooms: ACTS in Northern Ireland[C]. The 13th International Conference on Thinking Norrköping, Sweden: Linköping University Electronic Press, 2007.

② 林崇德，胡卫平.思维型课堂教学的理论与实践[J].北京师范大学学报(社会科学版)，2010(01)：29—34.

型编程教学提供了理论指导和操作指南,然而其并未指出如何将计算思维与编程教学进行融合以及通过编程教学发展学生的哪些思维素养。

1.2 活动理论演绎研究路径导向的协作学习活动设计过程

协作学习活动的设计直接影响着协作学习活动的教学实践,国内外研究者在协作学习理论内涵和活动理论内涵研究成果的基础上均从不同的视角探索了协作学习活动在学科教学过程中的设计框架,比较典型的是活动理论视角的"演绎"研究路径。该视角下的研究者认为协作学习活动是包含教与学的一种特殊活动,基于此将活动理论中的诸要素演绎为协作学习活动中的诸要素,并对其进行一一释义,然后于教学实践中对其进行具身化设计,其设计的基本逻辑如图 3-2 所示:

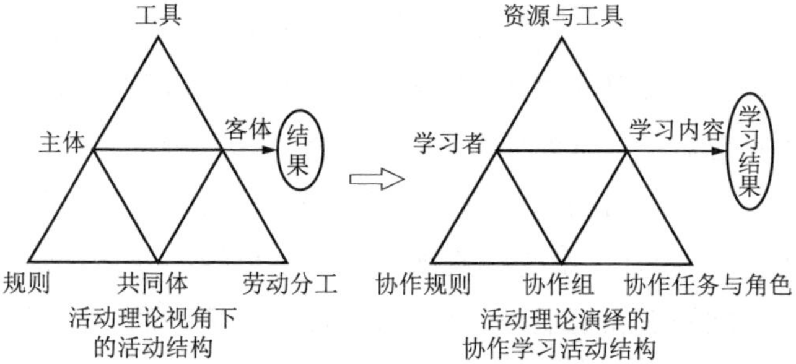

图 3-2 活动理论导向的协作学习活动结构演绎路径

活动理论视角的"演绎"研究路径为本书分析并提炼协作深度学习活动的结构要素及其相互关系提供了理论基础,由此衍生出的一系列典型的教学实践也为本书构建思维型协作深度学习活动的设计框架提供了借鉴价值。如何文涛和杨开城等人参照"以学习活动为中心的教学设计 LACID"理论,提出协作学习活动的概念模型(见图 3-3)。该模型将协作学习活动的要素分为包含"活动任务、方式方法、过程、规则、组织方式"五个核心要素和包含"学习资

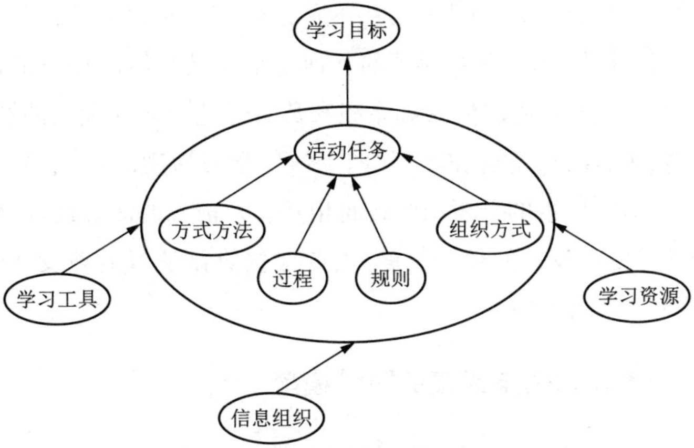

图 3-3　协作学习活动的概念模型

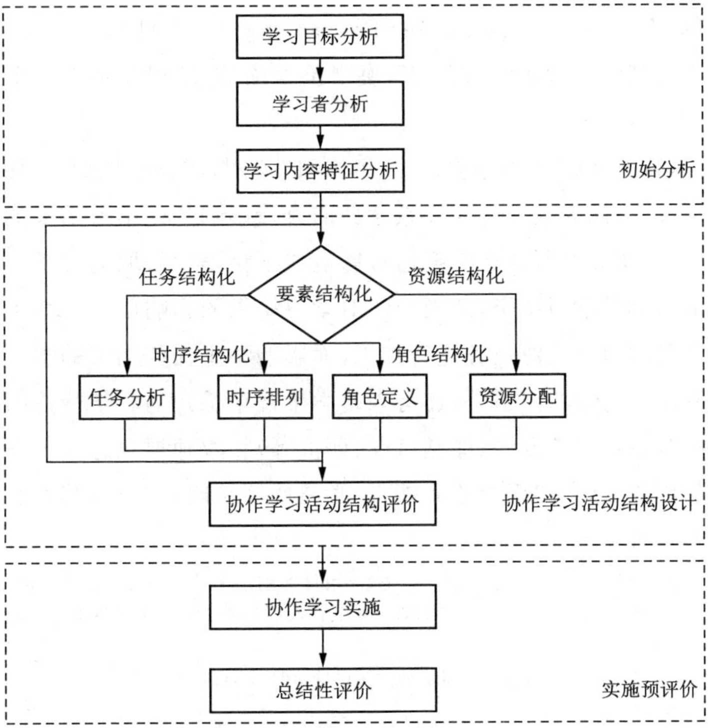

图 3-4　协作学习活动设计过程模型

源、学习工具、信息组织”的三个外围要素①，并指出活动任务是学习活动设计的关键，学习活动的其他要素则是为活动任务的设计与开展提供服务性支持；又如余亮和黄荣怀基于活动理论的视角，提出“资源、任务、角色和时序”四个协作学习活动的构成要素，并将“四个基本要素的分析和要素间相互关系构成的流程设计”作为协作学习活动设计的核心问题，由此建构协作学习活动设计的过程模型②（见图 3-4）。

1.3 深度学习影响因素的“3P”模型

教育心理学家比格斯基于 SAL 学习方法理论（Student Approaches to Learning theory，SAL）提出用以描绘深度学习影响因素的 3P 模型（Presage-Process-Product model）③（见图 3-5）。

深度学习影响因素的 3P 模型包含预备、过程和结果三个方面，具体如下：

（1）“预备”阶段包含“学生个体和教学情境”两个层面，其核心意义在于：认为教师的课堂教学并非直接影响学生学习结果的深浅层次，实际上课堂教学会通过影响或干预学生采取何种学习方法而影响其学习结果，即教与学对学习结果的影响取决于学生采取何种学习方法对任务进行加工，而影响学生任务加工的学习方法除了教与学的因素外，还有来自学生视角感知的教学情境因素（课程内容、教学方法、课堂氛围、评价等）和教师视角感知的学生个体因素（已有知识经验和能力、学习偏好及期待等）及其相互作

① 杨开城.以学习活动为中心的教学设计实训指南[M].北京：电子工业出版社，2016.何文涛.协作学习活动设计的困境与出路[J].电化教育研究，2021，42(03)：103—110.

② 余亮，黄荣怀.协作学习活动结构设计研究[J].远程教育杂志，2012，(05)：74—81.

③ 姚佳佳.同伴对话反馈策略促进大学生深度学习的理论与实践研究[D].浙江大学，2020.

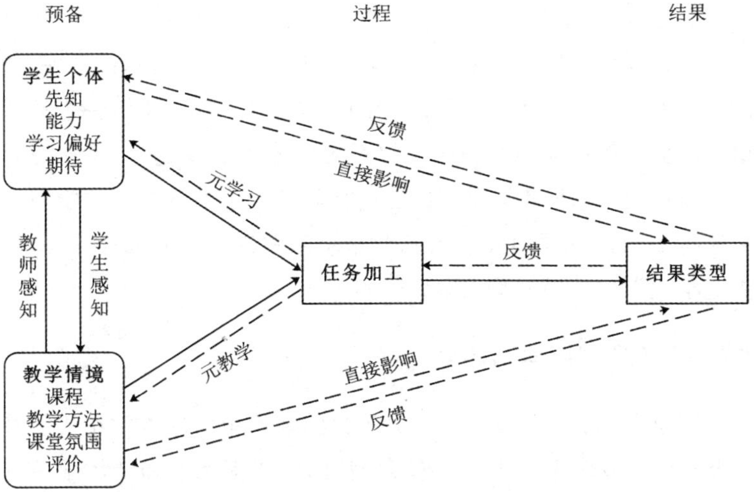

图 3-5　深度学习影响因素的“3P 模型”

用，即教师对学生个体因素的感知会影响其教学情境的设计，而学生对教学情境的感知情况也会影响其采用何种学习方法加工任务的倾向以及采取何种学习动机和学习行为解决相关的学习任务。

(2) “过程”阶段聚焦任务加工但也有两个层面的指向，一是指学习与元学习，即学生在参与任务解决过程中采用何种认知加工方式(如对学习内容的加工层次或学习参与中的行为表现等)以及学生如何参与任务加工(如采取何种学习方法应对学习任务)；二是指教学与元教学，即教师设计了何种教学情境进行教学(如设计教学干预策略、有趣的学习任务等)以及如何设计让学生参与深度加工的学习任务(如设计何种教学活动或采取何种教学策略来达到让学生完成任务加工的目的)。

(3) “结果”阶段包含深度学习和浅表学习两种结果类型，学习者在学习过程中具体采用何种任务加工的学习方法主要受到预备条件的影响，而学习者对任务加工采用学习方法的不同又会影响其学习结果的深浅层次。深度任务加工过程的学习会带来深度学习的结果，浅表任务加工过程的学习会带来浅表学习的结果。

总之,深度学习 3P 模型不仅为本书研究设计思维型协作深度学习框架提供了直接的参考价值,而且提供了两点启示:一是强调深度学习过程中各环节要素之间的双向交互作用,任何一个环节要素的变动都可能引起整个学习系统的非稳态变化;二是学习者在学习过程中采取不同学习方法进行任务加工的深浅并非学习者个体特征,而是受学生个体和教学情境双重因素的共同作用,从而决定学生学习结果的深浅类型。

1.4 DELC 深度学习路线

埃里克·詹森和勒安·尼克尔森围绕传统课堂教学结构的基本要素,于 2007 年提出一种包含脑研究、课程标准和个体学习差异在内的深度学习教学实践路径,即 DELC(Deeper Learning Cycle)深度学习路线①,为深度学习实践研究者提供理论基础。DELC 深度学习路线旨在帮助教师更好地引导学生发现问题、分析问题和解决问题,采用学生自主、合作、探究的学习方式,促进学生高阶思维的形成和对知识的深度理解。DELC 深度学习路线包含七个步骤(见图 3-6)。

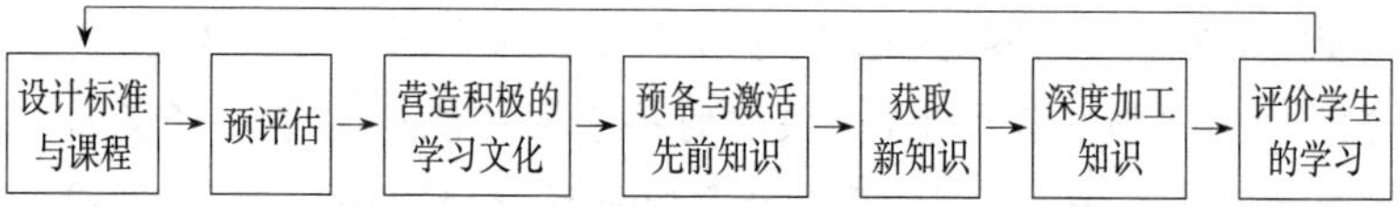

图 3-6 DELC 深度学习路线

DELC 深度学习路线对于指导深度学习活动设计具有直接的参考价值,可据此将促进深度学习的协作学习活动的设计分为以下阶段:

(1) 学习分析阶段和动力激发阶段。DELC 深度学习路线前

---

① Eric Jensen, LeAnn Nickelsen.深度学习的 7 种有力策略[M].温暖,译.上海:华东师范大学出版社,2010.

三个步骤(DELC 1-3)不涉及学习过程，属于学习开始前的准备阶段，即学习分析阶段和动力激发阶段。该阶段 DELC 深度学习路线以设计标准与课程(步骤 1)开始，接着对将学习该课程的学生进行预评估(步骤 2)，然后营造积极的学习文化氛围(步骤 3)，以便全体学生为深度学习做好准备。为此，步骤 1 呈现给教师可利用的一系列问题来思考如何选取互相联结的内容以形成有意义的、连贯的学习单元，进而确定课程内容和教学目标；步骤 2 呈现给教师可利用的学习风格测试网站、H 图解、KWL 等策略预评估学生的已有经验和性格能力，进而确定教学的起点；步骤 3 呈现给教师支持积极学习文化氛围构建的“协作学习、Q 卡片、分布—暂停—思考”等策略，以形成师生、生生融洽的积极学习氛围。

(2) 学习理解阶段。DELC 深度学习路线的步骤四和步骤五(DELC 4-5)已经进入课堂教学阶段，但属于浅层次的学习理解阶段，该阶段 DELC 强调通过预备与激活先前知识(步骤 4)以促进学生获取新知识(步骤 5)，从而为学生获取知识的深度加工做好准备。为此，步骤 4 呈现给教师可利用的“四选项加工”方法，即以至少四种不同的方式激活学习者的先验知识并引起学生的学习兴趣，从而让学生更顺利地获取知识以进入深度加工学习阶段；步骤 5 呈现给教师在课堂中运用“10—80—10”经验法则和“一项一事”等策略让学生掌握新的知识。

(3) 深度加工阶段。DELC 深度学习路线的步骤 6(DELC 6)，也是课堂教学阶段，属于深度学习加工阶段，包含深层次知识建构与制品创生环节和反思内化与迁移创新环节。该阶段 DELC 强调学习不是来自对学习内容的阅读和浏览，而是来自对学习内容的整合、联结、思考或反省等深度加工(步骤 6)。因此，教师要采用合适的方法帮助学习者在学习新知识的基础上，深度加工所学知识以达到对新知识的深度理解。为此，步骤 6 呈现给教师精细和有效加工的四个不同层次的领域，包括觉知、分析与综合、应用和同化，并在每个领域都列举了大量的活动和策略用以帮助学生对知识进行深度加工,有效地促进学生的深度学习。

(4) 结果反馈阶段。DELC深度学习路线的步骤7(DELC 7),属于课后的教师评价阶段,即结果反馈阶段。该阶段DELC倡导对学生不同方面进行多元评价(步骤7),不仅包含对学生深度学习结果的评价,还包括对深度学习过程中前几个步骤的整体性评价。

概而观之,DELC深度学习路线是对常规课堂教学结构的改进,其以教学实施者的视角描述了课堂教学中促进学生深度学习的七个步骤,提出了多种辅助深度学习发生的教学策略和手段,为教师应该怎样引导学习者实现深度学习提供了一个具体的、可以施行的教学路径,对构建思维型协作深度学习活动的设计框架具有很重要的指导意义。

1.5 建构主义取向的教学设计过程模式

教学设计的过程模式是对教与学过程的设计,不仅呈现出教与学过程各个要素的顺序关系,而且呈现出教与学过程中各个要素在顺序上的依赖关系,是有效联结学术理论和教学实践的途径与载体。国际上较为典型的教学设计模式有ADDIE模式、迪克和凯里(Dick & Carey)模式和肯普(Kemp)模式,并由此形成相对稳定的教学设计过程的一般模式(见图3-7)。

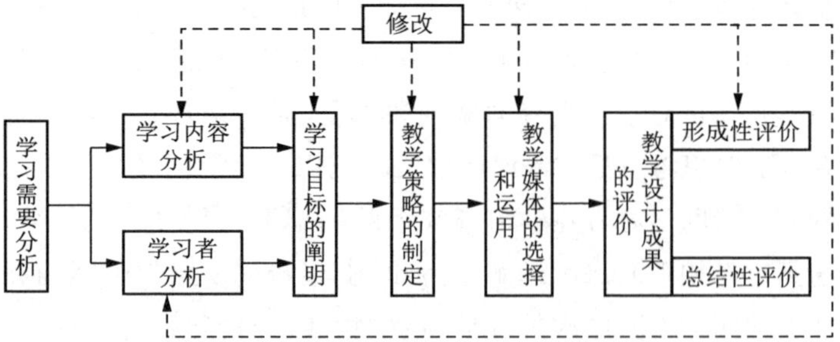

图3-7 教学设计过程的一般模式

教学设计过程的一般模式是一个动态的过程模式，强调教与学首先要分析学习需要，然后基于学习内容和学习者分析阐明学习目标，进而制定相应的教学策略、选择相应的媒体资源，最后对学习结果进行评价并给予反馈，对整个教与学过程进行修改完善。其中教学策略的制定和选择取决于设计者的教学观和知识观，相应地分为行为主义、认知主义、建构主义及人本主义取向的教学策略。由于协作学习活动关注的是协作组内部成员及其组间在特定情境中的“对话交流、质疑论辩、意义协商、问题解决以及知识或制品的共创生成”，符合建构主义的价值取向，即重视“情境和协作”。建构主义学习理论认为：“学习是个体在特定情境中，由于新旧经验的互相联结而引发的认知冲突产生的主动建构，这一建构通过对知识意义的理解或者与群体通过协作与会话达成对意义的一致性理解，且个体理解和群体理解达到新的平衡状态，其情境依赖性、知识共创性、群体协同性等特点，反映在认知层面的是概念转变，反映在知识层面的是知识创造”①。余胜泉和何克抗等人基于建构主义提出了教学设计过程模式②(见图 3-8)。

由图可知，建构主义取向的教学设计注重活动理论导向下以学习活动为中心进行教学设计。正如乔纳森等人在《重温活动理论：作为设计以学生为中心的学习环境的框架》中强调：“在真实的社会情境脉络中，聚焦学习活动的真实性学习是导向学生学的有意义学习，教学设计应重视分析教学过程中的活动要素”③以及欣纳斯曼(Hinnersmann)等人认为的“传统的教学设计忽视了学习过

① 张海燕，周海涛.从建构主义到建造主义：面向深度学习的知识教学范式转向[J].教育理论与实践，2021，41(22)：48—53.

② 余胜泉，杨晓娟，何克抗.《基于建构主义的教学设计模式[J].电化教育研究，2000，4(12)：7—13.

③ David H. Jonassen，Susan M. Land.学习环境的理论基础 2th[M].徐世猛，李洁，周小勇，译.上海：华东师范大学出版社，2015.

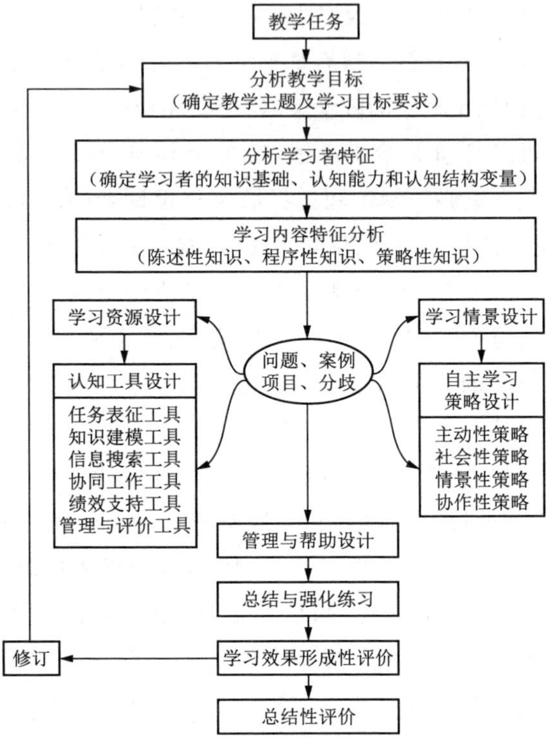

图 3-8　建构主义取向的教学设计过程模式

程的活动属性和群体交互的社会属性,并在此基础之上提出了以学习活动为中心的教学设计模型,用以指导协作学习活动的设计与实践”①。

总之,建构主义取向的教学设计理论在一定程度上解释了协作学习的内涵特征,为思维型协作深度学习活动的过程性设计提供了良好的理论基础和指导意义。

① Hinnersmann P, Hoier K, & Dutke S Executing Learning Activities and Autonomy-Supportive Instructions Enhance Autonomous Motivation[J]. Frontiers in Psychology, 2020, 11. https://doi.org/10.3389/fpsyg.2020.02109.

1.6　设计框架构建的视角及核心内容

上述五个理论使得本书研究更加聚焦编程教育中深度学习内涵和思维型协作深度学习活动的实践情境，其在本书研究中并不是独立分割的关系，而是存在相互补充、相互关联的互补关系，共同促进着学生在课堂深度学习中发展计算思维。具体体现在以下四个方面五个理论：

（1）聚焦思维发展的思维型教学理论。描述的是关于“培养目标”的问题，即关注思维型协作深度学习活动中计算思维的培养与发展。由于计算思维起源于计算机领域，教师对其认知和理解仅停留于“计算”层面，在编程教学实践中多专注于其“计算”特征而忽略了“思维”属性，致使智能时代计算思维的价值意义与教学实践的培养效果存在差异。思维型教学理论强调课堂活动的核心是对学生思维能力的培养以促进迁移创新，这与计算思维内涵具有一致性。

（2）活动理论演绎研究路径导向的协作学习活动设计过程。描述的是关于“是什么”的问题，即关注思维型协作深度学习活动内部结构的各个要素及其对学习者在深度学习中发展计算思维产生的影响；只有明晰思维型协作深度学习活动的内部要素，才能针对性协调与重构各要素以提升设计的有效性，这是编程教育中思维型协作深度学习活动的设计基点。

（3）“深度学习影响因素的 3P 模型”描述的是关于“为什么”的问题，即关注的是深度学习过程中各环节要素之间的双向交互作用；研究从情境性的视角解释了影响学生深度学习结果的多重因素和学习稳态的多个层面，这是编程教育中思维型协作深度学习活动设计模型的整体性构思起源。

（4）DELC 深度学习路线和建构主义取向的教学设计的过程模式。描述的是“怎么做”的问题，即关注的是思维型协作深度学习活动的各要素在教学实践层面应如何操作以引导师生在深度学习中培养并发展计算思维提供了一个具体的、可以施行的教学路径;这是思维型协作深度学习活动设计的过程模式,也是有效联结学术理论和教学实践的途径与载体。

本书首先对上述五个理论进行了适当的整合,以草图的形式梳理出思维型协作深度学习活动设计框架应包含的设计要素及其设计环节;然后以精细化的图式对每个设计环节应包含的设计要素及其设计步骤进行逻辑关联;最后对每个设计环节及其各个设计步骤以教师视角和学生视角进行具身化设计,形成可直接用于教学和学习的教师设计手册和学生活动指南。由此建构适合本书研究情境的"思维型协作深度学习活动的设计框架"(见图 3-9)。

该设计框架的构建思路如下:

首先,以"聚焦思维发展的培养目标"作为设计理念,同时以"是什么"的"活动理论演绎研究路径导向的协作学习活动"作为框架构建"设计基点",将思维型协作深度学习活动的结构要素进行整合与重构,并在此基础上将影响学习效果的"设计者理念和学习者动机"作为调节性要素加入进来,构建了包括"功能性要素、方法性要素和调节性要素"的协作学习活动的"三要素"结构。其中功能性要素是维持协作编程学习活动开展的最基本的要素,也是前提条件,包括"学习者、协作组、导学者和学习内容"四个子要素;方法性要素是提升思维型协作深度学习活动效果的需要设计的要素,其设计的优劣直接关乎学生计算思维发展的深浅结果,包括"协作规则、协作任务、资源与工具、角色和时序"五个子要素;调节性要素直接影响并调节着功能性要素的分析和方法性要素的设计,而且会随着协作编程学习活动的开展而发生变化,包括"设计者理念和学习者动机"两个子要素。

其次,以"为什么"的"深度学习影响因素的 3P 模型"作为设计框架建构的理论核心,从"预备、过程和结果"三个富有实践情境性的视角进行建构。预备阶段,在保留"3P 模型"各影响要素及其关

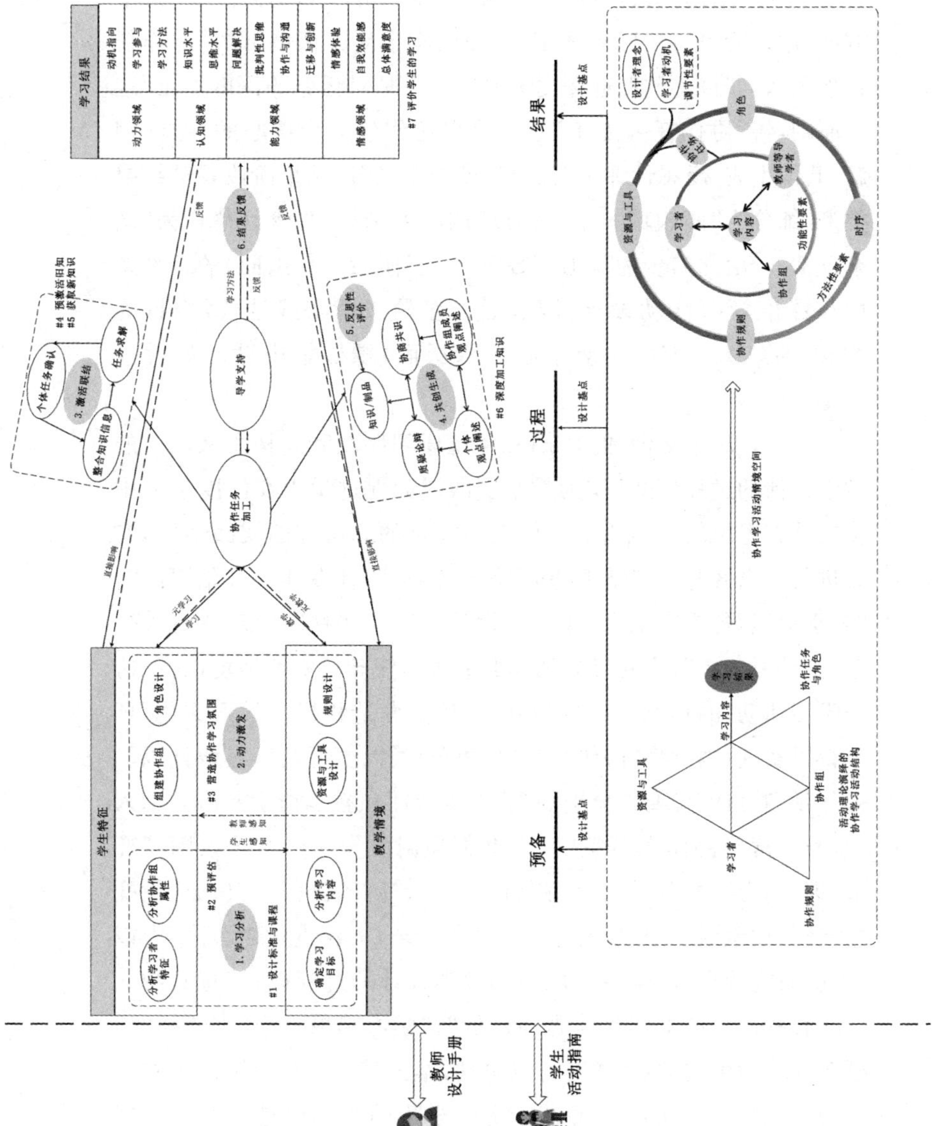

图 3-9　编程教育中思维型协作深度学习活动的设计框架

系的基础上，进一步将“学生个体因素、教学情境因素”扩充为协作学习活动的结构要素，并将其整合为“学习分析和动力激发”两个方面；过程阶段，将“任务加工”扩充为本书研究情境下的“协作任务加工”，同时依据“促进深度学习的核心是对任务的深度加工”这一原则，将“协作任务加工”整合为以协作任务为核心的“激活理解、共创生成、反思性评价”三个深度加工任务；结果阶段，将“结果类型”细分为“四领域·十二维度”的学习结果，并将其整合为“结果反馈”。由此初步构建出“TS-SPC”（三阶段·六层面）的思维型协作深度学习活动设计模型，后经多轮教学实践迭代，修订为“TDS-SPC”（三阶段·双中心·六层面）螺旋推进循环型设计模型。

最后，以“怎么做”的“DELC深度学习路线和建构主义取向的教学设计的过程模式”作为教学实践层面促进学生在深度学习中发展计算思维的实践指导。依据研究目的和研究的实践情境，对其进行适当修改，将“学生特征”各要素纳入“步骤1预评估”环节，“教学情境”各要素纳入“步骤2设计标准与课程”环节，并将其合并为“学习分析”；同时考虑到本书中协作任务的实践情境以及“协作学习活动”的顺利发生要依托“步骤3营造积极的学习文化”环节得以实现，因此将“协作组组建、角色设计、资源与工具设计以及协作规则设计”等要素分别划入“学生特征和教学情境”中，并纳入“步骤3营造协作学习氛围（本书更强调协作学习文化氛围）”环节，即“动力激发”；“协作任务加工”则以“协作任务”为核心，依托“步骤4预激活旧知、步骤5获取新知、步骤6深度加工”环节得以实现，研究依据“建构主义取向的教学设计的过程模式”将其纳入“激活理解、共创生成和反思性评价”；“学习结果类型”则依托“步骤7评价学生的学习”环节得以实现，本书基于设计研究的范式主张对学生学习评价的目的在于促进学生的学和促进实践的再优化，因此将学生学习结果的反馈纳入“结果反馈”。由此将初步构建的“TS-SPC”（三阶段·六层面）的思维型协作深度学习活动设计模型具身化，构建出教师层面的“TS-SPC”具身化设计的过程模式（即教师设计手册）和学生层面的“TS-SPC”具身化设计的导学支架（即学生活动指南），后经多轮教学实践迭代修订为教师视角下“TDS-SPC”具身化设计的“双中心·七步骤”过程模式（即教师设计手册）和学生视角下“TDS-SPC”具身化设计的“活动记录单”导学支架（即学生活动指南）。

第 2 节　思维型协作深度学习的“三要素”结构

思维型协作深度学习的“三要素”结构解决的是“是什么”的核心问题，也是设计框架构建的“设计基点”。本书研究的主旨是在编程教育中设计思维型协作深度学习活动以促进学生在深度学习中发展计算思维。因此，建构思维型协作深度学习的设计框架需要厘清思维型协作深度学习的内部结构及结构要素的相互关系，这是构建思维型协作深度学习的前提性问题。

2.1　三要素结构的构建思路

本书基于活动理论视角的“演绎”研究路径和深度学习的理论基础，提出活动理论演绎研究路径导向的思维型协作深度学习的“三要素”结构，明晰了思维型协作深度学习的内部结构要素“是什么”的问题，包含功能性要素、方法性要素、调节性要素，此三要素及其相互关系如图 3-10 所示：

思维型协作深度学习活动结构的三要素包括功能性要素、方法性要素和调节性要素。其中，功能性要素是维持思维型协作深度学习活动开展的最基本的要素，包括学习者、协作组、导学者和学习内容四个子要素；学习者是深度学习的主体、协作组是协作学习活动的共同体、教师是启发与支持学生开展协作学习活动的导学者，三者围绕课程标准规定的学习内容进行协作与互动，在此过程中学习者、协作组和导学者作为人无法对其进行设计且学习内

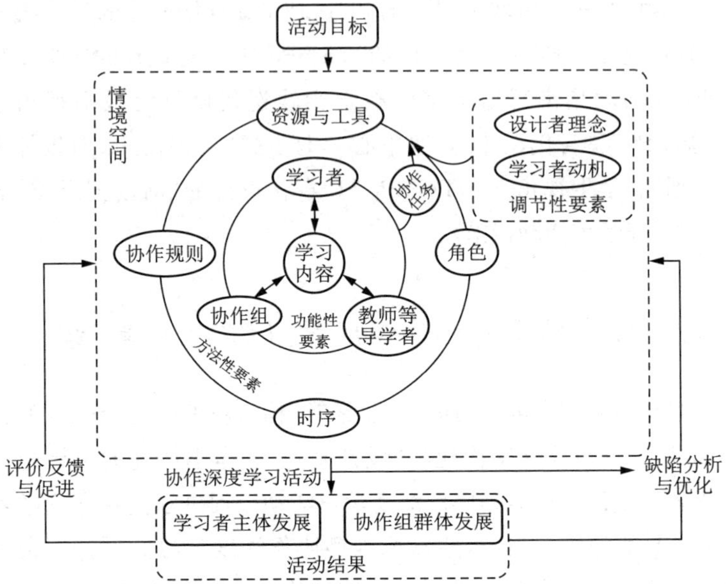

图 3-10　思维型协作深度学习活动结构的“三要素”及其相互关系

容在特定的学习阶段已有课程标准(教材)进行规定亦无法进行设计,但其却维持着思维型协作深度学习的开展,故功能性要素属于分析层的学习分析系统。方法性要素是提升思维型协作深度学习活动效果的需要设计的要素,其设计的优劣直接关乎学生在思维型协作深度学习活动中发展计算思维的深浅层次,包括“协作规则、协作任务、资源与工具、角色和时序”五个子要素;学习者在学习学科知识并与共同体互动的过程中需要遵守相应的协作学习规则、借助相应的资源与工具,从而以特定的协作分工与角色分工按照相应的时间顺序完成不同的协作学习任务,以达成学生在深度学习中发展计算思维的目标,故方法性要素属于方法设计系统,贯穿于整个学习阶段;调节性要素直接影响并调节着功能性要素的分析和方法性要素的设计,而且会随着思维型协作深度学习活动的开展而发生变化,包括设计者理念和学习者动机两个子要素;因此在开展思维型协作深度学习活动之前需要围绕调节性要素开展活动培训以提升设计者的设计理念和学习者的学习动机，故调节性要素属于动力维持系统，亦贯穿于整个学习阶段。

2.2　三要素间的相互关系

在思维型协作深度学习活动的三要素结构中，功能性要素和方法性要素通过具身化于特定情境空间中的协作任务进行互联并发生跃迁，即只有对功能性要素进行合理分析才能基于分析结果围绕协作任务进行方法性要素的设计；调节性要素在思维型协作深度学习活动的实施中影响并调节着功能性要素的分析和方法性要素的设计。

值得说明的是对思维型协作深度学习活动结构三要素的设计并不是固定不变的程式而是动态循环的设计过程，在具体的教学实践中，首先，需要教学设计者在活动目标的导向下围绕三要素结构进行协作深度学习活动的设计并依据思维型协作深度学习活动和计算思维的内涵特征对三要素结构进行缺陷分析及优化设计，然后由教师进行教学实施以达成促进学习者主体发展和协作组群体发展的"双重发展"的活动结果，其活动结果的评价反馈影响并促进思维型协作深度学习活动结构三要素的再优化设计。

第 3 节　思维型协作深度学习的 TDS-SPC 设计模型

"TDS-SPC"设计模型解决的是编程教育中"为什么"聚焦深度学习中的学生思维发展层面的核心问题，也是思维型协作深度学习设计框架中的"设计模型"。思维型协作深度学习活动三要素结构及其相互关系呈现了思维型协作深度学习活动设计时所考虑的结构要素，但并未呈现需要考虑的层面及其维度。故本书在思维型协作深度学习三要素结构的基础上,依据“深度学习影响因素的3P模型”从情境性的视角解释影响学生在深度学习中发展计算思维结果的多重因素和学习稳态的多个层面以及深度学习过程中各环节要素之间的双向交互作用,初步构建思维型协作深度学习活动的“TS-SPC”(三阶段·六层面)螺旋推进循环型设计模型(Three stage · Six layer Spiral Propulsion Cycle design model, TS-SPC),并经多轮教学实践迭代后修订为“TDS-SPC”(三阶段·双中心·六层面)螺旋推进循环型设计模型(Three stage · Double center · Six layer Spiral Propulsion Cycle design model, TDS-SPC),以此解决了构建的设计模型“为什么”是设计思维型协作深度学习活动时应考虑的动态维度的逻辑问题。

3.1 设计模型的原型建构

初步构建的“三阶段·六层面”螺旋推进循环型计模型是一个动态循环的设计模型,包含“预备、过程和结果反馈”3个设计阶段和“学习分析层、动力激发层、激活理解层、共创生成层、反思性评价层、结果反馈层”6个协作学习活动过程层面,其中每个设计阶段均关联着两个协作学习活动过程层面,每个设计过程层均以螺旋推进循环的样态逐层进行设计。为便于理解,本书绘制“横板和竖版”两个设计模型(见图3-11a、图3-11b),其中横板模型直观的显示了3个阶段中6个层面的设计要素,竖版模型直观的显示了3个阶段中6个层面间发生跃迁的相互关系。

3.2 设计模型的优化修订

研究基于初步构建的思维型协作深度学习“三阶段·六层面”螺旋推进循环型设计模型开展两轮教学实践,在实践数据分析的基础上,对该设计模型进行修订,最终形成“三阶段·双中心·六层面”螺旋推进循环型设计模型。(见图3-12a、图3-12b)

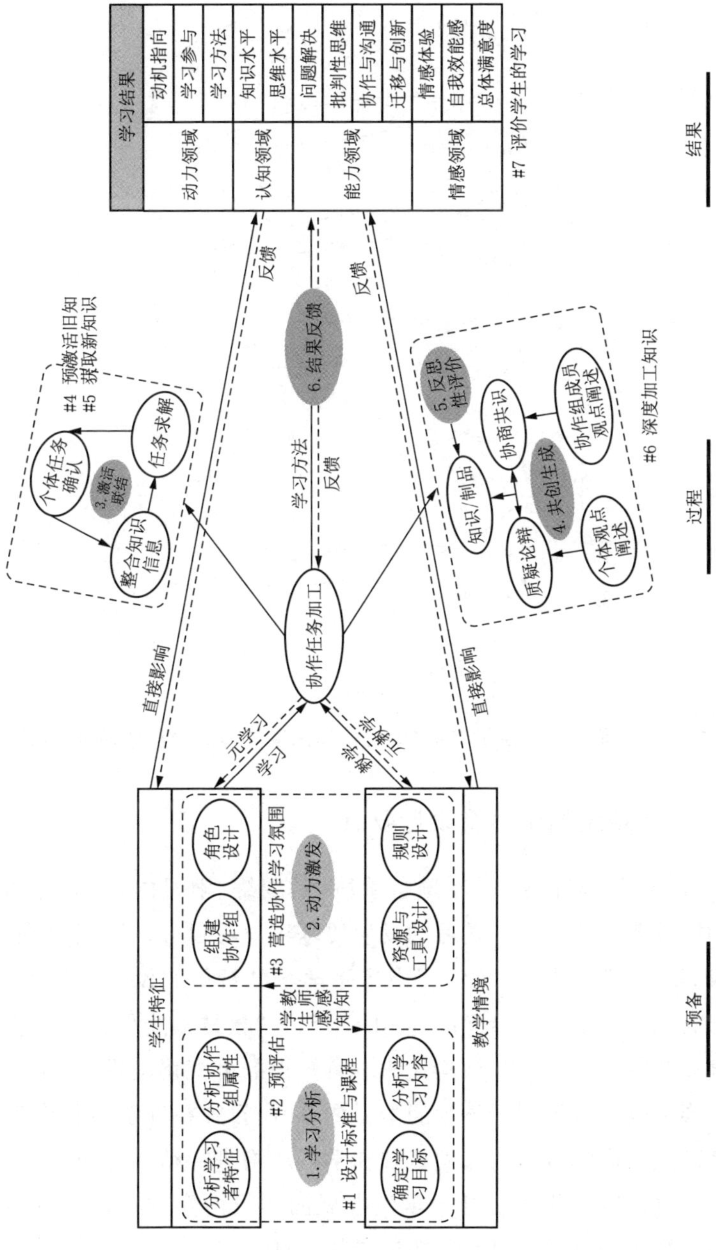

图 3-11a　“三阶段·六层面”的思维型协作深度学习活动设计模型(横板)

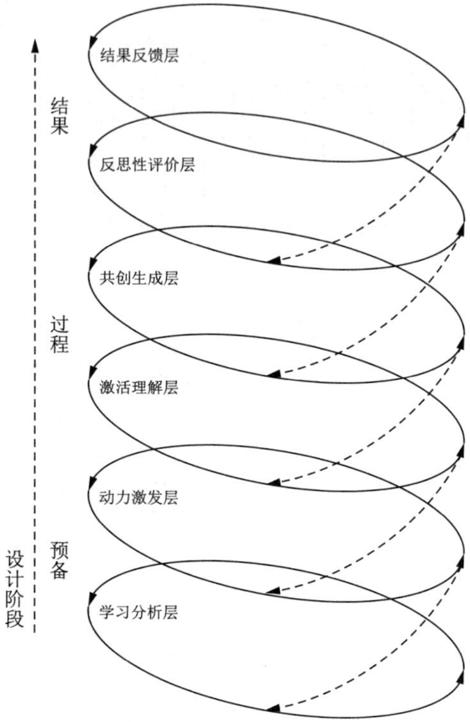

图 3-11b “三阶段·六层面”的思维型协作深度学习活动设计模型(竖版)

3.3 设计模型的阐述及设计要点

(1) 学习分析层。处于预备阶段,是围绕“学习内容”展开的对功能性要素的分析。学习的发生要基于学习目标,学习目标的达成离不开学习内容,故学习内容是学习分析层的设计关键点。克努德和伊勒里雷斯(Knud & Illeris)认为“教材虽然是学习内容的直接载体,是序列化、结构化的学科知识的可视化呈现,但是教材内容不能直接等同于学生的学习内容,需教师在理解教材内容的基础上依据学习者的知识基础和学习风格进行精细化设计,才能将教材内容转化为有益于学生发展的学习内容,如活动设计、教学微视频、知识概念导图、拓展资料、协作任

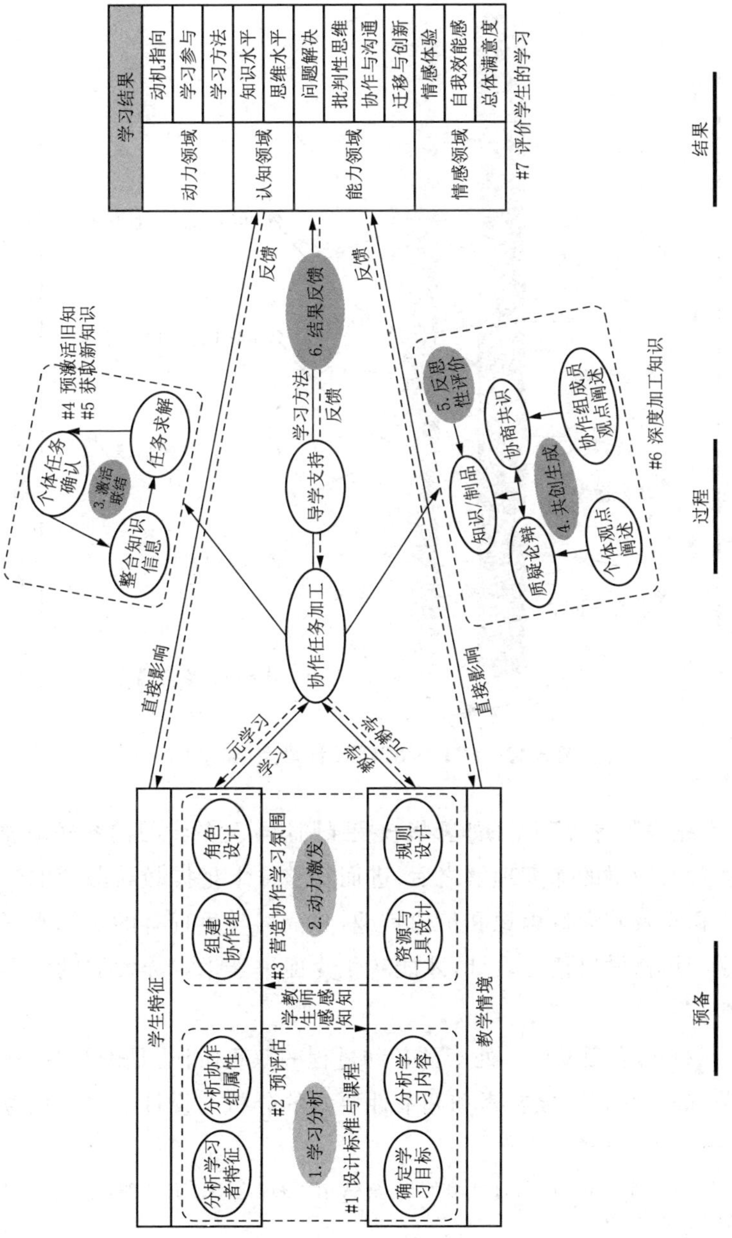

图 3-12a　TDS-SPC 设计模型(横版)

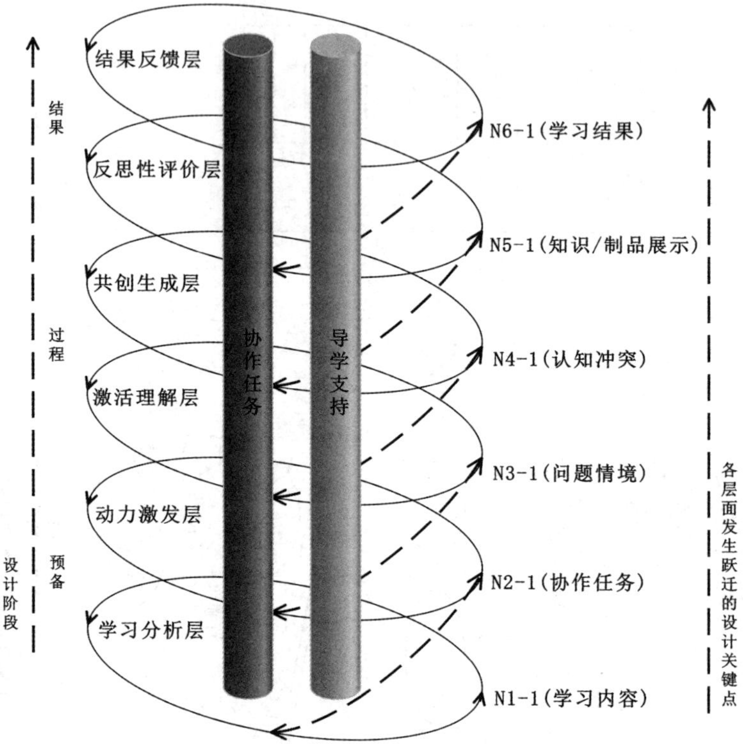

图 3-12b "TDS-SPC"设计模型(竖版)

务、专题检测等等"①,正如郭华教授强调:"学生的学习内容必须经过教师对教材的深度理解之后,进而从整体上把握教材蕴含的学科大概念及其学科思想和价值旨趣,并依据学生现有的认知水平和学习风格做出精心设计,才能转化为促进学生素养发展的学习内容。"②

(2) 动力激发层。处于预备和过程的双重阶段,是围绕"协作任务"展开的方法性要素和调节性要素的分析与设计。协作任务

① Knud & Illeris.我们如何学习—全视角学习理论[M].孙玫璐,译.北京:教育科学出版社,2010.

② 郭华.学习及其意义[J].课程.教材.教法,2016, 36(11):25—32.

的设计不仅是学习内容的具体化实现，同时关联着“协作组、角色、资源与工具、时序”等方法性要素的设计和“学习者动机、设计者理念”等调节性要素的设计；其中“科学化的协作组组建、组员间的角色分工与约束规则、资源与工具的支持以及其合理的时序、指向深度理解的学习动机”共同组成动力激发层，是营造积极的协作学习文化氛围、完成协作学习活动、促进计算思维发展的基础。

（3）激活理解层。处于过程阶段，是围绕“问题情景”展开的对方法性要素和功能性要素中协作任务情境问题化的分析与设计。“情境问题化的协作任务能够激活并联结学生的新知空间和生活经验空间，为学生理解新知概念、建构协作任务的价值意义以及促进灵活创新的迁移应用提供支架”①，这是协作开展的知识基础亦即共创生成的前提条件。已有研究表明“当学生在课堂上解决与现实场景有关的任务时，其学科知识的理解深度、解决复杂问题的能力以及学习成绩会显著提高，能够实现深度学习的效果”②。激活学生对问题的深层次理解，是发展学生计算思维的首要前提，亦是计算思维的核心要素之一。

（4）共创生成层。处于过程阶段，是围绕“认知冲突”展开的对方法性要素和功能性要素中协作任务解决的交互过程的分析与设计。学习科学强调“学习是个体在特定情境中由于新旧经验互相联结而引发‘认知冲突’之后，经与群体通过质疑与论辩达成对意义的一致性理解或个体理解和群体理解之间达到新平衡的状态，最终反映在认知层面的是知识概念的转变，反映在知识层面的是知识或制品的生成与创造”③。可见认知冲突是思维型协作深度学

① 马云鹏.深度学习视域下的课堂变革[J].全球教育展望，2018(10)：52—63.

② Huberman, et al. The Shape of Deeper Learning: Strategies, Structures, and Cultures in Deeper Learning Network High Schools. Findings from the Study of Deeper Learning Opportunities and Outcomes: Report 1[R]. American Institutes for Research, 2014.

③ 张海燕，周海涛.从建构主义到建造主义：面向深度学习的知识教学范式转向[J].教育理论与实践，2021, 41(22)：48—53.

习活动中引发概念转变、发展计算思维的关键要素。

(5) 反思性评价层。处于过程和结果的双重阶段,是围绕“知识/制品展示”展开的对方法性要素和功能性要素中协作任务达成的反思性评价的分析与设计,需要注意的是反思性评价不是最终的学习结果的评价,而是组间共创生成设计。学习科学的研究表明:“反思性评价能够促进学生学业成绩的提高和意义概念的建构与转变”①,反思性评价的焦点是由学生主导的“促进学习”的协同反思性评价,即协作组成员依据教师制定的协作任务的目标或借助评价量规或学习分析工具,通过协作组间的质疑与论辩对各协作组创生的制品进行评价并反思,最终促进学生对知识概念的深度理解、高阶认知能力的发展和问题解决的迁移实践,达成对计算思维的培养目标。

(6) 结果反馈层。处于结果的阶段,是围绕“学习结果”展开对方法性要素和功能性要素中协作任务达成的结果反馈与设计框架的优化设计。基于设计研究的范式主张对学生学习评价的目的在于促进学生的学习和设计框架的优化,故此层面结果反馈的焦点是由教学设计者和教学实施者主导的“促进设计与教学”的反馈性评价,即由教学设计者和教学实施者依据相应的评价指标体系或学习分析工具,对学生协作学习活动过程和学习结果进行客观且有价值的评价,其目的在于不断完善思维型协作深度学习活动的设计框架,更有效地促进学生计算思维的发展。

第4节 “双中心・七步骤”过程模式

“双中心・七步骤”过程模式解决的是编程教育培养学生计算思维过程中教师视角下“怎么做”层面的核心问题,也是“TDS-

---

① 杨玉芹等.协同反思性评价促进大学生知识创新话语发展的效果研究[J].中国电化教育,2020(06):81—87.

SPC"具身化设计的"过程模式"。"TDS-SPC"螺旋推进循环型设计模型基于思维型协作深度学习的结构要素和深度学习影响因素的"3P"模型而构建，具有高度的抽象性和理论化特性，为"为什么"如此设计提供了理论逻辑的支撑，也为学科教学的思维型协作深度学习活动设计提供了普适性导向。但是在具体的思维型协作深度学习教学实践中，却无法为一线教师提供能够具体指导他们教学实践的"怎么做以及如何做"的方法流程，因为对一线教师而言，他们需要的不是宏观的理论设计模型，而是操作性极强的过程设计流程。由于设计流程的模糊性往往使教学设计流于形式，如"热闹有余或失控冷场或课堂嘈杂无序；学生出于完成任务敷衍行事，兴趣并未激发"等等。因此一个清晰高效的促进深度的学习的思维型协作学习活动设计流程会给教师设计与实施思维型协作深度学习实践提供有效引导，从而提高学生的协作学习质量，发展计算思维。基于此，在"三阶段・六层面"螺旋推进循环型设计模型的指导下，依据"DELC 深度学习路线"和"建构主义取向的教学设计的过程模式"设计教师视角下"如何做"的"七步骤"过程模式，后经多轮教学实践迭代修订为"双中心・七步骤"过程模式，作为教师知晓如何设计思维型协作深度学习活动的设计手册(见附录 5)。

4.1　过程模式的原型建构

由于学科本身的知识特性，操作性极强的过程模式并不具有通用性，需要在思维型协作深度学习活动设计框架的指导下结合具体的学科进行设计。因此，基于信息技术学科，以"怎么做"的"DELC 深度学习路线和建构主义取向的教学设计的过程模式"作为教师教学实践层面的实践指导，构建教师视角下"TS-SPC"(三阶段・六层面)设计模型具身化设计的"七步骤"过程模式(见图 3-13)。

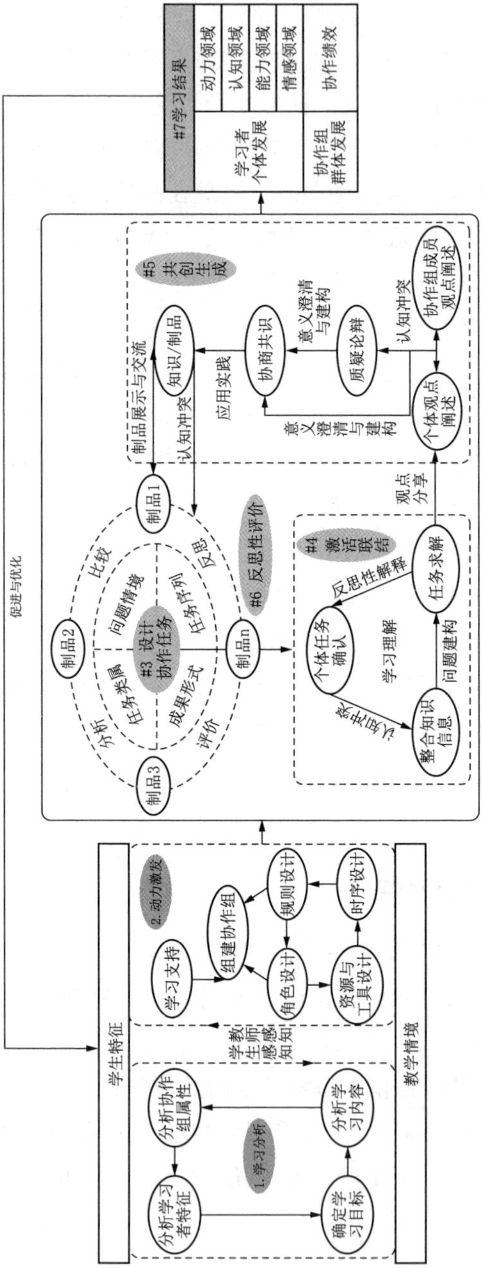

图3-13 “三阶段·六层面”具身化设计的“七步骤”过程模式(原型)

该过程模式包含“学习分析、动力激发、协作任务设计、激活联结、共创生成、反思性评价、学习结果反馈”7 个协作学习活动设计的步骤，该 7 个步骤可以作为教师教学实践层面开展协作学习活动的实践指导。

4.2　过程模式的优化修订

研究基于初步构建的“TS-SPC”具身化设计的“七步骤”过程模式开展了两轮教学实践，在实践数据分析的基础之上，对该过程模式进行了修订，最终形成修订版的教师视角下“TDS-SPC”具身化设计的“双中心・七步骤”过程模式(见图 3-14)。

4.3　过程模式的阐述及设计要点

4.3.1　协作任务中心的设计

以学习活动为中心的教学设计理论认为“学习任务的设计是学习活动设计的核心”。在思维型协作深度学习活动中，协作任务既是学习目标操作层面的具体化，又贯穿激活联结、共创生成、反思性评价等深度加工层面，可以说思维型协作深度学习活动的设计表现为协作任务的设计，学生正是在完成协作任务的基础上才能够逐步完成对学习活动的体验和学习目标的意义建构。因此，协作任务设计是思维型协作深度学习活动设计中的核心，在整个思维型协作深度学习活动中处于显性中心地位。一个有效的协作任务，不仅仅与学科知识密切相关，而且能够将学生的新知学习与知识经验进行联结，从而让学习者在面临协作任务时产生一种“有目的但不知如何到达”的心理困境，使之发生认知冲突、产生学习兴趣和求知欲望，进而引发强烈的指向意义理解与问题解决的学习动机。协作任务设计至关重要，是思维型协作深度学习活动设计中最难也是最具创造性的设计活动，通过梳理归纳思维型协作深度学习活动中的任务设计，发现协作任务的设计由“选择任务类属、设计任务序列、设计任务的问题情境、明确成果形式”四部分组成，设计方案见表 3-1：

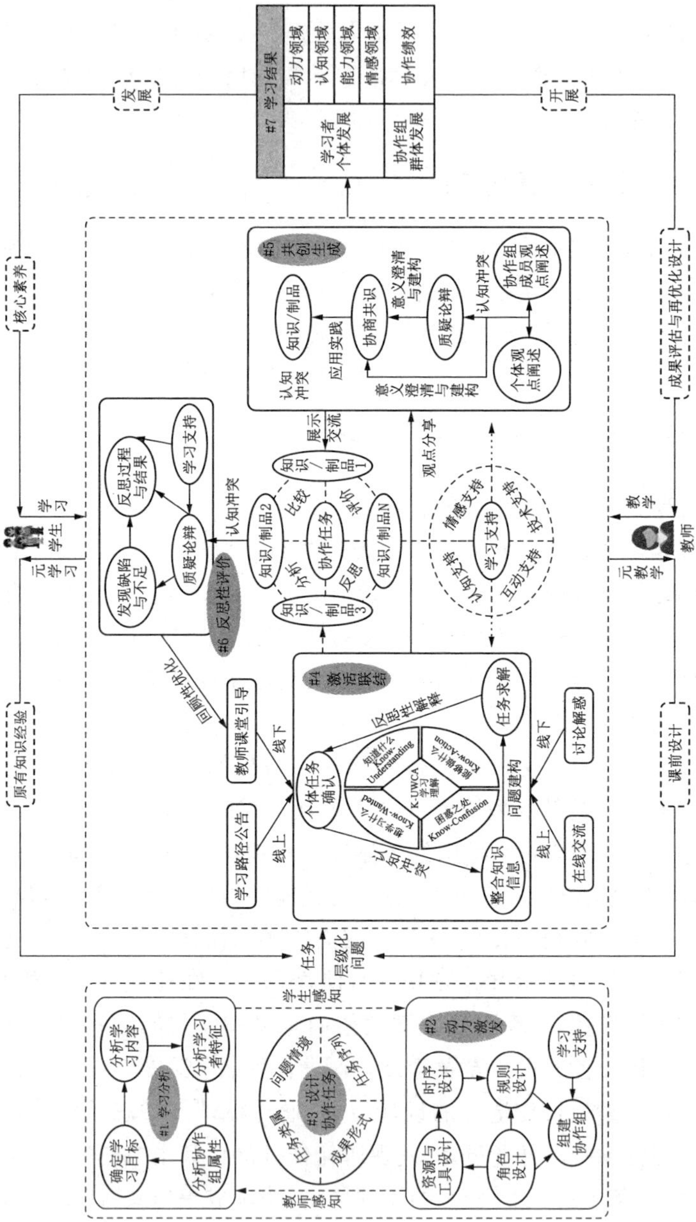

图 3-14 教师视角下“TDS-SPC”具身化设计的“双中心·七步骤”过程模式

表 3-1　协作任务的设计方案

任务设计原则	有效性、趣味化、情境问题化				
协作任务 1（具体名称）	任务类属		基础任务	挑战任务	反思任务
		良构任务	✓	✓	
		非良构任务		✓	✓
	任务序列	任务在整个学习活动过程中的时序编列			
	问题情境	阐述具体的协作任务情境，如任务的背景因素、限制性因素以及线索因素			
	成果要求	作品、方案、思维导图、App 程序、视频等			

（1）协作任务的设计原则

协作任务的设计应遵循一定的设计原则，具体如下：

一是任务的有效性。任务的有效性不仅直接关乎教师课堂教学的有效性，而且直接关乎学生对学科概念的意义建构、高阶思维的形成以及创新灵活的迁移应用等计算思维核心要素的达成。什么样的任务是有效的？有研究表明聚焦明确的学习目标、具有突破认知冲突的挑战、创设生活共鸣的情景等策略可以促进任务的有效性设计，即任务的有效性体现在目标聚焦、认知冲突与挑战、情境共鸣三个方面。首先，“任务设计应该聚焦明确的学习目标，目标可以指导教师判定哪些学习任务是（或不是）重要的，当它清晰地呈现给学生，并且设计的任务聚焦于这些预期目标时，学习任务具有高度的有效性”①；其次，“任务设计应该具有突破认知冲突的挑战性，具有挑战性的任务有助于培养学生的学习能力与自我效能感，进而促进深度学习的达成”②，但“其挑战性不能超出学生已有经验技能的基础，必须让学生通过努力即可完成任务从而突

① Wiggins G, Mctighe J. Understanding by Design [M]. 2nd ed. Alexandria, VA: Association for Supervision and Curriculum Development, 2005:218—219.

② Covington. The motive for self-worth[M]// AMES R, AMES C. Research on motivation in education: Student motivation. San Diego, CA: Academic Press, 1985:77—113.

破已有认知,达成学习深度”①。切克森和米哈莱(Chekson & Mihalai)的沉浸理论证明:“当学习任务难度与学生的能力水平相匹配的时候,学生就会沉浸到任务中去以达成深度学习”②;最后,任务的设计应该创设能够引起学生共鸣的任务情境。已有研究表明,“当学生在课堂上解决与现实情境有关的任务时,其学科知识的理解深度、复杂问题解决能力以及学习成绩会显著提高”③。

二是任务的趣味化。协作任务的趣味化旨在刺激学生产生深度学习的动力,进而促进学生积极主动的深度参与,这也是深度学习的外延特征之一。已有研究表明,“只有当学生认为学习是有趣、令人愉快的时候,学习的内在价值才会被学生感知,能够产生忘我的‘心流’体验,有助于促进学生发生深度学习”④。值得注意的是任务的趣味化应体现在任务的有效性中,即任务首先应该是有效的,其次才是有趣的,实际课堂教学中有些教师为追求任务的有趣性,甚至会用一些有趣或有娱乐性的无关材料来激发学生的学习兴趣,但如果这种兴趣不是建立在有效的基础上,那么这种兴趣尽管会在初始引发学生兴趣但不会产生持续性的学习动力,这对深度学习毫无意义,对计算思维的培养效果甚微。

三是任务的情境问题化。传统学习任务由于缺乏问题化情境,同时教学的聚焦点在于记忆和重复且与现实脱节的惰性知识,

---

① Floyd. The effect of engagement and perceived course value on deep and surface learning strategies[J]. Informing Science: the International Journal of an Emerging Transdiscipline, 2009, 12:181—191.

② Chekson & Mihalai.陈秀娟,译.生命的心流[M].北京:中信出版社,2009. 11—20.

③ Huberman, et al. The Shape of Deeper Learning: Strategies, Structures, and Cultures in Deeper Learning Network High Schools. Findings from the Study of Deeper Learning Opportunities and Outcomes: Report 1[R]. American Institutes for Research, 2014.

④ Floyd. The effect of engagement and perceived course value on deep and surface learning strategies[J]. Informing Science: the International Journal of an Emerging Transdiscipline, 2009, 12:181—191.

致使学生很少有机会去解决现实生活中的问题，影响着计算思维的培养。在思维型协作深度学习活动中，协作任务应该体现问题化和情境化，情境问题化后的协作任务能够联结学生的新知空间和生活经验空间，并为学生学习新知、知晓新知价值以及促进灵活创新的迁移应用提供支架，有利于知识的理解和迁移创新。因此“设计真实性、能引起认知冲突且具有挑战性、引发生活经验共鸣的情境且使之问题化有利于增加协作任务的有效性和有趣性，能够促进学生在深度学习中发展计算思维”①。

（2）协作任务的设计方案

协作任务的设计方案包含“选择任务类属、设计任务序列、设计任务的问题情境、明确成果形式”四部分。

任务类属指向的是对学习分析阶段有关学习目标实现与达成的直接表现，即协作任务的类属应该与学习目标及其具体化的学习内容相匹配，以帮助学习者有效地实现预设的学习目标。本书认为指向深层次的学习并不排斥浅层次的基础学习，相反是基于浅层次的基础知识的理解逐步达成深层次学习的目的。在此过程中，反思是实现学生在深度学习中发展计算思维必不可少的认知过程，既是学生深度理解学科核心概念的重要策略，又是学生发展元认知能力和批判性思维能力的有效手段，甚至有些研究者认为，“反思可能是实现深度学习的唯一机制”②，亦是培养计算思维的关键环节。故本书研究将协作任务划分为“基础任务、挑战任务和反思任务”三个类别，其中基础任务在目标上指向浅层次的意义建构，如基本的概念、公式、简答题等；挑战任务在目标上指向深层次的能力生成，如问题解决、方案设计、物化制品的设计与实现等；反思任务在目标上既指向浅层次的意义建构又指向深层次的能力生成，因

① 马云鹏.深度学习视域下的课堂变革[J].全球教育展望，2018，(10)：52—63.

② Svensson L. Symposium：Learning Processes and Strategies-iii：On Qualitative Differences In Learning：iii-Study Skill and Learning[J]. British Journal of Educational Psychology，1977，47(3)：233—243.

为反思任务设计的重点是启发性与内化性而非任务的难度与挑战性,即必须让学生对某一知识概念、问题解决的过程等有新的深刻认知,如写微博或日志、绘制思维导图、分享与展示作品、提问等都是有效的促进深度学习的反思任务。此外,协作任务面向问题解决,而问题解决中的问题又可划分为良构问题和非良构问题,故将协作任务的类属又分为"良构协作任务(well-structured tasks)和非良构协作任务(ill-structured tasks)",其中良构协作任务在目标上指向意义建构的"理解分析",即任务的完成只需要少量知识的应用且只有一种正确的解决办法,属于浅层次的基础学习和挑战学习;非良构协作任务在目标上指向能力生成的"迁移应用与实践创新",即任务的完成需要大量知识的综合应用且面向实际生活情境、难以形式化表征、求解过程较复杂,属于深层次的挑战学习和反思学习,由此形成协作学习活动设计的"二维矩阵"协作任务类属(见表 3-1)。

任务序列,指将复杂的学习活动分解为符合学习者认知规律且存在某种逻辑联系的一系列有学习进程的协作任务。一般情况下协作任务序列的安排应依据两个方面:一是依据任务难易程度产生的难度渐进型任务序列,二是依据学习者特征产生的同难度水平的特征选择型任务序列,在实际学习活动中,两种任务序列可能同时存在于一个协作学习活动中(见图 3-15)。

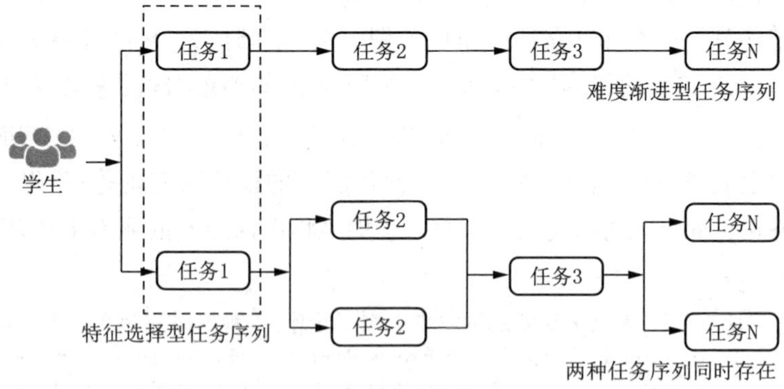

图 3-15　任务序列的存在形式

任务的问题情境指向的是聚焦问题求解的设计而非聚焦知识授受的设计，强调学习者的学习内容要以问题的形式呈现，包含"问题解决的背景因素、限制性因素以及线索因素"三个方面。其中背景因素就是要在学习者认知水平的基础上，阐述真实问题发生的时间、空间、环境等情境；限制因素将协作任务的解决限定在一定的范围内，可以有效控制问题的复杂程度和求解领域，包括解决问题过程中一些资源的限制、条件的限制；线索因素则是提供给学习者提供解决任务的相关知识的方向，学习者可以根据提供的线索因素对协作任务进行逐步分析与逐层分解，形成问题解决方案并解决问题。

成果形式指向是协作任务完成后应提交的成果及其具体表现形式，如作品、方案、思维导图、App 程序、视频等。

4.3.2　学习支持中心的设计

计算思维涉及内隐的思维活动，需要学习支持。学习支持，指为支持思维型协作深度学习活动的有效进行而对学习者及协作组提供的认知、情感及互动支持。学习支持可以促进所有学习者积极参与激活联结、共创生成、反思性评价的各个环节，并对解决其中存在的某些疑难认知问题、经验性（隐性）知识、动力的激发及其他难以完成的学习任务发挥重要作用。学习支持虽未明显存在于协作学习活动的各环节，但各环节从未离开过学习支持，故而学习支持在整个思维型协作深度学习活动中处于隐性中心地位。本书将学习支持分为"认知支持、情感支持和互动支持"三类，其中认知支持主要是指针对某些高难度难以理解的知识内容和技能性内容，教师提供教导式或讨论式的讲解、提示和补充；情感支持主要是指针对协作学习过程中学习者的情绪进行的语言激励、反思指导；互动支持主要是指针对协作组成员的协作过程提供必要的互动指导，如引导讨论和组织评价等等。

4.3.3 学习分析的设计

学习分析的设计不涉及教与学的实施，属于教与学开始前的预备阶段，包含“确定学习目标、分析学习内容、分析学习者特征、分析协作组属性”四个方面，其设计的关键点是学习内容，是围绕“学习内容”展开的对协作学习活动功能性要素的分析与设计，学习分析的设计方案见表 3-2：

表 3-2　学习分析的设计方案

<table>
<tr><td rowspan="2" colspan="3">学习内容分析</td><td>学习主题</td><td>所属模块</td><td>内容要求</td></tr>
<tr><td></td><td></td><td></td></tr>
<tr><td rowspan="5">学习目标分析与评估</td><td></td><td></td><td>具体描述(课标要求)</td><td colspan="2">具体表现(策略及方式)</td></tr>
<tr><td rowspan="2">意义建构</td><td>学科概念</td><td>对学科大概念、学科核心概念和具体概念的理解性意义建构</td><td colspan="2" rowspan="2">水平 1：知道理解(Know-Understandings)
(强调学科知识和基本技能)
1. 能够知道：事实概念、原理方法、行为操作、策略技巧
2. 能够说出生活中的例子：事实概念、原理方法、行为操作、策略技巧
3. 能够阐述意义：事实概念、原理方法、行为操作、策略技巧</td></tr>
<tr><td>思维水平</td><td>具体表现为“前结构、单点结构、多点结构、关联结构和抽象扩展结构”五个水平</td></tr>
<tr><td rowspan="2">素养发展</td><td>发展核心素养</td><td>具体表现为“学会学习、责任担当、人文底蕴、科学精神、健康生活、实践创新”等 6 个中国学生发展核心素养</td><td colspan="2">水平 2：实践应用(Know-Abilities)
(强调关键能力和问题情境)
1. 能够完成：本节课程要求完成的活动任务
2. 能够解决：现实中类似活动情境的问题
3. 能够列出完成的大纲，如过程、步骤和策略：现实中类似活动情境的问题</td></tr>
<tr><td>学科核心素养</td><td>课程标准中关于学科核心素养的等级层次，如信息技术学科的信息意识、计算思维、数字化学习与创新、社会责任四个学科核心素养</td><td colspan="2">水平 3：迁移创生(Know-Values)
(强调价值信念和必备品格)
1. 能够解决：现实中真实复杂的问题
2. 能够列出解决问题的核心条件：现实中真实复杂的问题
3. 能够说出学习主题对您生活的价值意义：现实中真实复杂的问题</td></tr>
</table>

续表

<table>
<tr><td colspan="3" rowspan="2">学习内容分析</td><td colspan="2">学习主题</td><td colspan="3">所属模块</td><td>内容要求</td></tr>
<tr><td colspan="2"></td><td colspan="3"></td><td></td></tr>
<tr><td rowspan="6">学习目标分析与评估</td><td colspan="8">评估标准</td></tr>
<tr><td colspan="2"></td><td>自评</td><td colspan="2">组内互评</td><td>组间评价</td><td colspan="2">教师评价</td></tr>
<tr><td colspan="2">专项测试（20%）</td><td>√</td><td colspan="2"></td><td></td><td colspan="2"></td></tr>
<tr><td colspan="2">生成制品（50%）</td><td></td><td colspan="2"></td><td>√</td><td colspan="2">√</td></tr>
<tr><td colspan="2">协作绩效（20%）</td><td>√</td><td colspan="2">√</td><td></td><td colspan="2">√</td></tr>
<tr><td colspan="2">评估量表（10%）</td><td>√</td><td colspan="2"></td><td></td><td colspan="2"></td></tr>
<tr><td rowspan="8">学习者分析</td><td></td><td></td><td colspan="4">具体描述</td><td colspan="2">策略及方式</td></tr>
<tr><td rowspan="3">认知基础</td><td>前理解</td><td colspan="3">理论知识、生活经验</td><td colspan="3" rowspan="3">“K-UWCA”问题型预评估法
知道什么（Know-Understanding）
想学习什么（Know-Wanted）
困惑之处（Know-Confusion）
能够做什么（Know-Action）</td></tr>
<tr><td>认知冲突</td><td colspan="3">新奇、困惑、共鸣、挑战</td></tr>
<tr><td>发展区</td><td colspan="3">实际发展水平、潜在发展水平</td></tr>
<tr><td rowspan="4">学习风格</td><td>主动型/反思型</td><td colspan="3">主动型、反思型、平衡型</td><td colspan="3" rowspan="3">Felder-Silverman 学习风格量表或测试网站</td></tr>
<tr><td>知觉型/直觉型</td><td colspan="3">知觉型、直觉型、平衡型</td></tr>
<tr><td>视觉型/言语型</td><td colspan="3">视觉型、言语型、平衡型</td></tr>
<tr><td>序列型/整体型</td><td colspan="3">序列型、整体型、平衡型</td><td colspan="3"></td></tr>
<tr><td rowspan="4">协作组属性分析</td><td colspan="2">组规模</td><td colspan="6">根据协作任务的粒度大小，设置协作组的大小规模，一般 3—5 人较为合适</td></tr>
<tr><td colspan="2">差异结构</td><td colspan="6">体现在成员已有的认知基础（成绩高低）、学习风格、性别等方面</td></tr>
<tr><td colspan="2">分组方式</td><td colspan="6">教师主控的随机分组、按成绩分组、兴趣爱好分组或者学生主控的按照同学之间的好感关系自由分组，3—5 个人的组内异质且组间同质分组（组内成员体现出学习差异、组间旗鼓相当）是协作学习中有效且被普遍采用的分组方式</td></tr>
<tr><td colspan="2">组评价</td><td colspan="6">评价不同协作组之间开展活动效果的标准，一般包括指向学生个体的学习结果和指向协作组群体的协作绩效两部分。</td></tr>
</table>

(1) 基于课程标准的学习内容分析

克努德和伊勒里斯认为“学习的发生要基于学习内容，学习内容是关于学生学习什么的呈现载体，是讨论学习如何发生的基础”①。教材虽然是学习内容的直接载体，是序列化、结构化的学科知识的可视化呈现，但是教材内容不能直接等同于学生的学习内容，需教师在理解教材内容的基础之上并依据学习者的知识基础和学习风格进行精细化设计，才能将教材内容转化为有益于学生发展的学习内容，如活动设计、教学微视频、知识概念导图、拓展资料、协作任务、专题检测等等。然而“受制于知识理解和学科理解的偏差，教师在理解教材方面普遍存在着‘低位、粗浅、零散’三个问题”②：“低位”即教师往往专注于教材中处于低位的具体概念或具体现象，较少能够把握教材蕴含的学科大概念和核心概念；“粗浅”即教师往往专注于教材中表层的知识符号和事实性知识，较少能够通过符号挖掘教材蕴含的学科思想和价值旨趣；“零散”即教师往往专注于教材中庞杂、琐碎的知识点，较少整体把握知识与知识的整体性相互联系。教师对教材理解的不足很大程度上成为学生课堂学习普遍缺乏深度的重要原因。教材是基于课程标准编写而来，因此，为克服教师在理解教材普遍存在的“低位、粗浅、零散”的问题，对教材的深度理解就需要基于课程标准，如《普通高中信息技术课程标准》(2017 年版 2020 年修订)就对学习内容的相关模块、具体的内容要求和学业要求作出明确规定，教师只有基于课程标准理解教材，才会从整体上把握知识与知识的相互关系、教材所蕴含的学科大概念和核心概念及其学科思想和价值旨趣。

(2) 清晰明确且可供评估的“K-UAV”三层学习目标的设计

清晰而明确的学习目标需要确定学习目标的维度层次，再以

---

① Knud & Illeris.我们如何学习——全视角学习理论[M].孙玫璐，译.北京：教育科学出版社，2010.

② 李松林等著.深度学习设计：模板与示例[M].四川师范大学电子出版社，2020：038.

具体可观察的视角进行表述和评估。“学习目标是深度学习的保障，教师越清晰明确的告知学生学习目标，学生就越清楚采用什么的行动来达到预期标准，进而融入深度学习过程中”①。从课堂教学的角度看，指导中小学课程教学的新课程标准从“学生发展”的视角提出“素养”为本的培养目标，即明确学生学习该学科课程后应达成的价值观、必备品格和关键能力，以此整合“知识与技能、过程与方法和情感态度价值观”三维目标；从深度学习的角度看，学习者基于学科概念的理解性建构是促进深度学习的关键路径，脱离了学科概念知识的深度学习是不存在的；从两者的逻辑关系看，素养为本的学生发展必然以学科知识为基础，只有深度理解学科知识，才能够灵活地迁移运用知识去解决生活中的实际问题，达成适应社会发展和终身发展的素养目标。因此，可以说“素养”目标指向学生的发展，“知识”目标指向意义建构，知识是素养发展的着力点，亦是深度学习的基础。故深度学习中存在两种样态的学习目标，一是知识，二是素养。知识目标指向的是“意义建构”，包括学科概念和思维水平两个维度。学科概念的理解性建构是促进深度学习的关键路径，具体表现为对学科大概念、学科核心概念和具体概念的理解性意义建构；思维水平是学科概念理解性建构所运用或形成的思维水平，具体表现为“前结构、单点结构、多点结构、关联结构、抽象扩展结构”五个水平②。素养目标指向的是“素养发展”，包括学科发展性质视角下的学科核心素养和社会发展需求视角下的学生发展核心素养。其中学科核心素养是学科育人价值的集中体现，是新课程标准中所规定的学习者在学科学习中沉淀和逐步发展起来的必备品格、关键能力和价值信念；学生发展核心素养是立德树人的集中体现，包含“学会学习、人文底蕴、责任担当、

① Hattie. Visible Learning for Teachers: Maximizing Impact on Learning [M]. New York: Routledge, 2012:110.

② 彼格斯著.高凌飚等译.学习质量评价(SOLO 分类理论可观察的学习成果结构)[M].人民教育出版社，2010.

科学精神、健康生活和实践创新”六大素养。基于上述的分析,促进深度学习的学习目标由指向“意义建构”的知识目标和指向“素养发展”的素养目标两个维度,对其进行分析除了必须分析课程标准中所规定的学科内容、学科概念及其相应的思维水平,还应该充分分析发展核心素养和学科核心素养以及它们之间的相互关系。同时,熟练的掌握基于学科核心素养评价的等级标准,并使用详细而精确的内容加上富有挑战性的行为动词进行描述,才能够使得课堂教学保持“内容—目标—评价”的连贯性。

《新课标》提出:具有计算思维能力的学生在信息活动中能够用计算机或相关工具来定义问题、抽象特征、建立结构模型和合理组织数据。通过对各种信息资源的判断、分析和综合,采用合理的算法形成问题的解决方案。同时,课程标准还将计算思维划分为 4 个等级。其中预备级指向初中与高中衔接时学生在计算思维上应达到的水平,即初中学业结束时学生应达到的水平;水平 3 指向有志于在日后的学习中从事计算机等相关学科深入学习的学生,是较少数高中生在毕业时应达到的水平;水平 1 和水平 2 则指向高中生在参与信息技术课程之后达到的水平,是全体学生应达到的水平(见表 3-3)。

表 3-3　信息技术课程标准中对计算思维培养目标的水平划分

水平	素养 2:计算思维
预备级	(1) 在日常生活中,认识数字化表示信息的优势。 (2) 针对给定的简单任务,能够识别主要特征,并用流程图画出完成任务的关键过程。 (3) 了解对信息进行加工处理的价值、过程和工具,并能够根据需求选择适当的工具。
水平 1	(1) 针对给定的任务进行需求分析,明确需要解决的关键问题。 (2) 能提取问题的基本特征,进行抽象处理,并用形式化的方法表述问题。 (3) 运用基本算法设计解决问题的方案,能使用编程语言或其他数字化工具实现这一方案。 (4) 按照问题解决方案,选用适当的数字化工具或方法获取、组织、分析数据,并能迁移到其他相关问题的解决过程中。

续表

水平	素养 2:计算思维
水平 2	(1) 针对较为复杂的任务,能运用形式化方法描述问题,并采用模块化和系统化方法设计解决问题的方案。 (2) 正确区分问题解决中涉及的各种数据,并采用适当的数据类型表示。 (3) 针对不同模块,设计或选择合适的算法,利用编程语言或其他数字化工具实现各模块功能。 (4) 利用适当的开发平台整合各模块功能,实现整体解决方案。
水平 3	(1) 对基于信息技术的问题解决方案,能够依据信息系统设计的普遍原则进行较全面的评估,并采用恰当的方法迭代优化解决方案。 (2) 能把利用信息技术解决问题的过程迁移到学习和生活的其他相关问题的解决过程中。

清晰且明确的学习目标该如何设计呢？一份优质的学习目标应当以学生能接受的语言口头表述,让学生知晓课程学习对他们的期许是什么以及成果将会是什么,常采用的方法是 ABCD 法,即谁(Audience)在什么条件下(Condition)做了什么(Behavior),以及做到什么程度(Degree)。其中学习主体(Audience)在教学中指的是学生,在实际表述中可以省略;行为动词(Behavior)用于描述学习之后学生能够表现出的行为变化,如比较和对照、列出、陈述、总结和评论、解释和归纳等等;行为条件(Condition)指的是以上行为发生的条件,如书籍、演讲、实验、上网搜索、访谈、听讲、协作等等;行为结果(Degree)指的是行为程度或可视化的结果,用来说明行为变化的最低标准,如作品、方案、作文、测验等等。举一个例子:学生(行为主体)能够运用(行为动词)python 语言程序(发生的条件)来设计简单人工智能图像识别的小程序(可视化结果)。为了让知识目标和素养目标更具有可观察性,也可以将其表述成一个要点问题,因为学习一旦被表述成问题,学生的大脑就会想要试图找到答案,可以激发并维持学生的学习动机。本研究将其转换成四个维度的问题,如下:

(1) 学习结束时,关于学习主题学生知道什么,生活中是否有相关现象,学生是如何理解所知道的基本知识和所掌握的基本技能的?

(2) 学习结束时,学生能够做什么?计划如何做?

(3) 学习结束时,学生能够解决生活中的哪些情景性问题?

(4) 学习结束时学生有什么不同,希望成为什么或能够改变什么,需要什么条件可以实现?

上述四个问题中,问题(1)指向的是学科的基础知识与基本技能,一般包括事实概念、原理方法、行为操作、策略技巧等(即Know-Understandings);问题(2)和问题(3)指向的是关键能力和必备品格,着意实践应用能力与应用层面的迁移创新(即Know-Abilities);问题(4)指向的是价值信念,着意价值层面的迁移创新和价值情感的生成(即Know-Values),故可称为K-UAV学习目标。由于K-UAV学习目标一定程度上与威金斯和麦克泰格提出的“习得(Acquisition)、意义(Meaning)和迁移(Transfer)”三层目标对应,因此本书将学习目标的具体表现划分为“水平1:知道理解(Know-Understandings),水平2:实践应用(Know-Abilities)和水平3:迁移创生(Know-Values)”三个层次,此也称为“K-UAV”三层学习目标分析。

学习目标分析之后,需要做的是设计评估目标达成的方式,评估方式的选择比较多,一般分为诊断性评价、形成性评价和总结性评价,按照评价对象和评价方式将评估划分为4×4的二维评估矩阵,教师可根据实际教学需求进行选择并设置权重,4×4二维评估法如表3-4所示。

(3) 兼具“认知基础与学习风格”的学习者分析设计

学习者分析可在学期开始或某一专题开始时予以评估,后续的学习在此基础之上进行分析即可。奥苏伯尔指出:“符号所代表的新知识、新概念只有与学习者认知结构中已有的观念、经验建立

表 3-4　4×4 学习目标二维矩阵评估法

评估标准				
	自评	组内互评	组间评价	教师评价
专项测试(20%)	✓			
生成制品(50%)			✓	✓
协作绩效(20%)	✓	✓		✓
评估量表(10%)	✓			

实质性的联系时，有意义的学习才会发生”①；索耶主编的《剑桥学习科学手册》也指出：“基于学习者不同学习风格开展针对性教学，是发展学生思维能力的关键”②。因此，学生所学新知不仅要与学生已有的经验发生联系，还要考虑学习者的学习风格，“学习风格是学习者极具个性特征的学习方式，是学习策略和学习倾向的总和，影响着学习者的学习行为”③。上述研究成果表明，教师不仅需要知道学习单元中要教授哪些学习内容以及需要达成哪些学习目标，还必须在分析学习内容和学习目标的基础上对学习者的已有知识基础和学习风格进行分析，才能更好地促进深度学习的发生。因此，将“认知基础”和“学习风格”两维度作为学习者分析框架。

认知基础包含开展深度学习的三个关键因素，一是学生已有的知识基础，包括已有的理论知识和生活经验，即“前理解”，任何的学习都必须建立在学生“前理解”水平的基础上，这是学习的起点，脱离了起点的学习都是低效或无效的；二是学生学习新知的触发点，即“认知冲突”，皮亚杰及社会建构主义理论指出：“同化、顺

① 陈琦，刘儒德.当代教育心理学[M].北京：北京师范大学出版社，2007.

② Keith Sawyer R.剑桥学习科学手册(第 2 版)[M].徐晓东等译.北京：教育科学出版社.2021：158—165.

③ 胡艺龄，常馨予，吴忭.沉浸式虚拟现实(IVR)对实验技能迁移的影响：学习风格的调节作用[J].远程教育杂志，2021，39(02)：63—71.

应和平衡是主体认知冲突的基本过程,是个体图式形成、修正和发展的驱动力”①,因此,认知冲突作为学习者深度学习的触发点,是学习者形成深度理解和概念转变的内驱力;三是学生学习的发展指向,即“最近发展区”。认知冲突作为学习者图式形成的内驱力,然而若不指明其发展的方向,则有可能导致学习者采取躲避冲突的方式来降低认知冲突造成的心理不适,从而产生浅层学习或虚假学习现象。维果斯基提出的最近发展区理论可以解决学习与发展的关系,其认为“最近发展区是学习者独立解决问题的实际发展水平与在教师指导下的潜在发展水平之间的距离”②,学习者通过适当努力能够实现从已有发展水平向潜在发展水平的转换,这一教学假设已经得到脑科学的实证研究③。为有效地评估学习者的认知基础,本书提出“K-UWCA 问题型预评估”策略来分析学习者的认知基础,即将“知道什么(Know-Understanding)、想学习什么(Know-Wanted)、有什么困惑(Know-Confusion)、能够做什么(Know-Action)”(亦称“K-UWCA”问题型预评估法)对应认知基础中的“前理解、认知冲突和发展区”三个关键因素。

学习风格是由美国学者赫伯特(Herbert)等人于 1954 年首次提出,指“学习者在学习时相对稳定的、具有个性化的学习方式和学习倾向,适合学习者学习风格的学习才能有效提升学习效率”④。英国学习与技能研究中心(Learning and Skills Research Centre,LSRC)在 2004 年对已有的 3800 份有关学习风格研究的文献进行

① 皮亚杰.发生认识论原理[M].王宪钿,译.北京:商务印书馆,2014:20—21,65—66.

② Vygotsky L S. Play and its role in the mental development of the child[J]. Play: its evaluation and development, 1976, 7(3):6—18.

③ Zheng L, Chen C, Liu W, et al. Enhancement of teaching outcome through neural prediction of the students' knowledge state[J]. Human brain mapping, 2018, 39(7):3046.

④ 王华容,谭顶良.近十年西方学习风格研究述评[J].外国中小学教育,2008,(4):17—22.

研究，归纳出比较有代表性的学习风格模型，如 Kolb 学习风格模型(1984)、Duma 模型(1982)及 Felder-Silverman 模型(1988)等①。其中，Felder-Silverman 学习风格模型量表的信度和效度得到许多实证研究的证明，已被广泛应用在教育领域②。Felder-Silverman 量表从信息加工、信息感知、信息输入、信息理解四个维度，将学习者的学习风格分为 4 组 8 对 12 种类型，即"主动型/反思型、知觉型/直觉型、视觉型/言语型、序列型/整体型，其中每对均包含平衡型"③。因此，本书将 Felder-Silverman 学习风格量表呈现在 Moodle 学习管理平台上，在学期初首课时对学生的学习风格进行测试与分析，以更好地指导思维型协作深度学习活动的设计。

(4) 协作组属性分析的设计

对学习者进行分析不仅可以更好的满足学习者的学习需要和发展需要，更重要的是让教师知晓从哪里开始教、如何教，这也是划定协作分组的前提和基础。在协作学习中，科学化的协作组组建、组员间的合理分工、规则约束是有效协作学习开展的三个基础，其中协作组科学化需要对协作组属性进行分析，协作组属性分析是协作组科学化组建、合理分工与规则约束的前提。因此，本书协作组的设计包括属性分析与组建两个环节：协作组属性分析在教学实施前由教师或设计者进行分析，以便为教学实施过程中的协作组组建提供指导；协作组组建在教学实施过程中由师生共同完成。

借鉴教学设计的一般框架，将协作组属性分析纳入学习需要分析阶段。黄荣怀教授指出"协作组属性包含协作组规模、差异结

① Coffield F J, Moseley D V, Hall E, et al. Should we be using learning styles? What research has to say to practice [M]. London: Learning and Skills Research Center, 2004:17—25.

② García P, Amandi A, Schiaffino S, et al. Using Bayesian networks to detect students' learning styles in a web-based education system [J]. 2008, 115—126.

③ Felder R M. Learning and teaching styles in engineering education [J]. Journal of Engineering Education, 1988, 78(7):674—681.

构、分组方式、协作组评价四个核心成分”①,其中协作组规模指成员的数量,即多少人构成一个协作组;差异结构表示协作组中成员的学习差异,体现在已有认知基础、学习风格、性别、家庭背景等方面,一般由学习者分析得出结论;分组方式常指教师主控的随机分组、按成绩分组、兴趣爱好分组或者学生主控的按照同学之间的好感关系自由分组;协作组评价是指评价不同协作组之间开展活动效果的标准,一般包括内聚力和协作绩效两部分。现有研究表明,“3—5个人的组内异质且组间同质的分组(组内成员体现出学习差异、组间旗鼓相当)是协作学习中有效且被普遍采用的分组方式,组内异质可以提高学习者理解知识的深度和质疑论辩的质量,组间同质可以为各协作组之间展开公平的学习竞争创造条件”②;同时清晰而明确的协作组评价是深度学习的保障,本书依据研究的目标和内容将协作组评价分为两个方面:一是指向学生个体计算思维发展的学习结果,包含“动力领域、认知领域、能力领域、情感领域”等4个领域的12个维度,二是指向协作组群体的学习结果,包含“协作绩效”的2个维度。

4.3.4 动力激发的设计

德国心理学家的场论创始人库尔特·勒温(Kurt Lewin)认为群体中各种力量会对个体的行为产生作用和影响,并于1938年提出动力场理论,即“场论”(Field Theory),场论中的“场”实际上是指冲突的动力场。勒温认为,人的心理活动是在一种心理场或生活空间发生的,人类的行为是由行为发生时作用于个体身上的多重动力引起的。简而言之,人的行为动向及行为方式,就是个人的需要与环境因素共同作用的结果。勒温的群体动力论提出了从内因的角度去考察和研究群体行为的产生和发展规律,从群体成员间

① 余亮,黄荣怀.活动理论视角下协作学习活动的基本要素[J].远程教育杂志,2014,32(01):48—55.

② 蒋波,谭顶良.论高效合作学习的教学策略[J].课程.教材.教法,2007(07):18—22+27.

的关系以及整个群体氛围中去把握群体行为的变化过程，并指出良好的人际关系能创造出良好的群体氛围。基于此观点，在协作学习活动中，群体动力的激发对创建良好的学习氛围、促进群体协作、促进个体在深度学习中发展计算思维尤为重要。

动力激发的设计包含“设计者理念、学习者动机”等调节性要素的设计和“协作组规则、角色、资源与工具、时序”等方法性要素的设计，是围绕“协作组”展开的方法性要素和调节性要素的分析与设计，其中组建协作组的目的不仅是为了以协作的形式开展学习，更重要的是为各协作组创造互尊、激励的学习氛围以提高协作组成员的学习和参与动机。动力激发的设计方案如表 3-5 所示：

表 3-5　动力激发的设计方案

<table>
<tr><td rowspan="2">学习内容</td><td colspan="2">学习主题</td><td colspan="2">所属模块</td><td colspan="2">内容要求</td></tr>
<tr><td colspan="2"></td><td colspan="2"></td><td colspan="2"></td></tr>
<tr><td>任务设计原则</td><td colspan="6">有效性、趣味化、情境问题化</td></tr>
<tr><td rowspan="6">设计协作任务 1</td><td rowspan="3">任务类属</td><td></td><td>基础任务</td><td colspan="2">挑战任务</td><td>反思任务</td></tr>
<tr><td>良构任务</td><td>✓</td><td colspan="2">✓</td><td></td></tr>
<tr><td>非良构任务</td><td></td><td colspan="2">✓</td><td>✓</td></tr>
<tr><td>任务序号</td><td colspan="5">任务在整个学习活动过程中的时序编列</td></tr>
<tr><td>问题情境</td><td colspan="5">阐述具体的协作任务情境，如任务的背景因素、限制性因素以及线索因素</td></tr>
<tr><td>成果要求</td><td colspan="5">作品、方案、思维导图、App 程序、视频等</td></tr>
<tr><td rowspan="6">设计协作任务 2</td><td rowspan="3">任务类属</td><td></td><td>基础任务</td><td colspan="2">挑战任务</td><td>反思任务</td></tr>
<tr><td>良构任务</td><td>✓</td><td colspan="2">✓</td><td></td></tr>
<tr><td>非良构任务</td><td></td><td colspan="2">✓</td><td>✓</td></tr>
<tr><td>任务序列</td><td colspan="5">任务在整个学习活动过程中的时序编列</td></tr>
<tr><td>问题情境</td><td colspan="5">阐述具体的协作任务情境，如任务的背景因素、限制性因素以及线索因素</td></tr>
<tr><td>成果要求</td><td colspan="5">作品、方案、思维导图、App 程序、视频等</td></tr>
</table>

续表

<table>
<tr><td rowspan="2">学习内容</td><td colspan="2">学习主题</td><td>所属模块</td><td>内容要求</td></tr>
<tr><td colspan="2"></td><td></td><td></td></tr>
<tr><td>设计协作任务 N</td><td>…………</td><td colspan="3">…………</td></tr>
<tr><td rowspan="3">资源工具</td><td>预设资源工具</td><td colspan="3">如导学案、Moodle 平台、思维导图、创客开源工具等</td></tr>
<tr><td>生成资源工具</td><td colspan="3">人工制品、知识方案、软件程序等</td></tr>
<tr><td>泛在资源工具</td><td colspan="3">整个互联网络和生活中的资源工具</td></tr>
<tr><td rowspan="8">协作组组建</td><td>组规模</td><td colspan="3">根据协作任务的粒度大小,设置协作组的大小规模,一般 3—5 人较为合适</td></tr>
<tr><td>分组方式及标识</td><td colspan="3">3—5 个人的组内异质且组间同质分组,组标识由各协作组自定</td></tr>
<tr><td rowspan="5">角色分工</td><td>组员姓名</td><td>角色名称</td><td>基本职责</td></tr>
<tr><td>×××</td><td>观点提出者</td><td>提出质疑论点</td></tr>
<tr><td>×××</td><td>支持论证者</td><td>给出支持论点的证据</td></tr>
<tr><td>×××</td><td>质疑论辩者</td><td>给出反对论点的证据</td></tr>
<tr><td>×××</td><td>记录汇报者</td><td>记录协作过程</td></tr>
<tr><td>协作规则</td><td colspan="3">制度规则:如奖惩标准、分工角色、完成节点
评价规则:如完成标准、成果形式、参与行为
组间自定规则:可自主协商制定,如参加频次
隐形的协作规则:如团队精神</td></tr>
</table>

(1) 设计者理念

设计者理念,是指教学设计者在设计教学过程中持有的教学观,能够从根本上影响思维型协作学习活动设计的方向。已有的教育学和心理学流派表明,设计者在设计教学过程中表现出的教学观可以分为"行为主义教学观、认知主义教学观、人本主义教学观和建构主义教学观"四种类型,并直接影响"协作任务、动力激发、激活联结、共创生成、反思性评价、学习支持、学习结果评价"等思维型协作深度学习活动设计的各个环节。由于思维型协作深度学习活动关注的是协作组内部成员及其组间在特定情境中的"对话交流、质疑论辩、意义协商、问题解决以及知识或制品的共创生成",符合建构主义的价值取向,即重视"情境和协作"。建构主义学习理论认为:学习是个体在特定情境中由于新旧经验的互相联结而引发认知冲突产生的主动建构对知识意义理解的过程或者与群体通过协作与会话达成对意义理解的一致性或个体理解和群体的理解之间达到的新平衡状态,具有情境依赖性、知识共创性、群体协同性等特点,最终反映在认知层面的是概念转变,反映在知识层面的是知识的创造。

(2) 学习动机

学习动机,指学习者在面对学习过程中的学习任务时,持有什么样的心理倾向。若学习动机在于寻求知识的理解及其意义关联,学生表现出高投入的参与行为并能够整合"零散、浅表"的知识信息自觉且主动建立不同知识点之间的关联,那么通常是深度学习;如果学习动机只是为了达成学习任务的最低要求,学习过程中表现出逃避的参与行为且注重无意义理解的死记硬背,那么通常是浅层次学习。学生是学习的主体,激发学生指向理解的学习动机是理解深度学习的重要前提。围绕"协作组"展开的"协作组规则、角色、资源与工具、时序"等方法性要素的设计在某种程度上决定着学习者以何种学习方式开展学习。因此,在培育计算思维的思维型协作深度学习活动过程中,提升学习者的学习动机尤为重要。

(3) 协作组组建的设计

协作组是思维型协作深度学习活动的主体亦是协作任务完成的学习共同体,关联着"组员间的角色分工与规则约束、资源与工具的支持以及其合理的时序、指向深度理解的学习动机、设计者理念"等要素,共同组成相互影响的动力激发系统。协作组组建是教学活动的实施环节,科学有效的协作组组建是有效完成协作学习活动的基础,能最大限度地激励学习者的学习动力、营造积极的协作学习文化氛围，从而提高学生理解知识的深度以及质疑论辩的质量，并能够促进不同能力层次的学习者个体或群体间的“相互强化”。因此，科学有效的协作组组建规则应该是由教师在分析“协作组属性、学习者特征和协作任务”的基础上参与指导分组，并在此前提下允许学生在某种程度上自由分组，如规定协作组的规模、差异结构、自定组标识、组内成员自定角色分工以及共同的约束规则等等。

现有研究表明：3—5个人的组内异质且组间同质分组是协作学习中有效且被普遍采用的分组方式，组内异质可以提高学习者理解知识的深度和质疑论辩的质量，组间同质可以为各协作组之间展开公平的学习竞争创造条件。人数过多则容易出现“搭便车”现象；反之，人数过少则容易产生一人独揽全局的现象。组标识包括组名称和组口号，在课堂协作过程中，应坚持使用组名称对协作组进行干预指导而不是刻意点名表扬或批评某个学生，这样可以激发协作组的团队精神。

角色是伴随着协作组内成员的不同任务分工而出现的，角色分工规定了学习者在任务解决过程中进行的认知与互动操作，可以维系学习共同体的社会关系，促进共同体成员在协作学习过程中的知识构建和制品生成。从学习者角色的生成机制来看，学习者角色有两种类型，即：脚本角色和生成角色①；脚本角色是教师在设计协作学习活动时预先设计的各种角色，如观点提出者、支持论证者、质疑论辩者、记录汇报者等，每一种角色均隐含了学习者应该承担的个体责任和学习任务；生成角色是协作组在协作学习活动过程中根据具体的活动进程由组内成员自行协商、设定的角色。从学习者角色的功能来看，学习者角色的设定有两个维度，“一是从角色维系学习共同体互动方面构建的社会角色，二是从角色促

① Kollar I, Fischer F, & Friedrich W H. Collaboration scripts—a conceptual analysis[J]. Educational Psychology Review, 2006, 18(2):159—185.

进学习者的认知加工方面构建的认知角色”①;社会角色以学习任务的分工为标识,关注学习任务的实施,负责组织组内成员协商制定总体计划、调动协作气氛、参与活动讨论和安排任务分工;认知角色以任务理解为标识,关注任务的意义建构,负责搜索、分享并整合与协作任务相关的各种信息和资源,以形成最终的研究结论或设计方案。明确协作组组内成员的角色与任务分工旨在让协作组每个成员担任不同的角色并以该角色承担组目标成果要求中的不同分工,增强团队的凝聚力。科学有效的角色划分应在教师参与指导下由小组内部成员根据各自的性格特征、兴趣特长自主划分。

约束规则是指协作组内为达到共同的任务解决而形成的稳定的规则与规章制度,一般包含显性规则和隐性规则。显性规则是预先由教师或组内成员设计好的规则,如任务完成的进程节点、成果的提交形式、参与的行为准则、履行与承担的角色分工、奖惩标准等等;隐性规则一般是由协作组在完成协作任务过程中无形生成的,如协作组团队精神等等。约束规则的设计应由师生共同制定,教师负责组间共同规则的制定亦可帮助协作组制定规则的大体内容,协作组可结合本组需要进行修订完善,从而形成更容易被认可、自觉遵守的组内约束规则。

协作组有效开展协作学习活动离不开资源工具的支持,资源工具是学习者参与协作学习活动过程中所使用和学习的一切内容的总和,包括学习内容资源和相应的学习支撑工具。资源工具与任务类型之间存在一定的关联性,即不同类型的任务需要配合使用相应的资源工具开展学习,本书使用三种不同的资源工具:(1)预设的资源工具:教师根据协作任务的要求,由教师预先制作或设定的资源工具,如承载学习内容的网页、导学案、图片、微课、视频等,

① Palincsar A S, & Herrenkohl L R. Designing collaborative learning contexts[J]. Theory into Practice, 2002, 41(1):27—32.

承载内容载体的Moodle学习平台、在线编程平台等工具,承载协作沟通的Email邮箱、QQ、视频会议等资源工具;(2)生成的资源工具:学生在协作学习过程中所有搜寻的有助于任务解决的资源工具、以及任务解决后形成的知识方案或人工制品等,这些生成的资源工具作为组间反思性评价的对象可为组内和组间协作任务的完成提供必要的导向支持,又可为下阶段学生开展学习活动提供相关的拓展资源;(3)泛在资源工具:整个互联网络和生活中的资源工具,即以全社会和自然界为主的学习资源与工具支撑,这种资源工具通常可由教师推荐或发动学生相互推荐,如科学探索网、虚拟博物馆、特定领域的专家学者、某一社区,等等。

4.3.5 激活联结的设计

激活联结的设计包含个体任务确定、整合知识信息、任务的初步求解等方法性要素和功能性要素,是围绕"问题情境"展开的对协作任务问题情境的分析与设计。情境问题化的协作任务能够激活并联结学生的新知空间和生活经验空间,为学生理解新知概念、建构协作任务的价值意义以及促进灵活创新的迁移应用提供学习支架。当学生在课堂上解决与现实场景有关的任务时,其学科知识的理解深度、复杂问题解决能力与迁移创新能力以及学习成绩会显著提高,能够实现深度学习中计算思维的培养效果,这是协作开展的知识基础亦即共创生成的前提条件。激活联结的设计方案见表3-6。

"个体任务确定"是对协作任务的情境问题进行的理解与分析,需要学习者个体针对问题情境自主搜寻、阅读相应的学习资源,建构对问题解决有价值的知识内容;"整合知识信息"是学习者将个体任务与建构的知识内容以同化和顺应的方式整合到自己的经验知识中,形成隐性的任务解决的内部心理表征方案;"任务的初步求解"是学习者个体尝试运用形成的隐性任务解决的内部心理表征方案分析和解决问题,寻求对协作任务的方案解释,然后将其观点与组内和组间成员进行共享解释、质疑论辩,进而重构学习

表 3-6　激活联结的设计方案

<table>
<tr><td colspan="5">学习内容：当前学习的主题及课程内容</td></tr>
<tr><td rowspan="2">个人信息</td><td>姓名：</td><td>组名称：</td><td>班级：</td><td>授课教师：</td></tr>
<tr><td>学习风格：</td><td>组口号：</td><td>学校：</td><td>学习时间：</td></tr>
<tr><td rowspan="4">协作任务</td><td>任务类属</td><td colspan="3">[基础任务、挑战任务、反思任务]和[良构任务、非良构任务]</td></tr>
<tr><td>任务序列</td><td colspan="3">任务在整个学习活动过程中的时序编列</td></tr>
<tr><td>问题情境</td><td colspan="3">具体的协作任务情境，如背景因素、限制性因素以及线索因素</td></tr>
<tr><td>成果要求</td><td colspan="3">作品、方案、思维导图、App 程序、视频等</td></tr>
<tr><td rowspan="2">个体任务确认</td><td>担任的角色</td><td colspan="3">如观点提出者、支持论证者、质疑论辩者、记录汇报者</td></tr>
<tr><td>承担的具体任务分工</td><td colspan="3">个体承担的具体任务是什么，什么时间完成、完成提交的成果形式</td></tr>
<tr><td rowspan="5">K-UWCA 激活联结</td><td colspan="2">知道什么(Know-Understanding)</td><td colspan="2">想学习什么(Know-Wanted)</td></tr>
<tr><td colspan="2">请写出关于(当前协作任务和个体任务)，你已经知道的东西，如相关词汇、生活经历、网站资源等</td><td colspan="2">请写出关于(当前协作任务和个体任务)，你最想获得的是什么？</td></tr>
<tr><td colspan="2">困惑之处(Know-Confusion)</td><td colspan="2">能够做什么(Know-Action)</td></tr>
<tr><td colspan="2">请写出关于(当前协作任务和个体任务)，你有哪些困惑之处？</td><td colspan="2">请写出关于(当前协作任务和个体任务)，完成之后能够解决生活中的什么问题，这一概念或技能现在和未来对你会有何帮助？</td></tr>
<tr><td colspan="4">学习支持：可开展侦探游戏获取支持；游戏法则：学习者向其他同伴或老师或其他类型任务的组别就“K-UWCA”的任何或全部问题提问，并将其记录下来，并作签名。</td></tr>
</table>

者个体的知识经验，形成个体认知的循环。激活联结是新旧经验的隐性整合，即在此过程中，学习者的经验认知没有公开显现而是隐性的，属于浅层知识的意义建构亦是共创生成知识/制品的前提条件。为有效且深度促进学生新旧经验的联结，本书创造性地提

出“K-UWCA”问题型评估法整合学习者新旧经验的顺应与同化,从而将“个体任务确定、整合知识信息、任务的初步求解”整合在四个问题中,即“知道什么(Know-Understanding)、想学习什么(Know-Wanted)、有什么困惑(Know-Confusion)、能够做什么(Know-Action)”,这四个问题也对应学习分析设计中学习者认知基础的“前理解、认知冲突和发展区”三个关键因素。

4.3.6 共创生成的设计

计算思维的发展是学习者在学习理解的基础上进一步进行自主反思、质疑论辩、批判建构,从而解决认知冲突,进而能够将已建构的知识概念、思维能力迁移应用至新的情境中。“深度学习的本质就是学生将一种情境中学习的内容和掌握的技能迁移应用于新情境中问题解决的过程”①。因此,协作任务的问题解决不仅是深度学习过程中培养计算思维的目标指向,更是学科概念知识和高阶思维迁移的实践,强调学习者有能力将理解性建构的学科概念和高阶认知迁移应用于不同情境中以灵活地解决真实且复杂的生活问题,包括近迁移的实践运用能力和远迁移的融合创生能力,这也是本书共创生成阶段的设计目标指向。共创生成的设计包含“观点阐述、质疑论辩、协商共识、生成知识/制品”等方法性要素和功能性要素,是围绕“认知冲突”展开的对协作任务解决的交互过程的分析与设计。学习科学强调学习是个体在特定情境中由于新旧经验互相联结而引发“认知冲突”之后,通过与群体质疑与论辩达成对意义理解的一致性或个体理解和群体理解之间达到新平衡的状态,最终反映在认知层面的是知识概念的转变,反映在能力层面的是制品的生成与创造。共创生成的设计方案见下表3-7。

① Pellegrino, Hilton. Education Life and Work: Developing Transferable Knowledge and Skills inthe 21st Century[M]. National Academies Press. 500 Fifth Street NW, Washington, DC 2001:61.

表 3-7　共创生成的设计方案

<table>
<tr><td colspan="21">学习内容：</td></tr>
<tr><td rowspan="2">个人信息</td><td colspan="5">姓名：</td><td colspan="5">组名称：</td><td colspan="5">班级：</td><td colspan="5">授课教师：</td></tr>
<tr><td colspan="5">学习风格：</td><td colspan="5">组口号：</td><td colspan="5">学校：</td><td colspan="5">学习时间：</td></tr>
<tr><td rowspan="4">观点阐述</td><td colspan="20">个体任务的完成情况：</td></tr>
<tr><td colspan="20">形成的任务求解思路或初步方案：</td></tr>
<tr><td colspan="20">支撑的证据、理由：</td></tr>
<tr><td colspan="20">存在的问题困惑：</td></tr>
<tr><td rowspan="3">质疑论辩</td><td colspan="5">成员姓名</td><td colspan="5">阐述的观点、思路或方案</td><td colspan="5">支撑的证据、理由</td><td colspan="5">存在的问题困惑</td></tr>
<tr><td colspan="5"></td><td colspan="5"></td><td colspan="5"></td><td colspan="5"></td></tr>
<tr><td colspan="5"></td><td colspan="5"></td><td colspan="5"></td><td colspan="5"></td></tr>
<tr><td>协商共识</td><td colspan="20">组内达成的完成协作任务的共识有哪些？</td></tr>
<tr><td rowspan="4">知识/制品</td><td colspan="4">成果名称</td><td colspan="4">成果形式</td><td colspan="4">功能与技术</td><td colspan="4">应用价值及场景</td><td colspan="4">创新之处</td></tr>
<tr><td colspan="4"></td><td colspan="4"></td><td colspan="4"></td><td colspan="4"></td><td colspan="4"></td></tr>
<tr><td colspan="4"></td><td colspan="4"></td><td colspan="4"></td><td colspan="4"></td><td colspan="4"></td></tr>
<tr><td colspan="4"></td><td colspan="4"></td><td colspan="4"></td><td colspan="4"></td><td colspan="4"></td></tr>
<tr><td>学习支持</td><td colspan="20">可使用 S-RE-C 法开展观点阐述和质疑论辩，即学生先陈述自己的观点（Statement），然后给出理由（Reason）和证据（Evidence），最后表述存在的问题和困惑（Confuse）。不同观点的学生需要依次按照 S-RE-C 法陈述和分享自己的观点，用事实来支持观点与组内成员进行质疑论辩。</td></tr>
</table>

其中“观点阐述”是思维和认知呈现的过程，即协作组组内成员以言语交互的形式公开陈述、共享自己在激活联结阶段形成的观点或存在的困惑和疑问；“质疑论辩”是思维和认知的冲突与发散过程，即组内成员分析不同观点之间的差异、积极参与质疑论辩，从而重构自己的思维认知，促进深度学习的发生；“协商共识”

是思维和认知收敛的过程,即协作组组内个体之间经过共享理解、质疑论辩、逐渐形成共同的理解和认知;"生成知识/制品"是思维和认知达到新平衡状态的可视化呈现,即协作组把获得的协同认知以可视化的符号/制品表达出来,形成认知层面的知识概念或能力层面的物化制品。

此阶段的教学实施可采用 S-RE-C 法开展观点阐述和质疑论辩以达成共识,生成知识/制品,即学生先陈述表达自己的观点(Statement),然后给出理由(Reason)和证据(Evidence),最后表述存在的问题和困惑(Confuse)。协作共创生成的首要环节就是先正确表达和分享自己在激活联结阶段意义建构的观点,并指出为什么得出此观点,其依据是什么,然后可供其他成员展开质疑论辩,从而提供更多的解释和证据。不同观点的学生需要依次按照 S-RE-C 法陈述和分享自己的观点,组内成员用事实或证据进行支持或质疑论辩,最后组员之间取长补短,从多角度达到对学科知识的深入理解,形成共识,这也是培养学生批判性思维、加深对学科概念转变、生发实践迁移与创新的最佳时期。

4.3.7 反思性评价的设计

学习科学的研究表明:反思性评价能够促进学生学业成绩的提高和意义概念的建构与转变,是计算思维培养的关键环节。故而此阶段的设计是由协作组组间主导的围绕"知识/制品"展开的"促进学习"的"再优化设计",从某种意义上说是组间版的共创生成设计而非最终学习结果的评价。反思性评价的设计方案见表 3-8。

反思性评价的设计包含两个方面:一是围绕"知识/制品"的评价设计,即各协作组依次阐述(汇报)关于本组知识/制品的创生过程、应用价值、功能特点等,然后教师和各协作组依据教师制定的协作任务的目标或借助评价量规或学习分析工具,对组间知识/制品进行比较、分析、反思和评价,一旦产生认知冲突,组间则通过"质疑论辩"对本组创生的知识/制品进行意义澄清与论证评价,通

表 3-8　反思性评价的设计方案

<table>
<tr><td colspan="7">学习内容：</td></tr>
<tr><td rowspan="2">个人信息</td><td colspan="2">姓名：</td><td>组名称：</td><td>班级：</td><td colspan="2">授课教师：</td></tr>
<tr><td colspan="2">学习风格：</td><td>组口号：</td><td>学校：</td><td colspan="2">学习时间：</td></tr>
<tr><td rowspan="4">观点阐述</td><td colspan="6">本组任务的完成情况：</td></tr>
<tr><td colspan="6">本组创生的知识/制品：（成果名称及形式、功能特点、应用价值及场景、创新之处）</td></tr>
<tr><td colspan="6">支撑的证据、理由：</td></tr>
<tr><td colspan="6">存在的问题和困惑：</td></tr>
<tr><td rowspan="5">成果评价</td><td>组别</td><td>成果名称</td><td>成果形式</td><td>功能与技术</td><td>应用价值及场景</td><td>创新之处</td></tr>
<tr><td></td><td></td><td></td><td></td><td></td><td></td></tr>
<tr><td></td><td></td><td></td><td></td><td></td><td></td></tr>
<tr><td></td><td></td><td></td><td></td><td></td><td></td></tr>
<tr><td></td><td></td><td></td><td></td><td></td><td></td></tr>
<tr><td rowspan="4">质疑论辩</td><td colspan="2">组别</td><td colspan="2">阐述的观点、思路</td><td>支撑的证据、理由</td><td>问题和困惑</td></tr>
<tr><td colspan="2"></td><td colspan="2"></td><td></td><td></td></tr>
<tr><td colspan="2"></td><td colspan="2"></td><td></td><td></td></tr>
<tr><td colspan="2"></td><td colspan="2"></td><td></td><td></td></tr>
<tr><td rowspan="6">个体反思</td><td colspan="2" rowspan="2">反思学习结果</td><td colspan="4">本组知识/制品存在哪些缺陷和不足：</td></tr>
<tr><td colspan="4">改进的策略、思路或方案：</td></tr>
<tr><td colspan="2" rowspan="4">反思学习过程</td><td colspan="4">你对本次学习过程是否满意？为什么？</td></tr>
<tr><td colspan="4">你认为本次学习过程中存在哪些问题？如何改进？</td></tr>
<tr><td colspan="4">你在本次学习过程中有哪些值得表扬的地方？</td></tr>
<tr><td colspan="4">你是否需要老师提供帮助？迫切需要哪些方面的帮助？</td></tr>
</table>

过发现缺陷与不足、反思过程和结果进行回顾性优化再设计。二是围绕“知识/制品”的反思设计，包含对“学习结果的反思”和“学

习过程的反思”两个层面。对学习结果的反思是指对协作组创生的知识/制品进行评价反思,目的在于发现存在的缺陷与不足,以便重新开展协作学习活动。在此过程中,协作组围绕已生成的知识/制品进行新一轮的个体激活联结,进而再次转入共创生成的设计(各环节与上述环节相同),从而促进协作任务的迁移应用和实践创新,进而发展学习者解决问题的创新能力和思维水平。对学习过程的反思是指对协作任务解决的过程进行反思,目的在于发现并解答存在的问题或困惑,从而促进学习者突破认知困难、实现更好的协作,进而发展学习者个体对知识概念的深度理解和批判性思维能力,达成对计算思维的培养。

4.3.8 学习结果反馈的设计

学习结果反馈,指教育者对学习者学习达到预先设定目标的程度进行衡量的过程。本书研究聚焦编程教育中培养学生计算思维的思维型协作深度学习活动的设计,由于协作组组内个体的学习结果均会对协作组整体学习成果的高低产生一定程度的影响,但发生在学习者个体身上的变化不能全面地表征协作小组整体的学习成果(例如,若某个协作组由于学霸的存在使得协作组整体的学习成绩较高,则无法表征该协作组的成绩好坏)。黄荣怀教授针对协作学习中出现的此种情况提出了协作绩效的概念以评价协作组的群体学习成果,协作绩效包含平均成绩和协作度两个维度,其中平均成绩表征协作组每个个体学习结果之和的平均值,协作度表征学习者个体成绩的离散程度,其计算方式如下:

平均成绩:$\overline{X}=\dfrac{x_1+x_2+x_3+\cdots\cdots+x_n}{n}$ 协作度:$C=\dfrac{\overline{X}-S}{\overline{X}+S}$

(其中 $\overline{X}$ 表示平均成绩,$S=\sqrt{\dfrac{1}{n}\sum_{i=1}^{n}(x_i-\bar{x})^2}$ 表示协作组个体成员学习结果的标准差)

基于此,本研究依据思维型协作深度学习活动的测评框架对学习结果的反馈进行设计,设计方案包含对学习者个体学习成果的反馈设计和对协作组群体协作成果的反馈设计,其中对学习者个体学习成果的反馈设计包含动力领域、认知领域、能力领域和情感领域四个领域的 12 个维度，对协作组群体协作成果的反馈设计包含协作绩效的“平均成绩和协作度”两个维度。学习结果反馈的设计方案见表 3-9。

表 3-9　学习结果反馈的设计

<table>
<tr><td colspan="7">学习内容：</td></tr>
<tr><td colspan="2" rowspan="2">个人信息</td><td>姓名：</td><td>组名称：</td><td>班级：</td><td colspan="2">授课教师：</td></tr>
<tr><td>学习风格：</td><td>组口号：</td><td>学校：</td><td colspan="2">学习时间：</td></tr>
<tr><td rowspan="16">学习结果</td><td>对象</td><td colspan="2">维度</td><td>评测形式</td><td>评测工具</td><td>结果</td></tr>
<tr><td rowspan="13">学习者个体发展</td><td rowspan="3">动力领域</td><td>动机指向</td><td rowspan="2">问卷</td><td rowspan="2">协作深度学习结果评估问卷（自编）</td><td></td></tr>
<tr><td>学习参与</td><td></td></tr>
<tr><td>学习方法</td><td>量表</td><td>比格斯 R-SPQ-2F 学习过程量表</td><td></td></tr>
<tr><td rowspan="3">认知领域</td><td rowspan="2">知识水平</td><td>问卷</td><td>协作深度学习结果评估问卷（自编）</td><td></td></tr>
<tr><td>测评试题</td><td>专项学习测试卷</td><td></td></tr>
<tr><td>思维水平</td><td>量表编码</td><td>基于 SOLO 的思维水平发展评估量表</td><td></td></tr>
<tr><td rowspan="4">能力领域</td><td>问题解决能力</td><td rowspan="7">问卷</td><td rowspan="7">协作深度学习结果评估问卷（自编）</td><td></td></tr>
<tr><td>批判性反思能力</td><td></td></tr>
<tr><td>协作与沟通能力</td><td></td></tr>
<tr><td>迁移与创新能力</td><td></td></tr>
<tr><td rowspan="3">情感领域</td><td>情感体验</td><td></td></tr>
<tr><td>自我效能感</td><td></td></tr>
<tr><td>总体满意度</td><td></td></tr>
<tr><td rowspan="2">协作组群体发展</td><td rowspan="2">协作绩效</td><td>成绩平均值</td><td>合并计算</td><td>$\bar{X}=\frac{x_1+x_2+x_3+\cdots\cdots+x_n}{n}$</td><td></td></tr>
<tr><td>协作度</td><td>合并计算</td><td>$C=\frac{\bar{X}-S}{\bar{X}+S}$
$\left(S=\sqrt{\frac{1}{n}\sum_{i=1}^{n}(x_i-\bar{x})^2}\right)$</td><td></td></tr>
</table>

第5节　活动记录单导学支架

课堂是学习发生的实践场域,对学生计算思维能力的培养最终都需要落在常态化的课堂教学层面,通过课堂教学的深度学习得以实现。在课堂中,学生是学习的主体,为学生深度学习提供必要的导学支架是培育计算思维的必要环节。TDS-SPC螺旋推进循环型设计模型从理论建构的视角回应了编程教育中培养计算思维的本质内涵,是实施思维型协作深度学习活动的概念化理解,TDS-SPC具身化设计的"双中心·七步骤"过程模式则是从实践导向的视角回应教师开展课堂教学的实践路径,是教师知晓"如何教"的使用手册,也是促进学生计算思维发展的前提。但是"如何教"若只停留在教师层面是不完美的,因为教学是一种高度情境化的师生双边互动的活动,还需考虑学生"如何学"的问题。为此,基于思维型协作深度学习活动设计模型及其具身化设计的教师设计手册,编制用以引导学生"学什么、用什么学、怎么学、学得怎么样"的活动记录单导学支架。活动记录单导学支架解决的是编程教育培养学生计算思维过程中学生视角下"怎么做"操作层面的核心问题,也是学生视角下TDS-SPC设计模型具身化设计的"过程模式",是学生开展课堂思维型协作深度学习活动以发展计算思维的活动指南。

5.1　活动记录单导学支架构建的思路与过程

思维型协作深度学习活动设计模型及其具身化设计的教师设计手册,是在相应理论基础上构建的具有理论视野和实践指向双重逻辑的教学指南,教师已经具有良好的指导性和可操作性,故本研究直接依据教师设计手册构建活动记录单导学支架。建构过程如下:首先,确定建构"活动记录单"应遵循的一般原则及基本要素;然后,基于初步构建的TS-SPC(三阶段·六层面)设计模型及其具身化设计的“七步骤”过程模式编制初版活动记录单导学支架，据此开展教学实践；最后，在实践数据分析的基础之上，根据优化版的 TDS-SPC(三阶段・双中心・六层面)设计模型及教师视角下 TDS-SPC 具身化设计的“双中心・七步骤”过程模式进行修订，最终形成修订版的学生视角下 TDS-SPC 具身化设计的活动记录单导学支架(活动指南)。

5.2　活动记录单导学支架构建的基本原则

(1) 设计要素一致性原则

设计要素一致性原则是“活动记录单”构建的首要基本原则，体现的是“教与学”协调相长的设计思想，即：只有将教师教的各要素环节与学生学的各要素环节一一对应，才能保证教学活动的顺利实施，进而促进学生的深度学习，有效地培育计算思维。比格斯等人在《卓越的大学教学》一书中详细阐述了教与学一致性构建的基本思想，强调了学习目标与学习评价之间的一致性①；崔允漷等人进一步在其基础上构建教—学—评三因素一致性模型②。由于本书在建构教师视角下的过程模式时遵循逆向设计的理念，即：先明确学习目标、再依据目标确定评估证据、最后设计学习任务。已有研究表明“逆向教学设计符合在有限的课堂教学时间内实现深度学习的现实情况，能够保证学习任务的有效性和学习评估的针对性”③。故本书构建的教师视角下的设计手册从逻辑起点上就确保了“教与评”的一致性。因此，设计要素一致性建构是指为保证学习者达到既定的教学目标，需要将教师设计的教学活动各要素

① Biggs & Tang.卓越的大学教学：建构教与学的一致性(第 4 版)[M].王颖，丁艳，高洁，译.上海：复旦大学出版社，2015.

② 崔允漷，雷浩.教—学—评一致性三因素理论模型的建构[J].华东师范大学学报(教育科学版)，2015，33(04)：15—22.

③ Wiggins G, Mctighe J. Understanding by Design [M]. 2nd ed. Alexandria, VA: Association for Supervision and Curriculum Development, 2005.

转换成学生视角下的各操作要素，因为对教师而言是规划教学的设计，对学生而言则是执行学习的操作，只有一一对应才能完成教师设计的各活动环节，从而有效达成学习目标，实现“教—学—评”的一致性建构。

（2）以学生为中心原则

“活动记录单”作为引导学生“学什么、用什么学、怎么学、学得怎么样”的学生学习的导学支架，其使用主体是学生而非教师，活动记录单导学支架在建构时应遵循“以学生为中心”的基本原则，围绕学习者进行设计思维型协作深度学习活动，使学习者充分发挥其主动性和能动性。首先，其文字描述应当以学生能接受的语言进行表述，时刻把握执行学习的主体是学生；其次，协作任务的设计应具有开放性、协作性和交互性，既要符合学习者个体的认知经验又要确保协作组成员都能充分参与其中，以沟通会话的协作方式促进意义建构，从而促使学生在深度学习中发展计算思维。

（3）问题化原则

乔纳森认为“有意义的学习源自问题解决”①，基于问题化的任务描述可以引起学生注意和共鸣，激发学生更深层次的思考，引发学生创新灵活的迁移应用，从而有效地促进深度学习的达成，问题解决过程就是获得知识理解和迁移创生的过程，也是计算思维的核心要素之一。

5.3 活动记录单导学支架的基本形式

活动记录单导学支架基于教师设计手册而构建，其基本形式亦基于此做主要的细化修改：首先，学习目标基于 K-UAV 三层学习目标的设计形式，使用清晰明确、通俗易懂的语言以学生为主体的口吻进行描述，并对其评估标准及其方式进行说明；其次，基于

① 任友群，朱广艳.有意义的学习源自问题解决——戴维·乔纳森教授访谈[J].中国电化教育，2009(6)：6—10.

学习目标和评估证据设计情境化问题的协作任务，并对任务的类属、成果形式、序列、问题情境和支持的资源工具进行描述；第三，由学习者个体确认个体任务并以 K-UWCA 法激活联结个体新旧经验，并以此为基础与协作组组内成员和组间基于认知冲突，进行“观点阐述、质疑论辩、意义协商”等步骤完成共创生成和反思性评价的深度加工；最后，由师生、协作组以及学习者个体评估学习结果，并将其反馈记录下来。

鉴于活动记录单导学支架面向的是开展思维型协作深度学习活动的学生，而学生并不关心预备阶段的学习分析等要素。所以，活动记录单导学支架无需体现如何进行学习分析和动力激发的设计步骤，此外，还需要增加包含“姓名、所在小组、学习内容、学习风格、授课教师及时间”等基本信息，以说明协作组或学习者个体开展学习的基本情况。活动记录单导学支架也称学生视角下 TDS-SPC 设计模型具身化设计的过程模式，作为学生开展课堂思维型协作深度学习实践的活动指南（见附录 6）。

第4章　思维型协作深度学习中的计算思维培育模式

第1节　计算思维发展的CTAD-TPTM三维编程教学结构模型

1.1　计算思维的知识内容

2012年，麻省理工学院(MIT)媒体实验室的终身幼儿园研究小组在多年的编程活动研究基础上，提出一个包含三个维度的计算思维框架：计算概念、计算实践和计算观念。这一框架后来被广泛用于指导计算思维课程的设计、实施和评价，为计算思维教育的发展做出了重要贡献。计算概念、计算实践和计算观念是计算思维中的三个重要方面，它们共同构成计算思维的核心内容。

计算概念(Computational Concepts)：设计者在编程时所使用的概念，是计算思维的基础和工具。计算概念涵盖计算机科学的核心概念，如顺序、循环、并行、事件、条件、运算符、数据等。这些概念是理解和构建计算系统的基础，帮助设计者将现实世界的问题转化为计算机可以处理的形式。

计算实践(Computational Practices)：设计者在编程中发展的实践，是计算思维的应用和体现。计算实践包括迭代增量式开发、测试和调试、再利用和再创作、抽象和模块化等。这些实践帮助设计者在实际操作中应用计算概念，解决问题，构建出符合要求的计算系统。同时，计算实践也强调在过程中不断学习和改进的重要性,帮助设计者不断提升自己的计算思维能力。

计算观念(Computational Perspectives):设计者形成的有关他们身边世界和他们自己的观念,是计算思维的更高层次。计算观念包括表达、联系、质疑等,这些观念帮助设计者从更广阔的视角审视问题,理解世界,并提出自己的见解和解决方案。计算观念的形成需要设计者在实践中不断思考和总结,对自己和他人以及整个社会的认知和理解有深刻的影响。

总之,计算概念、计算实践和计算观念是计算思维的三个重要方面,三者相互关联、相互促进,共同构成了计算思维的核心知识内容。在计算思维的培养和应用中,需要注重这三者的综合发展,以提高学生的计算思维能力,并为其未来的学习和工作奠定坚实的基础。

1.2　计算思维的思维素养

《普通高中信息技术课程标准》(2017 年版 2020 年修订)指出:“计算思维是指个体运用计算机科学领域的思想方法,在形成问题解决方案的过程中产生的一系列思维活动。具备计算思维的学生能够采用计算机科学领域的思想方法界定问题、抽象特征、建立结构模型、合理组织数据;通过判断、分析与综合各种信息资源,运用合理的算法形成解决问题的方案;总结利用计算机解决问题的过程与方法,并迁移到与之相关的其他问题解决中。”

其中“界定问题、抽象特征、建立结构模型”蕴含“问题思维”。智能时代将会面临各种不确定性的问题,是否能够分析情境中蕴含的问题并进行界定、对其特征进行抽象化诠释进而建立问题特征的结构模型,需要学生具有积极主动思考的问题思维能力。

“合理组织数据、运用合理的算法形成解决问题的方案”蕴含“批判性思维、算法思维”。其中“合理”即批判性思维,需要学生在分析评估的基础上辨证性地提出质疑、批判性的选择以监督问题解决沿着正确的方向行进,“算法”即算法思维,是一系列定义良好的待执行任务的逻辑步骤,步骤的排列顺序是算法思维的具象化体现。

"判断、分析与综合各种信息资源"蕴含"协作思维、批判性思维"。学习是在师生交互与协作的活动过程中达成的,在协作中不仅需要学生通过批判性思维对各种信息资源进行批判性的质疑选择和迁移应用,而且协作本身蕴含情感交互,"协作思维"有助于提升共同体学习情感。

"迁移到与之相关的其他问题解决中"蕴含"创新思维"。迁移所学知识和能力以创造性地解决问题是创新思维的体现,是编程教学的终极指向,也是适应智能时代问题解决的关键能力。

综上分析可知,《新课标》对计算思维概念的界定蕴含了"问题思维、批判性思维、协作思维、算法思维、创新思维"等五种指向计算思维能力发展的具象化思维素养。

1.3 计算思维的科学方法

计算思维是指个体运用计算机科学领域的思想方法,在形成问题解决方案的过程中产生的一系列思维活动。计算机科学领域的思想方法是一种运用计算机科学的基础概念进行问题求解、系统设计,以及人类行为理解等涵盖计算机科学之广度的一系列思维活动,包含"问题分解、抽象表示、算法设计、方案评估、概括迁移"五个核心要素。

问题分解:计算思维的第一步,要求我们将复杂的问题或任务分解成更小、更易于管理的部分。通过分解,可以更清晰地理解问题的结构和组成部分,从而更容易找到解决方案。这有助于避免一次性处理过多的信息,提高解决问题的效率。

抽象表示:计算思维中的关键步骤,要求我们从具体问题中提炼出核心要素,忽略非本质的细节。通过抽象,可以将问题或任务转化为更简洁、更通用的形式,从而更容易找到通用的解决方案。在计算机科学中,这通常涉及使用数据结构和模型来表示现实世界中的事物和过程。

算法设计：计算思维的核心部分，涉及设计解决问题的详细步骤。算法是解决问题的关键，需要满足正确性、可读性、健壮性、高效性等多个要求。在设计算法时，需要考虑问题的规模、数据的特点、计算资源等多个因素，以确保算法的有效性和可行性。

方案评估：计算思维中不可或缺的一步，要求我们对设计的算法或解决方案进行评估和测试。通过评估，我们可以了解算法的性能、效率、正确性等方面的情况，从而发现潜在的问题和不足。这有助于改进算法或解决方案，提高其质量和可靠性。

概括迁移：计算思维的高级阶段，要求我们将一个问题的解决方案或算法概括到更广泛的情境中，以便解决类似的问题。通过概括迁移，可以将已有的知识和经验应用于新的问题，从而快速找到解决方案，有助于提高解决问题的效率和准确性，同时也有助于扩展自己的知识和技能。

总之，这五个要素相互关联、相互支持，共同构成计算思维的科学方法。在计算思维的过程中，我们需要不断地运用这些要素来分析和解决问题，以提高我们的思维能力和解决问题的能力。

1.4　CTAD-TPTM 三维编程教学结构模型及其诠释

本书依据计算思维的知识内容、思维素养和科学方法，并结合思维型教学理论构建兼具“计算特征和思维属性”的指向计算思维能力发展的思维型三维编程教学结构模型（英文首字母缩写为“CTAD-TPTM”）（见图 4-1）。

CTAD-TPTM 三维编程教学模式体现三个特点：

第一，有三个维度，x 轴表示计算思维的知识内容，包含“计算概念、计算实践、计算观念”3 个要素，计算概念是指编程教学的核心概念，如序列、变量、数据、循环等概念知识；计算实践是指运用计算概念实施的问题解决过程；计算观念是指学习者在计算实践过程中形成的价值倾向；y 轴表示计算思维的科学方法，包含“问题

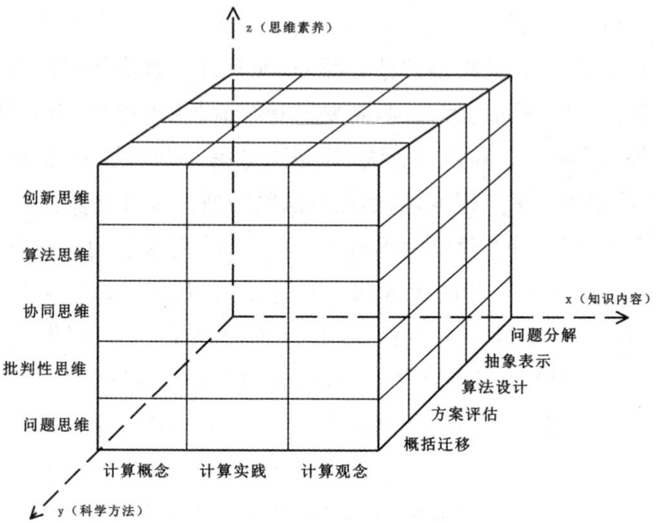

图 4-1 指向计算思维能力发展的思维型三维编程教学结构模型(CTAD-TPTM)

分解、抽象表示、算法设计、方案评估、概括迁移”5 个要素;z 轴表示计算思维聚焦的思维素养,包含“问题思维、批判性思维、协作思维、算法思维和创新思维”5 个要素。每个维度的要素相互组合,可形成 75(3×5×5)个结构单元,每个结构单元作为思维性编程教学指向的计算思维能力发展状态。

第二,将计算思维的计算特征和思维属性蕴含其中:计算特征,指在“计算概念、计算实践和计算观念”的三维框架中使用“问题分解、抽象表示、算法设计、方案评估、概括迁移”五种常见的计算机科学领域的方法对问题进行求解;思维属性,指在问题求解过程中聚焦“问题思维、批判性思维、协作思维、算法思维、创新思维”等创新的思维活动。

第三,以计算思维的知识内容为载体,通过计算机科学领域的方法聚焦于思维素养能力的达成,既符合知识、方法、能力之间的关系论述,又能揭示思维型编程教学中计算思维能力的发展路径:一方面计算思维能力是由其知识内容、计算方法、思维目标共同构成的一个有机整体，在教学实践中不可忽视任何一个维度；另一方面，教学实践中需要将计算思维所聚焦的思维素养作为教学的目标指引，引导学生不断探索并完善模型的结构单元以促进其计算思维能力的良善发展。

第 2 节　面对面课堂环境中 A-IPO-D 编程教学模式

2.1　A-IPO-D 实践路径诠释

CTAD-TPTM 三维编程教学结构模型虽然从理论上诠释计算思维的知识内容、计算方法和聚焦思维素养的有机统一，为教学实践中计算思维能力的发展指出培养方向，但其抽象的理论解释无法为编程教学实践提供可操作性的方法指南。在编程设计中最常见且最基本的方法是 IPO 法（“输入—处理—输出”的英文缩写），但其只是一般的程序设计方法并未指出如何在教学中培养计算思维。因此，研究依据 CTAD-TPTM 三维编程教学结构模型和编程设计的 IPO 法，构建“CTAD-TPTM”具身化实施的“A-IPO-D”（Analysis situation-Input-Processing-Output-Display Communication）教学实践路径（见图 4-2）。

A-IPO-D 实践路径包含 4 个教学环节，每个环节都有相对应的计算思维核心要素和思维型教学原则及其聚焦的思维素养，具体实施要点如下。

（1）分析问题情境（A）：问题界定与分解抽象

分析情境中的问题是编写程序的开始，问题情境是引发学生认知冲突、激活思维的关键。在具体的问题情境中学生通过新旧知识与经验的互联，进行问题界定、分解细化并且能够对其特征进行抽象化概括，这是形成问题解决的关键。此环节通过问题情境激发学生的认知冲突、引发学生对问题本质的思考，即学生能否使用自己的语言解释情境中需要解决的问题？如何从情境中抽象出

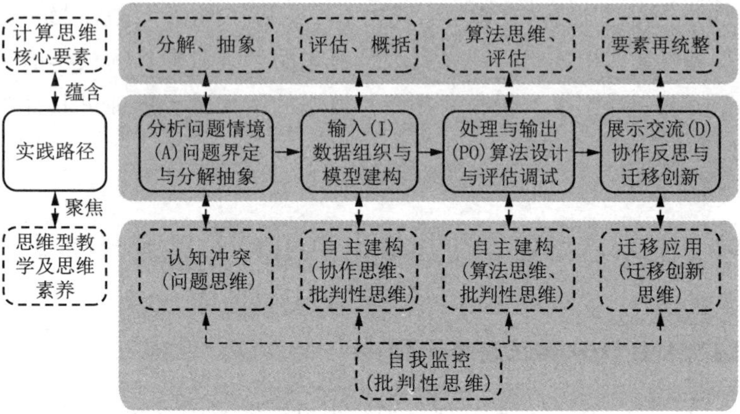

图 4-2　指向计算思维能力发展的思维型三维编程教学实践路径(A-IPO-D)

问题的基本特征以及涉及的学科核心概念知识？是否能够以及如何将问题分解成较小的组成单元？通过这种思考引发学生对计算概念的理解，培养学生的问题思维，达成“问题特征抽象和问题分解”的计算思维要素。

(2) 输入(I)：数据组织与模型建构

输入是一个程序运行的开始，方式一般包括：文件输入、网络输入、用户键盘输入、数据库输入、程序内部参数输入等，对应的数据类型有数字型、列表、集合、元组、字典等，即输入主要围绕数据的获取、组织以建构数据的组织模型数据。作为信息技术学科的核心概念，对数据准确的理解和组织是培养计算思维的关键。此环节通过抽象出的问题特征引发学生对数据的思考，即学生能否清晰地说出问题解决中需要哪些数据？这些数据的基本类型是什么以及如何获取？能否通过流程图建构数据的组织模型？如何综合协作小组成员的知识成果批判性地思考数据选择与组织模型建构的合理性？通过这种思考引发学生对计算实践的理解，在协作学习中培养学生的批判性思维和协作思维，达成“评估和概括”的计算思维要素。

(3) 处理(P)与输出(O)：算法设计与评估调试

程序运行的逻辑需要对输入的数据进行处理与输出，即算法设计和评估调试。算法是数据组织模型的具体化实施，是计算思维的具体实现方案，输出是展示算法设计运算成果的方式。然而任何程序功能的实现都不是一蹴而就的，需要在输出过程中不断地对出现的问题进行调试评估。此环节通过数据的组织模型引发学生对算法与编程工具的思考，即学生能否找到或设计出解决问题的算法逻辑？能否使用序列、变量、循环、条件语句等计算概念列出编程问题解决的基本操作步骤？如何选择合适的编程工具将列出的编程步骤组合成计算机识别的行为序列以形成可执行的程序？是否能够根据程序执行的过程和结果调试出现的错误以及评估该算法程序解决问题的合理性？通过这种思考引发学生对计算实践的再理解，培养学生的算法思维和批判性思维，达成“算法思维和评估”的计算思维要素。

(4) 展示交流(D)：协作反思与迁移创新

展示交流是让学生表达自己对情境问题解决与编程实现等有关知识与方法理解和感悟的反思过程，可依据教学任务和学时安排设计协作反思与迁移创新两个环节。协作反思是以协作小组的形式对情境任务的问题解决方案进行评估与概括，以内化学生利用所学知识与技能进行迁移创新的能力；迁移创新是基于任务的问题再解决，包含基础任务、能力任务和创生任务三个难度，从而将内化的迁移创新能力再现出来。此环节通过协作反思与迁移创新引发学生对编程问题解决过程与方法的总结与反思，即学生能否解释编程问题解决方案中涉及的核心概念与技巧方法？能否反思该编程方案解决情境问题的满意度如何以及如何改进？能否运用已掌握的知识和能力独立解决相似情境下的基础任务、能力任务和创生任务？通过这种思考引发学生对计算观念的理解和计算实践的再实践，培养学生的迁移创新思维，达成计算思维各要素的再统整性训练。

2.2　基于 A-IPO-D 实践路径的教学案例

依据 CTAD-TPTM 三维编程教学结构模型及其具身化实施

的 A-IPO-D 教学实践路径，本书设计了指向计算思维能力发展的思维型编程教学案例，以期为教师的具身化编程教学的实施提供实践性参考。案例选自教科版《数据与计算》中“计算与问题解决”的内容单元，在梳理该单元核心知识的基础上对教学内容进行单元重构，选择“猜数字游戏”作为项目主题以统整单元知识内容并基于 A-IPO-D 教学实践路径开展项目式教学(见表 4-1)，并以此为基础设计支持学生开展项目式学习的导学支架。该项目案例以问题情境呈现激发学生的思维兴趣，项目学习过程中运用“问题分解、抽象表示、算法设计、方案评估、概括迁移”五种常见的计算机科学领域的方法、遍历“计算概念、计算实践和计算观念”的学习内容、聚焦学生在问题解决过程中的“问题思维、批判性思维、协作思维、算法思维和创新思维”的思维素养，进而发展学生的计算思维能力。

表 4-1　基于 A-IPO-D 教学实践路径开展思维型协作深度学习活动教学案例

项目主题	猜数字游戏
问题情境呈现	猜数字是一种古老的密码破译类心理博弈小游戏，一般由两个人或多人玩，也可以由一个人和电脑玩。游戏的规则是：出数字的人想好一个 1—100 的数字，不能让猜的人知道。每猜一个数字，出数者要反馈结果以判断输赢。请你试着编写一款能够实现人机对猜的猜数字游戏小程序。
分析问题情境(A)：问题界定与分解抽象	引领学生从上述问题情境中界定需要解决的具体问题：如何使用编程工具编写一款能够实现人机对猜的猜数字游戏小程序，其中涉及随机数、数据、判断及循环等计算概念。 继而引领学生将其分解为三个子问题： ① 获取数据：计算机随机产生一个 1—100 之间的整数数字，玩家输入一个猜测的数字，并将其抽象表示为“random_data、guess_data”； ② 数据判断：计算机根据实际情况自动提示“猜高了、猜低了或猜对了”； ③ 重复循环：重复猜测，直到猜对了游戏结束。

续表

<table>
<tr><th>项目主题</th><th>猜数字游戏</th></tr>
<tr><td>输入(I):数据组织与模型建构</td><td>根据子问题通过小组协作将获取的数据进行选择、分析与组织以构建数据的组织模型，如下图：
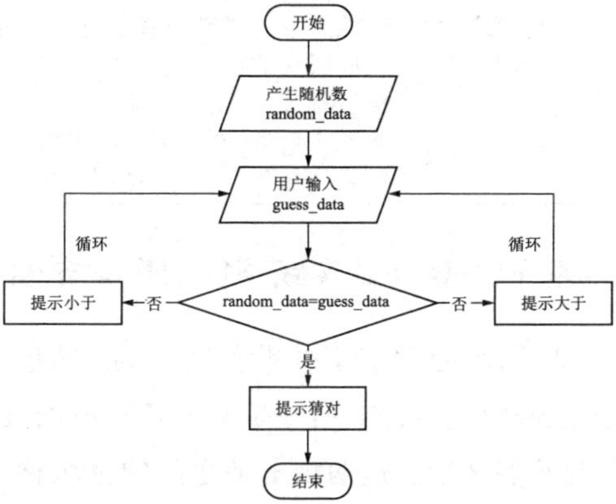
</td></tr>
<tr><td>处理与输出(PO)：算法设计与评估调试</td><td>引领学生首先选择编程工具(图形化或 Python)，接着定义“数据变量、数据的逻辑比较和循环结构体”等算法结构，最后将其组合以形成程序(图形化、文本)，并进行结果的测试评估是否解决了情境问题。

图形化编程　实现
<pre>
random_data = random.randint(1, 100)
random_data = float(text_prompt('请输入您猜测的数字【1-100】'))
while guess_data != random_data:
  if guess_data > random_data:
    print('猜大了')
  else:
    print('猜小了')
print('猜对了')
</pre>
Python 文本编程　实现</td></tr>
</table>

续表

项目主题	猜数字游戏
展示交流(D):协作反思与迁移创新	以协作小组的形式开展对程序实现问题解决的评估与概括,不断追问“实现的功能是否完善?是否还需要增加其他功能(次数、时间)?”以训练学生的概括能力和批判性思维。或继而基于三类任务问题再解决,设计三类不同层次的任务促进学生个性化的发展,任务包含: ● 基础任务:猜价格游戏 ● 能力任务:石头剪刀布游戏 ● 创生任务:自行选择解决生活中常见的问题

2.3 基于 A-IPO-D 实践路径的导学支架

苏联著名心理学家维果茨基认为,在进行教学时应至少确定学习者的两种发展水平:一是学习者现有的发展水平;二是学习者潜在的发展水平。这两种水平之间的区域称为最近发展区。教学应从学习潜在的发展水平开始,不断创造新的最近发展区。为此,教师应当为学习者建构对知识的理解提供一种学习支架,这种学习支架将复杂的学习任务加以分解,以便于把学习者对问题的进一步理解逐步引向深入,从而使得将学生的智力从一个水平引导到另一个更高的水平。基于 A-IPO-D 教学模型,可提供给学习者开展学习的 A-IPO-D 学习支架(如表 4-2 所示):

表 4-2 基于 A-IPO-D 教学实践路径开展思维型协作深度学习活动导学支架

项目主题		
项目成员		
问题情境呈现		
项目环节	问题解决要点	问题解决措施与结果
分析问题情境(A):问题界定与分解抽象	1. 能否使用自己的语言解释情境中需要解决的问题? 2. 情境问题的基本特征是什么? 3. 涉及哪些学科核心知识? 4. 是否能够以及如何将问题分解成较小的组成单元?	

续表

项目环节	问题解决要点	问题解决措施与结果
输入(I):数据组织与模型建构	1. 能否清晰地说出问题解决中需要哪些数据? 2. 这些数据的基本类型是什么以及如何获取? 3. 能否通过流程图的形式建构数据的组织模型?	
处理(P):算法设计	1. 能否找到或设计出问题解决的算法逻辑? 2. 能否使用序列、变量、循环、条件语句等计算概念列出编程问题解决的基本操作步骤? 请写出详细代码。 3. 如何选择合适的编程工具将列出的编程步骤组合成计算机识别的行为序列以形成可执行的程序?	
输出(O):评估调试	1. 处理的结果输出到哪里? 输出的数据类型是什么? 2. 运行过程中出现哪些错误? 是如何改正的? 3. 是否能够根据程序执行的过程和结果调试出现的错误以及评估该算法程序解决问题的合理性。	
展示交流(D):协作反思与迁移创新	1. 能否解释编程问题方案中涉及的核心概念与技巧方法? 2. 该编程方案解决情境问题的满意度如何以及该如何改进? 3. 能否运用已掌握的知识和能力独立解决相似情境下的基础任务、能力任务和创生任务	

第 3 节　混合环境中“双线融合・三阶活动”编程教学模式

“双线融合・三阶活动”教学模式中“双线融合”体现的是“线上网络平台+线下课堂教学”的混合式学习环境以促进学习者的

个性化差异的知识性学习,"三阶活动"既指教师主体的"课前设计、学习活动实施、成果评估"三个教学活动,又指学生主体的"自学与质疑活动、设计与编程活动、展示与评价活动"三阶段学习活动,该模式以活动为中心,协调教师与学生的双主体视角,强调渗透核心素养的项目化学习资源是开展学习活动的基础,进而引导学生明确计算思维作为智能时代问题解决能力的重要价值及意义。

3.1 问题的提出

计算思维作为高中信息技术学科核心素养之一,其本源是聚焦问题解决的思维过程,突出表现为学生能够通过"抽象、分解、算法思维、评估和概括"五个核心要素创造性地解决问题。编程教育的实质亦是对问题的求解,并以其特有的逻辑思维和创新能力培养的潜能被国内外研究者所认同,故编程教育是信息技术学科培养计算思维的最佳载体。近年来,随着核心素养课程改革的深入实践,高中阶段基于图形化的编程课程和基于 Python 语言的文本编程课程陆续开展,但由于缺乏有效的教学实践模式,其对学生计算思维培养的效果甚微:一方面由于高中生编程能力存在较大的差异性,零起点的学生普遍存在,但学校课程由于师资等原因并未提供学生个性化选择的编程课程(图形化或 Python);另一方面由于文本编程语言本身的枯燥性和调试性,难以调动学习积极性,致使学习者以"尝试一次"的模仿学习和拼凑代码为主,无法有效提升学生解决问题的计算思维能力。因此,如何衔接图形化编程和 Python 文本编程以有效地培养学生的计算思维,成为高中信息技术教师迫切需要解决的问题。基于此,依据行动研究的范式构建聚焦计算思维与编程教育深度融合的"双线融合 · 三阶活动"课堂教学模式,并对其进行实证研究。

3.2　研究设计

（1）研究方法及目的

依据行动研究范式中“计划、行动、观察、反思”4 个螺旋上升、循环往复的步骤，探索计算思维与编程教育深度融合的教学模式，通过课堂观察、录像回溯分析等方法对学生学习过程性表现进行观察并运用统计分析法对学生作品、计算思维测试成绩进行分析，验证该教学模式对高中生计算思维的培养效果。

（2）研究对象

研究对象为 W 市 S 高中选修《从 Blockly 可视化编程到 Python 代码编程》的 42 名学生，该校信息技术课程为选课走班制，学生通过教师对课程内容的介绍及课程目标的要求，结合自己的兴趣选修课程。

（3）研究工具

以 Blockly 开源编程平台作为编程工具、Bebras 国际计算思维能力测试手册（翻译）和基于 SOLO 分类法编制的思维结构评价量表作为评价工具，展开实践研究。

Blockly 是一个基于 Web 的可视化编程工具且支持从图形化编程到多种文本编程的转换，在教学过程中可以兼顾零起点的学生逐步过渡到 Python 文本编程的学习；Bebras 国际计算思维能力测试手册具有良好的区分度和信效度，研究采用的“计算思维测试卷（A、B、C 卷）”均来自近三年《Bebras 国际计算思维挑战赛试题册》，每套试卷各包含 5 道试题，每道试题均覆盖“抽象、分解、算法、评估和概括”5 个计算思维核心要素的 2 个或以上；SOLO 分类法是彼格斯基于皮亚杰的认知发展阶段理论提出的，将人在问题解决过程中经历的思维发展阶段分为前结构、单点结构、多点结构、关联结构和抽象结构 5 个层次（见表 4-3）。

表 4-3　基于 SOLO 分类法的思维结构评价量表

SOLO 层级	评价描述	编码等级
前结构	不理解任务要求,没有完成作品或形成的作品仅是简单的模仿	SOLO-1
单点结构	能够提出 1 个与任务解决有关的要点,并实现作品的一个功能	SOLO-2
多点结构	能够提出多个与任务解决有关的解决要点,但不知道如何理顺要点之间的关系,作品实现了多个功能,但并未指向任务解决	SOLO-3
关联结构	提出的要点能够与任务主题相关联,符合任务要求,要点之间有一定的逻辑关系,能够对任务的完成有整体性的认识,作品实现了指向问题解决的基本功能	SOLO-4
抽象结构	能够将本次任务的解决整合到主题概念中,实现作品的全部功能,并具有非常规情境下的自适应性,能够将产生的概念、理解和观念及过程性方法应用到其他场景中	SOLO-5

3.3　研究过程

(1) 第一轮行动研究

1. 计划

始于开学的 1—6 周,选取“游戏类 App 设计开发”为项目主题,此阶段学生对于课程内容、编程平台、学习方法都较为陌生,故行动的主要目标是强化学生对学习方法的感知,进而探索活动理论视角下“双线融合・活动中心”教学模式对教学实践指导的可行性。

2. 行动实施与观察

已有研究表明活动理论对学习活动设计具有积极的指导作用,故研究基于活动理论的视角初步构建“双线融合・活动中心”的教学模式(见图 4-3),强调在活动中体验与建构计算思维的核心要素,同时注重教师课前设计基于“双线学习”的具有问题情境的项目式学习资源,从而促使学生在问题情景中以项目的形式对学习资源进行深度体验，发展计算思维。

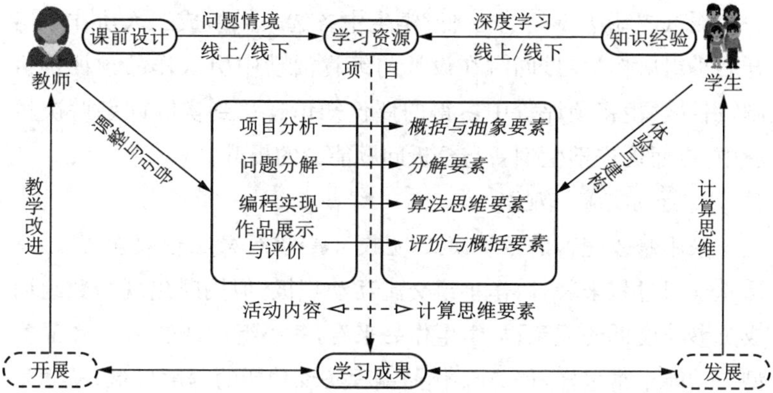

图 4-3　第一轮行动研究的“双线融合·活动中心”教学模式

从课堂学习过程来看，学生的学习都比较积极，均表现出对编程的极高兴趣，但课前自主学习比较差，须在教师的课堂监督下才能完成对知识的学习；从学生作品来看，学生作品完成度参差不齐，处于基础的模仿阶段；从学生计算思维测试成绩来看，学生测试成绩的均值处于较低水平（M=38.18）。

3. 反思

此阶段出现两个关键问题，一是信息技术课程的边缘地位使学生的学习方式对教师的依赖性较高，学生虽然有条件但也不会在课前开展自主学习，从而影响学生对知识的掌握；二是学生对活动情境中问题的分析是制约学生计算思维发展的关键因素，致使学生作品缺乏创新性。该两个问题导致教学结果的不理想状态，故而将教学模式中的学习活动修改为“自学与质疑活动、设计与编程活动、展示与评价活动”三阶段。

（2）第二轮行动研究过程

1. 计划

始于开学的 7—12 周，选取“学习类 App 设计开发”为项目主题,行动中研究者将自学与质疑活动放在课堂上进行,开展课堂内的翻转课堂教学以支持学生个性化差异的知识性学习,并依据第一轮测试成绩从“高—中—低”学生中各选一人组成三人协作小组开展小组协作学习;同时在设计与编程活动中引入作品预评价机制,引导学生将预评价中习得的评价知识迁移到实际问题解决情境中,进而促进学生创新与分析问题能力的提升。

2. 行动实施与观察

采用修改完善的教学模式(见图 4-4)进行第二轮教学实践,从课堂学习过程来看,协作小组交流互动积极,但同时出现少数组内成员参与度低的现象;从学生作品来看,各小组设计的 App 作品类型与功能丰富多样,但 App 作品编程实现功能的程度较低;从学生计算思维测试成绩来看,学生成绩均值(M=49.5)相比于第一轮成绩均值(M=41.41)有提升,但依然成绩不理想。

3. 反思

此阶段有效地解决了学生作品模仿的现象,促进了学生分析问题与评价创新能力的提升。但也出现两个关键的问题,一是学生的算法思维缺乏,突出表现在图形化编程的算法设计阶段;二是小组协作学习中出现了由于责任分工不明确导致参与度低的现象。为解决上述两个问题,在活动中引入“流程图设计”环节以辅助算法思维可视化和“过程性数据记录单”以激励组内成员的参与。

(3) 第三轮行动研究过程

1. 计划

始于 13—18 周,由各协作学习小组自定学习主题进行编程设计。在学习活动中将流程图设计作为学生算法思维呈现的可视化辅助支架,以提升学生对逻辑算法的理解;同时将小组协作学习与 SOLO 分类法支持下的过程性数据记录单(见表 4-4)结合,以提升学生协作探究与交流的参与度,同时也为学生计算思维可视化提供过程性评价的证据支撑。

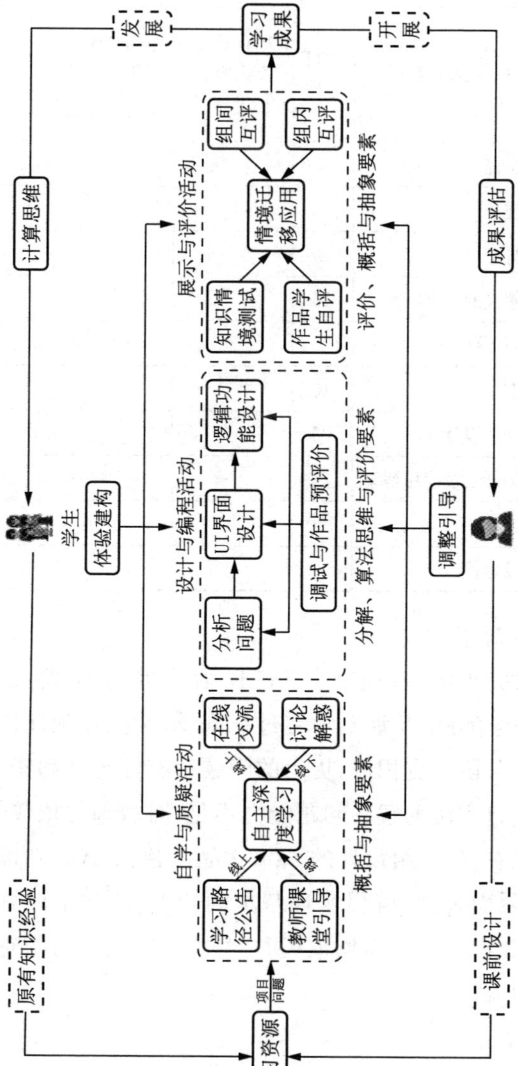

图 4-4　第二轮行动研究的“双线融合·三阶活动”教学模式

表 4-4　第 XX 组 XXXX(主题)过程性数据记录单

<table>
<tr><td colspan="6">第______小组　　成员__________________　　作品名称______</td></tr>
<tr><td>计算思维要素</td><td>记录的项目</td><td>项目分数</td><td>项目具体内容
(小组填写)</td><td>组间互评
评价人:______
组　别:______</td><td>教师评价</td></tr>
<tr><td rowspan="2">概括</td><td>作品主题</td><td>5</td><td></td><td></td><td></td></tr>
<tr><td>功能描述</td><td>10</td><td></td><td></td><td></td></tr>
<tr><td rowspan="3">分解</td><td>作品分工</td><td>5</td><td></td><td></td><td></td></tr>
<tr><td>需要解决的要点问题</td><td>10</td><td></td><td></td><td></td></tr>
<tr><td>UI 界面设计</td><td>20</td><td></td><td></td><td></td></tr>
<tr><td rowspan="2">算法设计</td><td>流程图</td><td>10</td><td></td><td></td><td></td></tr>
<tr><td>逻辑功能设计</td><td>20</td><td></td><td></td><td></td></tr>
<tr><td>抽象</td><td>作品创新点及应用情景</td><td>20</td><td></td><td></td><td></td></tr>
<tr><td rowspan="2">评价</td><td>得分</td><td>100</td><td colspan="3"></td></tr>
<tr><td>批判及建议</td><td colspan="4"></td></tr>
</table>

2. 行动与观察

采用修改完善的“双线融合·三阶活动”教学模式(见图 4-5)进行第三轮教学实践,从课堂学习过程来看,学生在预评价和作品展示评价活动阶段发言积极,提出的问题很有针对性和建设性,但同时也表现出自主协商解决问题能力不足、对教师的依赖性很强;从学生作品来看,各小组设计的 App 作品主题、形式和功能类型丰富多彩,设计界面美观,编程实现基本的功能;从学生计算思维测试成绩结果来看,学生成绩均值(M=46.02)相比于前两轮行动研究均值有所提升。

3. 反思

此阶段有效解决学生的算法思维薄弱及参与度低的问题,验证在学习活动中引入的流程图设计在学生隐性算法思维显性化的过程中的有效性。

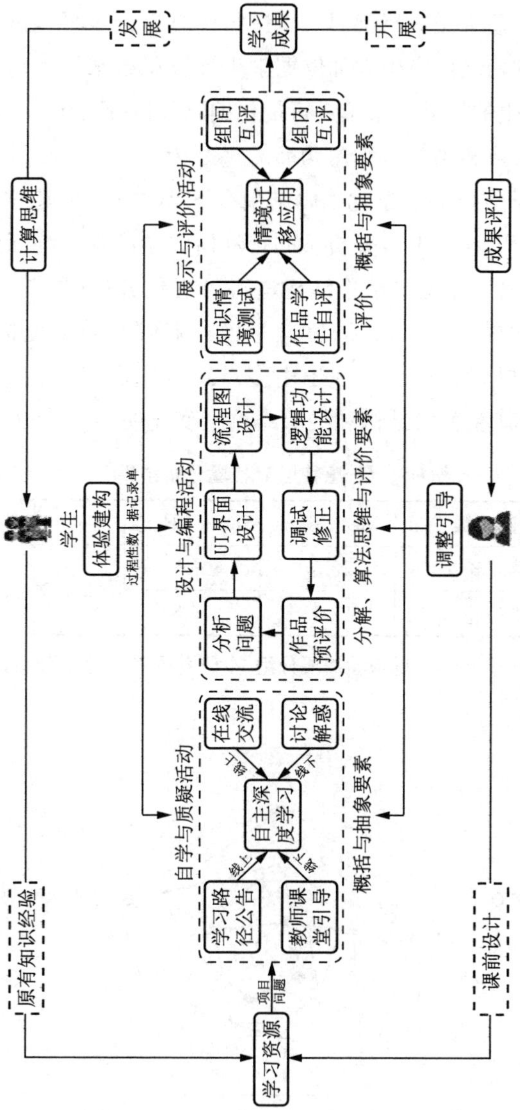

图 4-5　第三轮行动研究的"双线融合 · 三阶活动"教学模式

3.4　三轮行动研究结果的对比分析

每轮行动研究结束后都对学生进行计算思维水平测试,同时组织经过培训的两名研究生教师依据学生计算思维水平评价量表(见表 4-1),对学生的作品记录单进行量化编码分析(Kappa>0.7)。

(1) 学生计算思维水平结构的对比分析

将每组学生作品的量化编码结果在 SPSS 中进行曼-惠特尼 U 检验(Mann-Whitney U),分析不同行动研究中的秩序统计量(见表 4-5),并将学生计算思维水平结构进行可视化分析(见图 4-6)。结果表明:"双线融合 · 三阶活动"教学模式能够有效地促进学生计算思维水平结构的发展,呈现出由多点结构向高级的抽象结构转化的特性,尤其在关联结构和抽象结构上变化明显。

表 4-5　曼-惠特尼 U 检验分析结果

观察维度	行动轮数	N	Mean Rank	Sum of Rank	Z	Sig.(双侧)
计算思维水平结构	第二轮	14	22.57	609.50	−2.403	0.016*
	第三轮	14	32.43	875.50		

注:1. Mann-Whitney U 检验需要分组,本研究中第一轮未分组,故未统计在内;2. * $p<0.05$

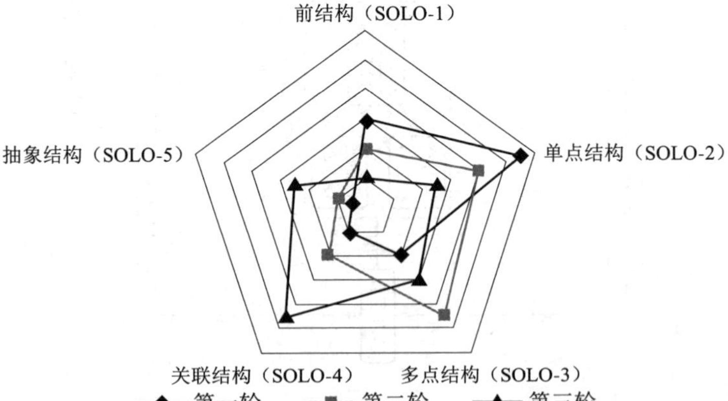

图 4-6　基于 SOLO 分类法的学生计算思维水平结构雷达图

(2) 学生计算思维核心要素成绩的对比分析

将学生的计算思维的测试成绩输入 SPSS20.0 软件，进行单因素方差分析(见表 4-6)，结果表明：学生在计算思维 5 个核心要素中的抽象($F=6.218$, $p<0.01$)、算法思维($F=6.799$, $p<0.01$)和评估($F=6.256$, $p<0.001$)3 个要素方面提升效果显著，其他 2 个要素虽然没有显著性差异，但在三轮行动教学中计算思维测试成绩得分逐步增加。另外，从总体得分情况来看，学生计算思维的成绩在三轮行动研究中具有显著性的提升($F=22.767$, $p<0.01$)，表明“双线融合 · 三阶活动”教学模式有效地提升学生计算思维的能力。

表 4-6　学生计算思维水平测试成绩单因素方差分析

项目类型	第一轮行动研究		第二轮行动研究		第三轮行动研究		F	Sig.
	均值	标准误	均值	标准误	均值	标准误		
抽象	6.85	0.390	7.75	0.416	9.05	0.515	6.218	0.002**
分解	12.23	0.186	12.67	0.202	13.00	0.266	2.919	0.056
算法思维	3.74	0.229	4.07	0.304	5.60	0.538	6.799	0.001**
评估	8.5	0.362	9.17	0.355	10.33	0.394	6.256	0.002**
概括	6.85	0.369	7.75	0.437	8.05	0.510	1.993	0.139
整体得分	38.18	0.761	41.41	0.668	46.02	1.010	22.767	0.000***

注：* $p<0.05$，** $p<0.01$，*** $p<0.001$

(3) 结果讨论

研究结果表明，学生的计算思维结构水平在三轮的教学行动中有明显的变化，计算思维测试成绩在逐步提升，从而验证了“双线融合 · 三阶活动”教学模式对学生计算思维培养的有效性。但学生计算思维测试成绩均值不高($M_1=38.18$, $M_2=41.41$, $M_3=46.02$)且在学习过程中遇到学习困境时无法自主协商解决，这与当前基础教育中教学方式与评价方式对学生思维的影响有关系。从教学方式上看，高中生长期处于传统的教师讲授式教学方式下，思维上已经习惯于接受式学习与反复训练式学习，对知识性和情境性问题缺乏指向问题解决的主动探索意识；从评价方式上看，长期分学科教学中的单知识性评价致使学生形成只能聚焦于明确性问题而进行单一快速的解题，缺乏整合跨学科知识进行系统性思考的问题解决能力。这两方面致使学生在指向学科核心素养的计算思维测试成绩中提升缓慢，同时说明基础教育对学生思维的培养与发展还需要很长的教学实践。

已有研究表明，在实际的教学过程中，单独地对学生进行思维方法的训练，学生学到的方法是孤立、分离的，不利于其对思维方法的迁移；而单纯的在学科中培养学生思维而不进行系统的方法训练，也很难在其他学科中产生迁移，即使将思维方法训练与多学科教学相融合，对学生思维能力的培养也不是一蹴而就的，需要进行长期的培养才可以达到提升学生思维能力的目的。因此作为一种问题解决的思维过程，对其计算思维培养不能过于急躁，后期的研究应该设计渐进式的跨学科项目的整合，以使学生融会贯通所学知识解决复杂问题，进而促进学生思维意识的转变与能力的提升。

3.5 研究结论

三轮迭代行动研究的实证数据表明学生的思维结构发生明显的变化，呈现由多点结构向更高层次的关联结构和抽象结构的发展，同时计算思维的核心要素成绩在三轮行动研究中均得以提升，尤其是在问题抽象、算法思维和评估要素方面提升效果显著，这与学习科学的研究结论“优秀的问题解决者头脑中的认知结构更复杂，包含更多概念之间的相互关联”相一致。故“双线融合·三阶活动”的计算思维与编程教育深度融合的教学模式（见图 4-5）能有效提升学生的计算思维能力，尤其是“作品预评价机制”、“流程图设计环节”和“过程性数据记录单”的引入，在促进学生迁移创新、隐性算法思维显性化和激励组内成员参与等方面更有效地促使学生发生认知结构的跃迁。

3.6　教学实施的建议

“双线融合・三阶活动”教学模式中“双线融合”体现的是“线上网络平台＋线下课堂教学”的混合式学习环境以促进学习者的个性化差异的知识性学习，“三阶活动”既指教师主体的“课前设计、学习活动实施、成果评估”三个教学活动，又指学生主体的“自学与质疑活动、设计与编程活动、展示与评价活动”三阶段学习活动。该模式以活动为中心，协调教师与学生的双主体视角，强调渗透核心素养的项目化学习资源是开展学习活动的基础。对于教学实施，提出以下几点建议：

首先，课前设计阶段是以学习者为中心进行在线 SPOC 模式的教学设计。计算思维的培养离不开课程内容，课程内容的建设应加强校企合作，充分利用企业的技术优势和教师对学情及教学规律的把握，立足于学生计算思维的发展开发情景化项目式学习资源，这是学生知识性学习的起点，对学生学习活动的开展起关键性的基础作用。

其次，学习活动实施阶段是融合计算思维核心要素的主体性活动，包括自学与质疑活动、设计与编程活动、展示与评价活动。其中自学与质疑活动是在翻转学习理念支撑下开展的混合式自主学习，融合“概括、抽象”的计算思维要素，可以有效地解决信息技术课程在学校面临的课时少、不重视的实践困境及大班额环境下学生个性化学习的差异性问题；设计与编程活动是围绕编程教学开展的一系列学习活动，融合“分解、算法思维、评价”的计算思维要素，开展过程中要重视流程图作为学生算法思维可视化的支架作用，以提升学生对逻辑算法的理解；展示与评价活动是由学习共同体主导的循证展示与评价，融合“评价、概括、抽象”的计算思维要素，评价的方式可以依据教学的需要开展多元化评价，如自我评价、组内互评、组间互评和教师评价。

最后,成果评估阶段主要是对项目式教学的效果进行评价,从而为改进下一轮的项目式教学提供策略支撑,以促进学生更好地学。成果评估要面向所有的选课学生共同参与,以激发学生内部的竞争动机,从而促进学生主动的学习与探索,进而引导学生明确计算思维作为智能时代问题解决能力的重要价值及意义。

第5章 思维型协作深度学习的成效测评框架

国内外对计算思维内涵特征的研究由于视角各不相同，对其评测存在多元化的取向，关注计算思维中“计算”属性的研究更加强调对学习者在“抽象、分解、算法思维、概括和评价”五个计算思维的核心要素的评价；关注计算思维“思维”属性的研究更加强调对学习者在认知领域知识的习得、知识的迁移过程中高阶思维能力的形成，以及对动机策略、高投入的参与行为和积极的情绪体验等非认知能力的评价。因此，需要根据不同的教学情境结合多种不同的测量工具以检验学习者在思维型协作深度学习活动中达成计算思维的状态及其效果。

第1节 思维型协作深度学习活动测评框架

面向计算思维培养的思维型协作深度学习活动聚焦计算思维，追求的是实现深度学习在课堂教学中的常态化发生，促使学习者学会学习，能够深度理解知识概念的内涵、主动建构知识内容、重塑问题解决的学习方式和思维方式、利用所学的知识技能解决遇到的实际问题，从而达成计算思维的培养。基于此，本书依据张屹等编制的小学生计算思维量表①、林崇德等人提出的思维三棱结

① 张屹，莫尉，张岩，高晗蕊，李妞，林郁菲.我国小学生计算思维量表研发与应用[J].中国电化教育，2020(10)：49—57.

构模型①、于颖等人构建的计算思维的三棱结构②、弗洛拉·休利特基金会提出的深度学习能力框架③、张屹等人提出的面向深度学习结果的两层面三维度深度学习评测框架④和比格斯等人提出的"教与学一致性建构"原则⑤,构建编程教育中聚焦计算思维发展的"四领域·十二维度"的思维型协作深度学习活动测评框架(见表 5-1)。

表 5-1 思维型协作深度学习活动测评框架

评测领域	评测维度	评测观测点	评测形式
动力领域	动机指向	学习中是否指向"理解/记忆"的学习动机	问卷
	学习参与	学习中是否表现出"高投入/低投入"的参与行为	
	学习方法	学习中是否采用"深度/浅表"学习方法	
认知领域	知识水平	专项测试题中表现出的学习目标认知层次	问卷、测评试题
	思维水平	学生制品/作品中呈现出的"思维结构水平"层次	学生制品/作品编码

① 林崇德,胡卫平.思维型课堂教学的理论与实践[J].北京师范大学学报(社会科学版),2010(01):29—34.

② 于颖,周东岱,于伟.计算思维的意蕴解析与结构建构[J].现代教育技术,2017,27(05):60—66.

③ William and Flora Hewlett Foundation. Deeper learning strategic plan summary education program[EB/OL]. [2021-11-30]. https://hewlett.org/wp-content/uploads/2016/09/Education_Deeper_Learning_Strategy.pdf.

④ 陈蓓蕾,张屹,杨兵.智慧教室中的教学交互促进大学生深度学习研究[J].电化教育研究,2019(03):90—97.

⑤ 约翰·比格斯,凯瑟琳·唐.卓越的大学教学—建构教与学的一致性[M].王颖,丁妍译.上海:复旦大学出版社,2015.

续表

评测领域	评测维度	评测观测点	评测形式
能力领域	问题解决能力	能否创新灵活地解决实际情境中的问题	问卷
	批判性反思能力	能否对学习进行自我反思、监控和调节	
	协作与沟通能力	能否进行有效的沟通交流，实现良好的协作	
	迁移与创新能力	能否从多视角思考问题、提出新的设计思路或有价值意义的方法、制品等创意学习成果	
情感领域	情感体验	学习中是否流露出“积极/消极”的情感体验	问卷、访谈
	自我效能感	学习达成后的需求满足与收获的感知	
	总体满意度	对学习情况的总体认知	

第 2 节　思维型协作深度学习活动测评工具

思维型协作深度学习活动的测评工具的设计，基于尽量引用国内外比较成熟的量表为基本的设计原则，并根据本书研究情境下的研究内容进行适当的修改。基于此设计原则，本书在编程教育中聚焦计算思维发展的“四领域 · 十二维度”的测评框架的指导下设计“思维型协作深度学习结果评估问卷、‘R-SPQ-2F’思维型学习过程问卷、基于 SOLO 分类理论的思维水平发展评估量规、专项学习测评试卷”四种测评工具及其相应的使用方法，为保障测评工具的信效度，研究基于德尔菲法进行了修正和完善。

2.1 思维型协作深度学习结果评估问卷

（1）问卷测评维度及题项来源，具体见表 5-2：

表 5-2 思维型协作深度学习活动结果测评维度及题项来源

评测领域及编码	评测维度及编码	题项	评测依据或题项来源
动力领域（Pow-D）	动机指向（P_MO）	T111-T114 T115-T119**	比格斯 R-SPQ-2F 学习过程问卷
	学习参与*（P_LP）	T121-T126	学生参与度量表（SES）
	学习方法*（删除）（P_LA）	独立问卷	比格斯 R-SPQ-2F 学习过程问卷
认知领域（Cog-D）	知识水平（C_KL）	T211-T217	布鲁姆教育目标分类（自编专项学习测试题）
	思维水平*（删除）（C_TL）	制品/作品	比格斯 SOLO 分类理论（制品/作品量化编码）
能力领域（Abi-D）	问题解决能力（A_PS）	T311-T316	美国深度学习项目（SDL）评测问卷
	批判性反思能力（A_CR）	T321-T324 T325-T326**	
	协作与沟通能力*（A_CL）	T331-T338	
	迁移与创新能力*（A_MI）	T341-T346	
情感领域（Emo-D）	情感体验（E_EE）	T411-T414 T415-T416**	心流状态量表（Flow State Scale，FSS）
	自我效能感*（E_SE）	T421-T424 T425-T426**	美国深度学习项目（SDL）评测问卷
	总体满意度（E_OS）	T431-T433	克拉斯沃尔的情感目标分类标准（自编）

注：* 表示该维度经咨询专家后修改，** 表示该题项为逆向计分题。

（2）评估问卷的编制及修订

评估问卷的编制和修订分为两个阶段，第一阶段为维度适切度征询：研究采用由弱到强的适切度值（1—5级）让领域专家（均来自高等院校从事教育研究的教授或副教授及基础教育从事教育研究的教研员，专家信息如表3-3所示）勾选以评价主要维度、进行适切度征询。本轮共发放12份问卷，回收12份，全部有效。结果表明评测领域的认同度依次为认知领域、动力领域、能力领域和情感领域，均在可接受范围以内；评测维度删除了“思维水平”（专家认为该维度应以学生制品/作品的SOLO编码分析为主）和“学习方法”（专家认为学习方法在深度学习过程中尤为重要，可依据比格斯的学习过程问卷单独予以测评），并将“学习投入度、反思与元认知能力、实践应用能力、满意度”修改为“学习参与、批判性反思、迁移与创新能力、自我效能感”，同时将“协作能力、沟通能力”合并为“协作与沟通能力”，最终形成用于本书研究的“四领域·十二维度”的思维型协作深度学习结果测评维度。

第二阶段为评估问卷内容能被答卷者有效辨识的征询：为保证该问卷内容能够被答卷者有效辨识而不产生歧义，研究者采用两轮德尔菲法作为评价的依据，分别向12名领域专家（与第一轮领域专家一致）、10名学科教师（其中6名教师为具有中等职称的学科骨干教师，4名教师为W市E中学的高级教师）、10名学生（随机选取W市E中学高一年级的10名学生）进行了专家效度验证与小范围的预测试，根据专家的建议及预测试结果修改评测问卷相关题项，以便于中小学生阅读与填答。

专家成员基本组成分布及问卷回收情况见表5-3、表5-4：

表5-3　德尔菲法专家信息分布表

类别	选项	人数	占比
性别	男	18	56%
	女	14	44%

续表

类别	选项	人数	占比
职业(角色)	高校教师	8	25%
	教研员	4	13%
	学科教师	10	31%
	学生	10	31%
教龄(年)(除学生外)	1—4	2	9%
	5—9	5	23%
	10—15	9	41%
	15 以上	6	27%

表 5-4　德尔菲法问卷回收情况分布一览

次数	问卷发放量	问卷回收量	问卷有效数	问卷有效回收率
1	32	32	32	100%
2	32	32	30	93.75%

在采用德尔菲法对问卷效度进行验证的两轮问卷发放,要求专家从自身认知经验出发,针对问卷子维度中的每一个预设题项,依据李克特 5 级量表形式在“非常赞同、赞同、一般、不赞同、非常不赞同”中作出选择,并通过回收专家咨询量表进行相关题项的认同率分析。在第一轮德尔菲法中,剔除认同率低于 75%的题项,并重新对相关题项进行组织,进行第二轮的专家咨询,以验证意见是否一致。将两轮德尔菲法中认同率大于 75%的题项选定为思维型协作深度学习结果评测问卷的题项。在两轮反馈中,(a)绝大多数专家认为问卷的整体设计、维度划分符合问卷对深度学习的评测要求;(b)个别题项上,存在表述过于笼统、晦涩难以理解、过于重复等问题,建议删除或修改题项;(c)问卷引导语要简洁而具体,不能产生歧义;(d)题项要尽量避免存在诱导性问题。

根据上述专家的反馈,修改后的问卷得到领域专家、学科教师及学生的认可(每道题认同率均在 87%以上),题项内容表述不会引起答题者产生理解认知上的歧义。修订后的思维型协作深度学习结果评估问卷包含 63 项测试题项(见附录 1)。

(3) 施测方式

正式施测方式为问卷形式,其中动力领域包含动机指向(9 道)、学习参与(6 道),认知领域包含知识水平(7 道),能力领域包含批判性反思能力(6 道)、协作与沟通能力(8 道)、问题解决能力(6 道)、迁移与创新能力(6 道),情感领域包含情感体验(6 道)、自我效能感(6 道)、总体满意度(3 道),共计 4 个领域、10 个维度的 63 个问题项。问卷中除了学生基本信息问题外,其他问题均采用 Likert 5 级量表计分,其中正向计分选项中:"非常不同意"代表 1 分;"不同意"代表 2 分;"一般"代表 3 分;"同意"代表 4 分;"非常同意"代表 5 分。逆向计分选项中:"非常不同意"代表 5 分;"不同意"代表 4 分;"一般"代表 3 分;"同意"代表 2 分;"非常同意"代表 1 分,各题得分之和的平均值表征该维度的得分,分值越高代表该维度的深度学习水平越高。问卷以纸质或电子形式发放,作答时间 16—20 分钟。

(4) 问卷的信度和效度

思维型协作深度学习活动评估问卷是否能够检测学生的计算思维发展状态,是由该问卷的信度和效度决定的。效度强调的是有效性和准确性,指分析指标测量的结果可以达到研究目标的程度,研究中测评问卷的维度是基于文献和德尔菲法构建,测评问卷的内容均基于国内外较为成熟的量表加以编制,据此形成"内外双层"的三角互证(即"文献—量表—德尔菲专家"构成的内三角互证,"高校教育领域的专家学者、基础教育研究领域的教研员、学科骨干教师及预测试的学生"构成的外三角互证),因而具有较高的效度。

信度强调研究的可靠性程度,即同一个评测内容在不同的施测环境中收集的数据应该具有的稳定性和一致性。在统计分析中 Cronbach's α 分析经常用于评价连续变量和有序分类变量的一致性程度且认为 Cronbach α 值在 0.7 以上表明具有较好的信度。为此,研究者在W市随机选取4所高中学校共计发放问卷556份,回收问卷556份,有效问卷554份,有效率为99.6%,回收数据基于SPSS对问卷信度进行预检验。结果如表5-5所示,从中可以看出:思维型协作深度学习活动评估问卷的4个领域的10个维度的Cronbach α值在0.723—0.949之间,整体信度Cronbach α值为0.902,均大于0.7,说明该量表信度较佳,可以用于正式测量。

表5-5 思维型协作深度学习活动评估问卷的Cronbach's Alpha信度分析

<table>
<tr><th>一级变量维度</th><th>二级变量维度</th><th>变量编码</th><th>题项数</th><th>样本量(N)</th><th>Cronbach's Alpha</th><th>整体</th></tr>
<tr><td rowspan="2">动力领域</td><td>动机指向</td><td>P_MO</td><td>9</td><td>554</td><td>0.838</td><td rowspan="2">0.838</td></tr>
<tr><td>学习参与</td><td>P_LP</td><td>6</td><td>554</td><td>0.880</td></tr>
<tr><td>认知领域</td><td>知识水平</td><td>C_KL</td><td>7</td><td>554</td><td>0.930</td><td>0.930</td></tr>
<tr><td rowspan="4">能力领域</td><td>问题解决能力</td><td>A_PS</td><td>6</td><td>554</td><td>0.932</td><td rowspan="4">0.949</td></tr>
<tr><td>批判性反思能力</td><td>A_CR</td><td>6</td><td>554</td><td>0.784</td></tr>
<tr><td>协作与沟通能力</td><td>A_CL</td><td>8</td><td>554</td><td>0.940</td></tr>
<tr><td>迁移与创新能力</td><td>A_MI</td><td>6</td><td>554</td><td>0.923</td></tr>
<tr><td rowspan="3">情感领域</td><td>情感体验</td><td>E_EE</td><td>6</td><td>554</td><td>0.723</td><td rowspan="3">0.891</td></tr>
<tr><td>自我效能感</td><td>E_SE</td><td>6</td><td>554</td><td>0.759</td></tr>
<tr><td>总体满意度</td><td>E_OS</td><td>3</td><td>554</td><td>0.838</td></tr>
<tr><td colspan="3">整体</td><td>63</td><td>554</td><td colspan="2">0.902</td></tr>
</table>

注:$\alpha \leqslant 0.6$表示信度不足;0.7—0.8表示具有较好的信度;0.8以上说明信度非常好。

2.2 基于SOLO分类理论的思维水平发展评估量规

比格斯针对布鲁姆认知目标分类法存在的不足,基于皮亚杰的认知发展阶段理论,构建测量学习者思维结构发展水平的评价方法体系,即SOLO分类理论。SOLO分类理论强调学习者思维能力的发展过程,其通过“观察学习者在完成学习任务时的表现,将学生内隐的抽象思维结构以可观察的学习成果呈现出来，并将其划分为了五个由低到高的层次，即前结构、单一结构、多元结构、关联结构和抽象拓展结构，以此评定学习者个体的思维能力发展水平；该理论中的前三种思维结构水平侧重于对学习者搜集整合知识的量提出要求，处于浅层次学习阶段，而后两种结构水平则更侧重对学习者思维的质作出规定，处于深度学习阶段”。SOLO 分类理论的五种思维结构水平反映学习者在回答任务时表现出来的高阶思维水平的阶段性特征，呈现学习者思维认知发展水平由低阶到高阶、由简单到复杂、由量变到质变、由浅层到深度的转化过程，同时也反映学习者思维能力螺旋式上升的演进水平。伯内特(Burnett)依据教学实践过程中学习者面临学习任务的具体表现，将比格斯 SOLO 分类理论中的“多点结构和关联结构”细分为“低和高”两个层次，由此形成更为细化的用以衡量学习者思维结构的七种水平层次①。借助伯内特的七种思维结构水平评价量规，依据比格斯的 SOLO 分类理论和本书构建的思维型协作深度学习活动测评框架，设计基于 SOLO 分类理论的学生思维水平发展评估量规（见附录 3），使用该评估量规对学生在协作任务过程中形成的制品，或在主观测试题的回答中进行的编码以分析学生在制品/作品或主观测试中表现出来的思维结构是否达到深度学习的层次，量规五种结构的七种层次水平的构成及其含义（见表 5-6）。

表 5-6　基于 SOLO 分类理论的思维水平发展评估量规

学习类型	SOLO 层次	解释说明	编码	评分
无学习	前结构	① 不具备问题解决的相关知识，反复回答同义词或堆积无关信息； ② 不理解任务需求，未完成作品或仅是简单的模仿	SOLO-1	1

① Paul C. Burnett. Assessing the structure of learning outcomes from counselling using the SOLO taxonomy: an exploratory study[J]. British Journal of Guidance & Counselling, 1999, (4):567—580.

续表

学习类型	SOLO层次		解释说明	编码	评分
浅层学习	单点结构		① 仅能提出 1 个与学习任务有关的知识概念; ② 仅完成任务作品的某个功能。	SOLO-2	2
	多点结构	低	① 能罗列多个解决学习任务的知识概念,但知识之间毫无关联; ② 作品任务实现多个彼此独立且不相干功能。	SOLO-3	3
		高	① 能罗列较为丰富的解决学习任务的知识概念,并对其关系能够进行部分整合,但没有实现全面的整合; ② 作品任务实现多个相互关联的功能,但没有实现全面的整合。	SOLO-4	4
深度学习	关联结构	低	① 能整合解决学习任务的多个关键知识,并对其关系进行关联,没有罗列完全无关的知识; ② 能够对作品的大部分功能模块进行整合反馈,有相应的逻辑关系,但出现部分无法运行或实现的功能模块。	SOLO-5	5
		高	① 能整合并关联解决学习任务的多个关键知识,且对学习任务进行结构化回答,没有罗列完全无关的知识; ② 能够基于问题解决的需求对任务的知识信息和功能模块进行结构化的关联和论证反馈,所有的功能模块得到很好的运行且没有出现任何无关的内容。	SOLO-6	6
	抽象结构		① 具备丰富的问题解决的知识,知识及其关系能够被整合到主题概念中,实现对问题更为全面的思考,能够概括出更为抽象的问题特征和迁移应用的情境特征,拓展问题本身的意义; ② 具备丰富的问题解决的知识,知识及其关系能够被整合到制品创建中,实现作品的全部功能并对问题进行更为全面的思考,能够概括出问题的抽象特征(假设或前提),构建问题解决的一般的规则和假设并迁移应用于新的情境。	SOLO-7	7

2.3　R-SPQ-2F 思维型学习过程问卷

学习方法是学习者为理解知识或解决问题而采用的学习策略，是培养计算思维的有效策略。深度学习方法对学生学习结果的影响至关重要。比格斯等人在原有学习过程问卷(SPQ)的基础上将其修订为聚焦“深度学习方法和浅层学习方法”的“R-SPQ-2F”双因素学习过程问卷，该问卷包含学习者学习过程中使用的“深度和浅层”两种学习方法，每种学习方法均采用李克特五分量表计分。众多的研究表明“R-SPQ-2F”学习过程问卷在教学实践中具有较好的信效度，能够有效且真实地测量学习者在学习过程中使用学习方法的深浅倾向①。本书基于比格斯等人的 R-SPQ-2F 双因素学习过程问卷(研究者和两位研究生翻译成汉语形式)评估每位学生在学习过程中采用的“深度/浅表”学习方法，所用问卷及其测评方法见附录 2。

2.4　专项学习测试卷

专项学习测试卷的目的在于检测学生知识水平和思维水平的掌握程度和发展情况，即考查学生在实施相关专题的协作学习活动后，认知水平与思维能力的发展变化。本书选取的专项学习测试卷所有试题均选自“中国大学 MOOC 相关课程、中小学学科教学网近两年《普通高中信息技术学业水平合格性考试》”中的相关题目，并依据教师所授内容、布鲁姆认知目标分类和 SOLO 分类理论进行适当的整合、修改和编排，以考查学生在协作学习之后的认知发展水平和思维发展水平。专项学习测试卷编排完成后通过了实验学校教研组的审校和小范围的试测与修订，因此具有较好的信效度与适切性，也能够较好反映研究者的研究意图。测试卷满

---

① Biggs J B, Kember D, Leung D Y. The revised two-factor study process questionnaire: R-SPQ-2F[J]. British journal of educational psychology, 2001, 71(1): 133—149.

分为100分,共10道题(见附录4),测试时间35分钟,题型包括基础题型、挑战题型和设计题型三类,其中基础题型对应于布鲁姆认知目标分类理论中的“识记和理解”层次和比格斯SOLO分类理论中的“单点结构和多点结构”,主要考查学生的基础知识,即对数据类型、算法结构等编程概念的掌握程度,以选择和填空题为主;挑战题型对应于布鲁姆认知目标分类理论中的“理解应用和分析评价”层次以及比格斯SOLO分类理论中的“多点结构和关联结构”,主要考查学生运用基础知识的解题与分析能力,以半结构化的编程计算题为主;设计题型对应于布鲁姆认知目标分类理论中的“应用、分析和创造”层次和比格斯SOLO分类理论中的“多点结构、关联结构和抽象结构”,主要考查学生综合知识能力的迁移运用,以生活化实际问题分析题和编程设计题为主,相关对应关系如表5-7所示,形成的最终专项学习测试卷见附录4。

表5-7 专项学习测试卷的编制与学习层次对应表

题型设置	布鲁姆认知目标层次	SOLO思维结构层次	学习层次
基础题型	识记、理解	单点结构、多点结构	浅层学习
挑战题型	理解、应用、分析、评价	多点结构、关联结构	浅层学习 深度学习
设计题型	应用、分析和创造	多点结构、关联结构和抽象结构	深度学习

第三篇　实践篇

今天的世界不仅关心你知道什么，而且关心你用知道的东西做了什么。

——托尼·瓦格纳

正如哈佛大学瓦格纳教授所言，面对社会快速发展过程中不确定的未知挑战，需要学习者形成计算思维，学会运用计算思维解决实践问题，特别是学会如何高效地获取知识、有机地整合知识、深度地理解知识、充分地运用知识，从而灵活且有效地解决实际生活情境中的复杂问题，而思维型协作深度学习活动正是一条通向计算思维培养的重要实践路径。

第 6 章　A-IPO-D 教学案例

——以 Python 编程教学为例

第 1 节　A-IPO-D 教学设计

程序设计需要按照一定的方法，这样在开发程序的时候才能事半功倍，按照一定的方法进行程序设计，可以清晰的分析问题，处理问题，解决问题。在 Python 程序设计教学中，可以使用 A-IPO-D(Analysis situation Input-Processing-Output-Display Communication)进行教学(见图 6-1)，即分析情境问题→输入数据→处理数据→输出结果→展示交流。

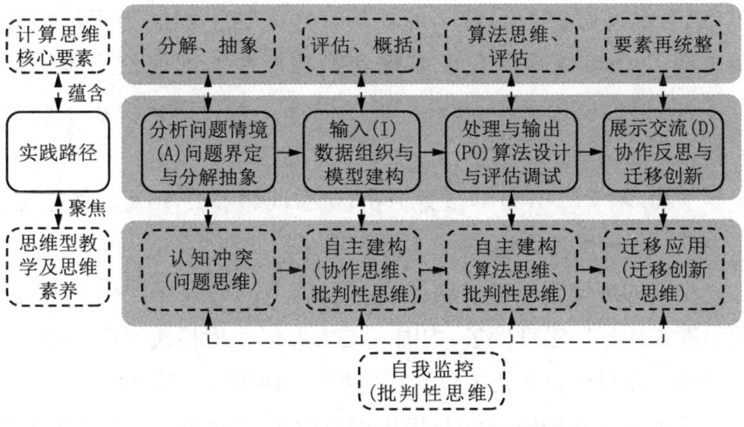

图 6-1　指向计算思维能力发展的思维型编程教学实践路径(A-IPO-D)

下面以一个具体的例子进行讲解分析：

任务情境:

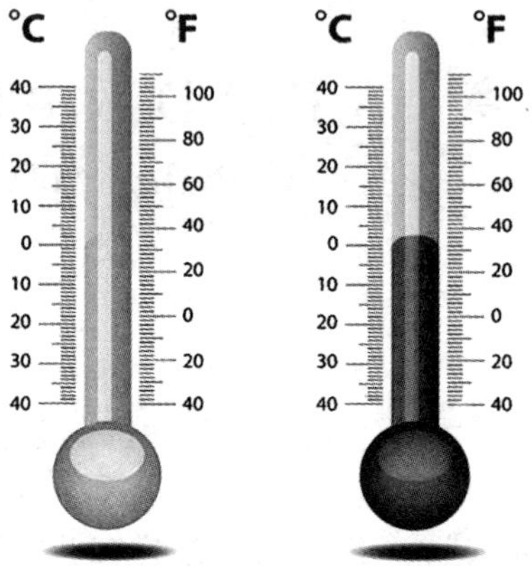

小王最近准备要去美国旅行,但是对于去美国以后每天需要穿什么衣服表示很困惑。因为到了美国以后,对于小王来说会遇到一个苦恼的问题:美国地区的温度采用华氏温度度量,而我们中国人更为习惯使用摄氏温度,因此,在美国无论天气预报还是空调调节,小王都很难习惯。同样,对于来中国旅游的美国游客,也有温度习惯不同带来的烦恼。那么这个困惑小王的问题能否用 Python 编程语言来实现转换功能呢?如何使用编程语言实现,请你使用 Python 语言程序设计一款可以解决小王烦恼的程序。

下面,基于 A-IPO-D 展开分析,进行问题解决,培育计算思维:

(1) 分析情境:问题界定与分解抽象

小王的烦恼源于中美两国去对温度不同的表示产生的,美国的温度采用华氏温度度量,中国人更为习惯使用摄氏温度,因此可以设计一款自动将华氏温度转换为摄氏温度的程序即可。

这中间涉及华氏温度与摄氏温度之间的知识,这说明温度的刻画有两个体系:摄氏度(Celsius)和华氏度(Fabrenheit)。1714 年德国人华伦海特(Fahrenheit)以水银为测温介质,制成玻璃水银温度计，选取氯化铵和冰水的混合物的温度为温度计的零度，人体温度为温度计的 100 度，把水银温度计从 0 度到 100 度按水银的体积膨胀距离分成 100 份，每一份为 1 华氏度，记作“1 ℉”，按照华氏温标，则水的冰点为 32 ℉，沸点为 212 ℉。1740 年瑞典人摄尔秀斯(Celsius)提出在标准大气压下，把水的冰点规定为 0 度，水的沸点规定为 100 度。根据水这两个固定温度点来对玻璃水银温度计进行分度，两点间作 100 等分，每一份称为 1 摄氏度。记作 1 ℃。转换算法如下：(C 表示摄氏度、F 表示华氏度)C=(F−32)/1.8

继而引导学生将问题分解为三个子问题：

① 获取数据：如何获取当前的华氏温度？(并将其抽象表示为“tem_F”)

② 数据的处理：摄氏温度和华氏温度之间的转换公式是什么？

③ 结果的表达：转换之后的温度如何表示？(将其抽象为“tem_C”)

(2) 输入：数据组织与模型建构

本例中输入的数据是华氏温度(tem_F)，属于浮点型数据类型，通过小组协作将获取的数据通过键盘(input)进行输入，并对其进行选择、分析与组织以构建数据的组织模型。(见图 6-2)

(3) 处理：算法设计

根据实现的主要功能设计算法对输入的信息进行处理，本例中将华氏温度转换为摄氏温度的算法，算法公式为：摄氏温度=(华氏温度−32)/1.8。

(4) 输出：评估调试

本例中输出的数据是摄氏温度(tem_C)，属于浮点型数据类型，保留 2 位小数即可，将计算结果以屏幕显示输出。首先引领学生选择编程工具(python+pycharm 编程实现)，接着定义“数据变量、输入方式、数据的逻辑处理”等算法，最后将其组合以形成程序，并进行结果的调试评估是否解决了情境问题。

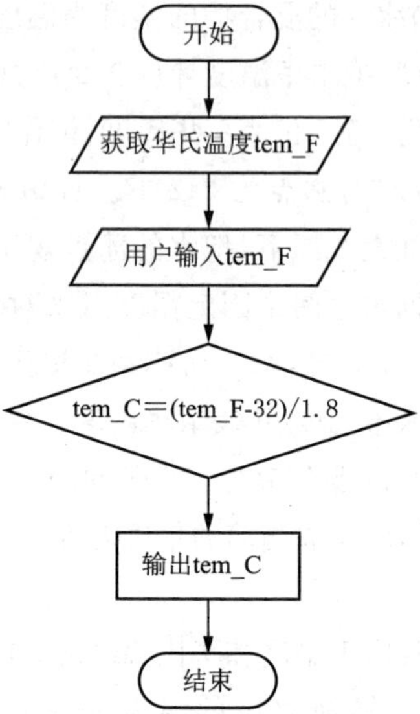

图 6-2　数据的组织模型

案例代码如下:

```
"""
功能:华氏温度转换为摄氏温度
作者:徐恩伟
版本:V1.0
"""
def main():
    # 输入
    tem_F = int(input("请输入当前的华氏温度:"))
    # 处理
    tem_C = (tem_F - 32)/ 1.8
    # 输出
    print("当前的华氏温度是:{},摄氏温度是{}。".format(tem_F,
    round(tem_C,2)))
```

```
if__name__ == '__main__':
    main()
```

（5）展示交流：协作反思与迁移创新

上述使用 python 编程实现的是最基本的华氏温度转换为摄氏温度的例子，请以协作小组的形式开展对程序实现问题解决的评估与概括，不断追问"上述程序实现的功能是否完善？是否存在改进的地方？上述程序软件假如面世你愿意购买使用么？为什么？"以训练学生的概括能力和批判性思维。继而引导学生深入反思程序存在的不足、挖掘程序改进的潜在应用前景，实现问题解决方案的完美实现。当然如果课时安排充裕，还可以基于上述展示交流带来的反思，开展三类任务问题的再解决，包含：

- 基础任务：货币转换工具
- 能力任务：万能单位转换器
- 创生任务：自行选择解决生活中常见的问题为软件公司开发相应的程序软件

案例代码如下：

```
"""
名称:温度转换器
功能:将华氏温度转换为摄氏温度
新增:1. 能够实现温度在不同计算体系下的相互转换,如摄氏温度
转换成华氏温度
  2. 使用循环结构,直至用户选择退出
作者:徐恩伟/团队
版本:2.0
"""

# 编写主程序
def main():
 while True:
    tem = int(input("请输入相应的温度:"))
```

```
    choose = input("请选择功能:Press 'F'(F-->C)/'C'(C-->F)/'Q'(退出):")
    if choose == "F"or choose == "f":
        print("您输入的温度是华氏温度")
        con_tem = (tem - 32) / 1.8
    elif choose == "C"or choose == "c":
        print("您输入的温度是摄氏温度")
        con_tem = tem * 1.8 + 32
    elif choose == "Q"or choose == "q":
        break
    else:
        con_tem = "输入错误,请重新输入"
    print("转化之后的温度是:{}".format(con_tem))
# 程序的入口
if __name__ == '__main__':
    main()


"""
名称:温度转换器
功能:将华氏温度转换为摄氏温度
2.0新增:1.能够实现温度在不同计算体系下的相互转换,如摄氏温度转换成华氏温度
        2.使用循环结构,直至用户选择退出
3.0新增:1.自动判断输入的温度属性,然后自动进行计算,初具人工智能的特点
作者:徐恩伟/团队
版本:3.0
"""
# 编写主程序
```

```
def main():
 while True:
    input_tem = input("请输入带符号的温度如华氏温度(24F)或
摄氏温度(24C),按'Q'退出:")

    if input_tem[-1] == "F"or input_tem[-1] == "f":
        print("您输入的温度是华氏温度")
        con_tem = (int(input_tem[0:-1]) -32)/1.8
    elif input_tem[-1] == "C"or input_tem[-1] == "c":
        print("您输入的温度是摄氏温度")
        con_tem = int(input_tem[0:-1]) *1.8+32
    elif input_tem == "q"or input_tem == "Q":
        break
    else:
        con_tem = "输入错误,请重新输入"
    print("转化之后的温度是:{}".format(con_tem))
# 程序的入口
if__name__ == '__main__':
  main()

"""
名称:温度转换器
功能:将华氏温度转换为摄氏温度
2.0 新增:1. 能够实现温度在不同计算体系下的相互转换,如摄氏
温度转换成华氏温度
  2. 使用循环结构,直至用户选择退出
3.0 新增:1. 自动判断输入的温度属性,然后自动进行计算,初具人
工智能的特点
3.0 新增:1. 使用 PYQT5 设计图形界面
```

```
  2. 实现程序软件的图形化功能
  3. 打包成 exe 格式自动判断输入的温度属性，然后自动进行计算，初具人工智能的特点
作者：徐恩伟/团队
版本：4.0
"""
import sys
from PyQt5.QtWidgets import QMainWindow, QApplication
from tem import *
# 编写主程序
class tem_gui(QMainWindow, Ui_MainWindow):
def__init__(self):
  super(tem_gui, self).__init__()
  loadUi('tem.ui', self)
  self.setupUi(self)
  self.conButton.clicked.connect(self.contem_click)
def contem_click(self):
  input_tem = self.teminput.text()
  if input_tem[-1] == "F"or input_tem[-1] == "f":
      self.info.setText("您输入的温度是华氏温度")
      con_tem = (int(input_tem[0:-1]) -32)/1.8
  elif input_tem[-1] == "C"or input_tem[-1] == "c":
      self.info.setText("您输入的温度是摄氏温度")
      con_tem = int(input_tem[0:-1]) *1.8+32
  else:
      con_tem = "输入错误，请重新输入"
  self.temoutput.setText(str(con_tem))
# 程序的入口
if__name__ == '__main__':
```

```
# 每一 pyqt5 应用程序必须创建一个应用程序对象。sys.argv 参数是一个列表,从命令行输入参数。
app = QApplication(sys.argv)
ui = tem_gui()
# 显示在屏幕上
ui.show()
# 系统 exit()方法确保应用程序干净的退出
sys.exit(app.exec_())
```

第 7 章　思维型协作深度学习的教学实践与效果分析

在编程教学实践中，学习的主体是学生，学生在思维型协作深度学习活动中培养计算思维是教学实践的主旨所向，学生在思维型协作深度学习活动中是基于活动记录单导学支架开展的一系列学习活动，而活动记录单导学支架则是基于思维型协作深度学习活动设计框架的理念编制而成。因此，活动记录单导学支架对学生计算思维的促进作用能够验证思维型协作深度学习活动设计框架在教学实践中对学生计算思维培养的有效性和可操作性。基于此，本书将基于“活动记录单”导学支架开展实证研究，收集学习者的学习数据并从“学习过程的深/浅学习方法和学习结果的四领域发展”两个方面进行分析，以检验学习者在思维型协作深度学习活动中的实际学习效果。

第 1 节　教学实践的方案概述

1.1　教学实践的基本假设

在编程教育中，面向计算思维培养的思维型协作深度学习活动设计框架，是立足基础教育阶段的编程课堂教学中所面临的学习者深度学习能力缺失的实践困境，和已有文献在理论研究和教学实践之间尚未解决的矛盾需求而提出，并借鉴“聚焦思维发展的思维型教学理论、活动理论演绎研究路径导向的协作学习活动的三要素结构、深度学习影响因素的 3P 模型、DELC 深度学习路线和建构主义取向的教学设计的过程模式”五个密切相关的理论而构建，不仅为教师设计与实施编程教育中思维型协作深度学习活动提供方法流程，而且为学生开展思维型协作深度学习活动提供导学支架。教学实践的实证研究便是回答构建思维型协作深度学习活动设计框架能否解决学生在编程课堂教学中的实践困境。在教学实践中，教师的教可以促进学生的学，而学生的学亦可以促进教师的教，但学校课堂教学情境中学习的主体是学生，学生在思维型协作深度学习活动中培养计算思维是教学实践的主旨所向，学生在思维型协作深度学习活动中是基于活动记录单导学支架开展的一系列学习活动，而活动记录单导学支架则是基于思维型协作深度学习活动设计框架的理念编制而成。因此，活动记录单导学支架对学生计算思维的促进作用能够验证思维型协作深度学习活动设计框架在教学实践中的有效性和可操作性。基于此，提出教学实践的基本假设：

(1) 活动记录单导学支架能够促进学习者在学习过程中发生学习方法由浅表到深度的转变，进而促进计算思维的发展；

(2) 活动记录单导学支架能够促进学习者在学习结果四领域(动力领域、认知领域、能力领域和情感领域)的发展，进而达成对计算思维的培养。

1.2　教学实践的环境

研究以 W 市 E 中学高一年级的学生为研究对象、以信息技术学科为实践载体、以 Moodle 平台作为学习管理平台开展基于面对面课堂教学的教学实践研究。在本书中，Moodle 学习平台作为一种技术支持，对学生思维型协作深度学习活动的支持体现在以下几个方面：

(1) 支持学习资源与学习进程的呈现

该模块的主要支持功能是将学习资源与学习进程以序列的方

式呈现出来,支撑学习者有效开展学习并且知晓学习的进程。学习的发生要基于学习内容,教材虽然是学习内容的直接载体,是序列化、结构化的学科知识的可视化呈现,但是教材内容不能直接等同于学生的学习内容,需教师在理解教材内容的基础之上并依据学习者的知识基础和学习风格进行精细化设计,才能将教材内容转化为有益于学生发展的学习内容,如活动设计、教学微视频、知识概念导图、拓展资料、协作任务、专题检测等等,学生需要在协作学习过程中按需浏览进行学习。教师设计好相应的学习资源之后,还应将其分解为符合学习者认知规律且与学科知识存在某种逻辑联系的一系列有学习进程的学习任务,如依据任务难易程度产生的难度渐进型活动序列或依据学习者特征产生的同难度水平的特征选择型任务序列。高中生虽具有一定的独立风格,但是若不明确学习活动的序列,则会陷入学习迷思,因此教师可以预先设计活动序列,将学习内容公告、学习资源呈现、学习任务说明及提交方式、专题检测与评价、协作讨论等以特定的学习进程关联起来。

该模块相关界面的截图示例见图 7-1:

(2) 支持协作讨论与反思

该模块主要支持功能是为学习者提供协作讨论与质疑反思的学习空间。思维型协作深度学习不仅需要学习者对学习资源和活动任务建构意义理解,更需要学习者在学习理解的基础上进一步自主反思、质疑论辩、批判建构,从而解决认知冲突,进而能够将已建构的知识概念、思维能力迁移应用至新的学习情境之中。在此过程中,离不开共同体之间的协作与反思。本书基于Moodle 平台提供的协作讨论与反思模块可以给学习者提供一个协作交流、反思质疑和论辩的空间,如讨论话题、协作反思、协作学习任务等。

该模块相关界面的截图示例见图 7-2:

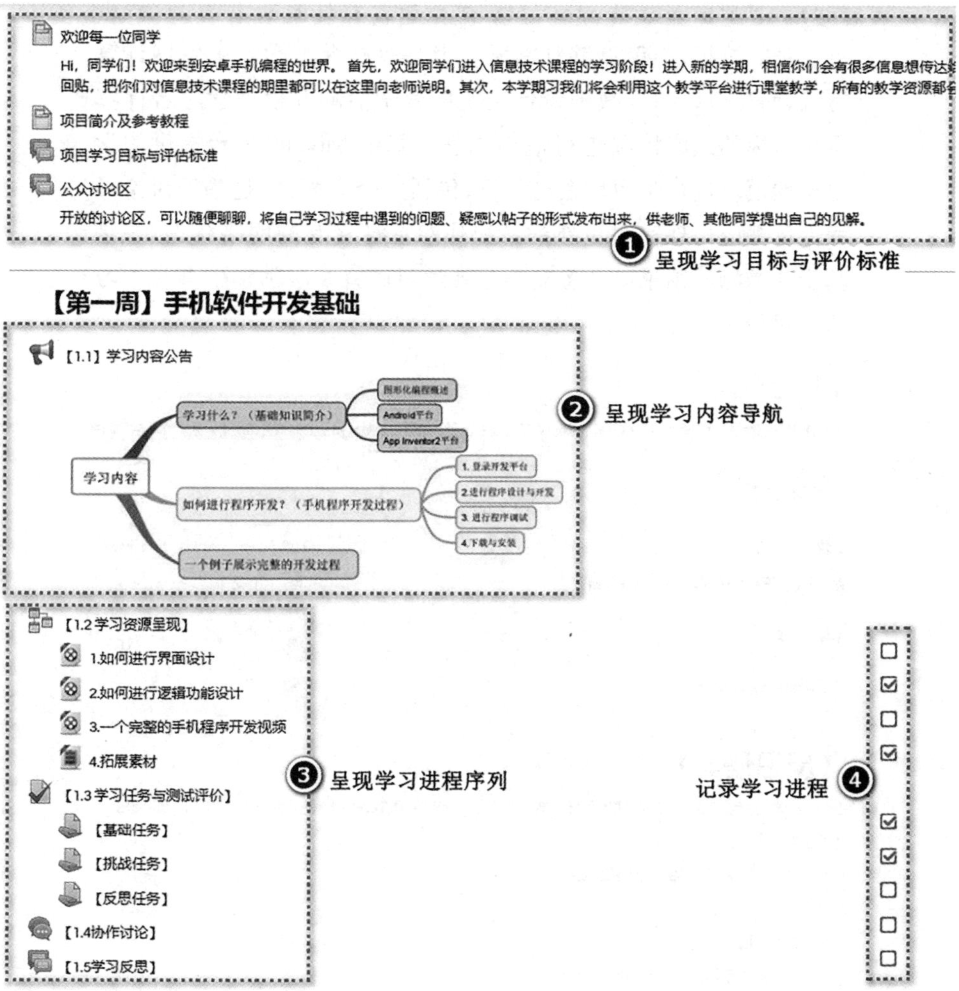

图 7-1　学习资源呈现与学习进程序列模块(Moodle)

(3) 支持学习反馈

该模块的主要支持功能是以学习报表的形式提供学生学习过程与学习结果的反馈。学习反馈是指教育者对学习者学习过程进行衡量的过程,不仅能够判断学习者是否在深度学习中发展计算思维,而且可以指导教师设计与实施教学活动并根据学习者计算思维目标的达成情况进行适当调整。基于 Moodle 平台提供的学习反馈模块进行学习反馈与分析,包括两个方面:一是基于讨论过程性反馈以呈现实时更新的各协作组社会交互的网络状态,二是基于专题测试结果以及彰显学习者学习成就并激励学生参与学习的勋章授予情况。

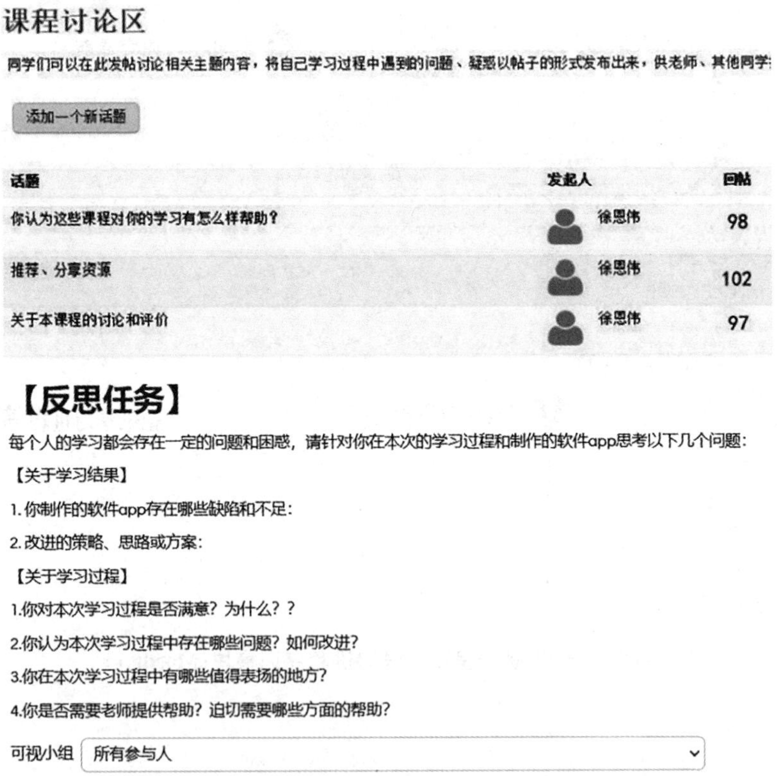

图 7-2　协作讨论与反思模块(Moodle)

该模块相关界面的截图示例见图 7-3、图 7-4、图 7-5：

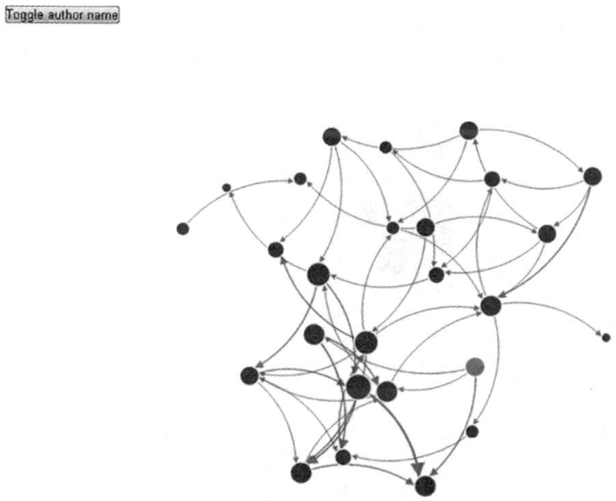

图 7-3　学习反馈模块(Moodle)之各协作组社会交互网络状态

		姓/名	Email地址	状态	开始时间	完成时间	用时	成绩/100.00	题1/20.00	题2/20.00	题3/20.00	题4/20.00	题5/20.00
☐		05[redacted]回顾试卷	530@qq.com	完成	2021年10月10日 13:44	2021年10月10日 13:49	4分钟44秒	**80.00**	✓ 20.00	✓ 20.00	✓ 20.00	✕ 0.00	✓ 20.00
☐		05[redacted]回顾试卷	550@qq.com	完成	2021年10月10日 13:45	2021年10月10日 13:50	4分钟54秒	**80.00**	✓ 20.00	✓ 20.00	✕ 0.00	✓ 20.00	✓ 20.00
☐		05[redacted]回顾试卷	536@qq.com	完成	2021年10月10日 13:45	2021年10月10日 13:49	3分钟52秒	**60.00**	✓ 20.00	✓ 20.00	✓ 20.00	✕ 0.00	✕ 0.00

图 7-4　学习反馈模块(Moodle)之专题测试知识水平

图 7-5　学习反馈模块(Moodle)之学习成就勋章

第 2 节　“开源创客之图形化编程”教学实施与效果分析

2.1　“A-B”模式的准实验设计

在本轮教学实践中,主要采用准实验研究方法验证活动记录单导学支架促进学生计算思维发展的有效性,即在真实的课堂教学情境中通过实验班与对照班的对比实验来验证活动记录单导学支架促进学生计算思维的培养效果。

(1) 研究对象的选取及课程安排

基于前期的调查,选取在思维型协作深度学习四领域和学习方法上无显著性差异的 W 市 E 中学高一年级选修“开源创客”的两个班共计 88 名学生作为研究对象。其中，实验班共计 43 名学生(男生 23 名、女生 20 名)，对照班共计 45 名学生(男生 24 名、女生 21 名)，两个班的学生人数差距较小，男女生比率分别为 53.49%和 53.33%，样本比例基本合理，能够真实反映本书的研究问题。W 市 E 中学信息技术课程以选课走班制进行教学，在学期第一周，学习者依据自身的学习风格、兴趣爱好、课程内容介绍和课程目标要求，自主选修此课程。课程基于 Moodle 学习平台在计算机和创客教室于 2021—2022 学年第一学期 9 月至 11 月开展，共计 8 周，每周两课时，共 16 课时。

(2) 实验方法及变量控制

本轮教学实践采用“A-B”模式的准实验研究方法，即 A 组为实验组、B 组为对照组，试验结束后，若 A 组的深度学习水平提高程度大于 B 组，可验证活动记录单导学支架对学生深度学习的促进作用，其基本模式见图 7-6。

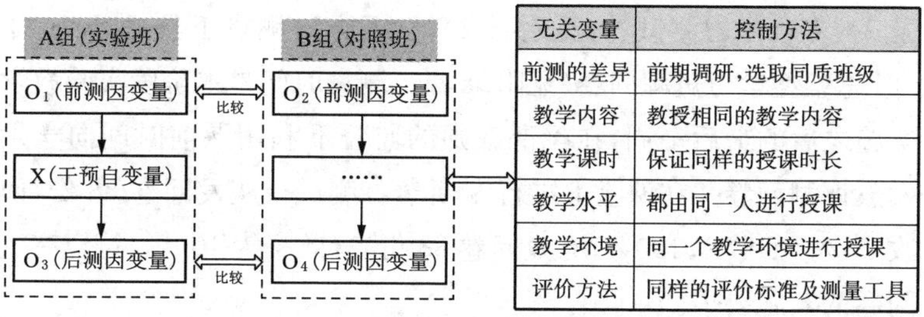

图 7-6　“A-B”模式的准实验研究(第一轮)

该干预实施过程中，O_1、O_2表示作为前测结果的因变量，即实验开始前，实验班和对照班的学生学习方法和深度学习水平的测量结果，计算思维培育效果的测量工具是“思维型协作深度学习活动结果评估问卷”(见附录 1)，学习方法测量工具是“R-SPQ-2F”思维型学习过程问卷(见附录 2)，测量时间是实验教学前，在授课教师的监督下利用课前时间，向学生发放在线评测问卷，实发问卷 88 份，回收 88 份，回收率 100%，有效问卷是 88 份，有效率是 100%，符合有效问卷的实施要求。

X 表示实验的干预变量，即实验自变量（通过活动记录单导学支架实施方案进行干预），实验班主要采用本书构建的思维型协作深度学习活动设计框架开展教学的设计与实施，并基于学生视角下的活动记录单导学支架进行授课，对照班则不采用上述措施而继续沿用传统的教学手段来进行授课。为消除无关变量对实验结果产生的可能影响，对无关变量应采取相应的控制办法（如同一教学内容、教学课程、评价方法等等）；同时为了避免"霍桑效应"对实验结果产生的影响，教学实践前未告知班级同学测试成绩将作为评价之用，只当是课堂小练习。

O_3、O_4 表示作为后测结果的因变量，即实验实施后，实验班和对照班的学生学习方法和深度学习水平的测量结果，计算思维培育效果的测量工具是"思维型协作深度学习活动结果评估问卷"（见附录 1）、基于 SOLO 分类理论的思维水平发展评估量规（见附录 3）、专项学习测试卷（见附录 4），学习方法测量工具是"R-SPQ-2F"思维型学习过程问卷（见附录 2）。测量时间是本阶段实验教学实施之后的最后一周，在授课教师的监督下利用课前时间向学生发放评测问卷并在课堂上进行专项学习测试。实发问卷 88 份，回收 88 份，回收率 100%，有效问卷 88 份，有效率为 100%，符合有效问卷的实施要求。

实验的数据分析主要使用 SPSS22.0、Office Excel2020 进行描述性统计分析、独立样本 t 检验、曼-惠特尼 U 检验、双配对样本 t 检验，以验证学生在深度学习中发展计算思维的效果。在此基础上，采用 SOLO 分类理论评价量规、专项学习成绩评定，探索学生在思维型协作深度学习活动结果评测问卷无法在认知水平及高阶思维等方面获取的深层信息。通过实验班与对照班的前后测比较，进一步验证思维型协作深度学习活动设计框架对学生计算思维培育效果的有效性。

(3) 教学实践的过程模式

考虑到研究的学科属性，本书依据构建的思维型协作深度学习活动设计框架，编制基于信息技术学科的混合式环境中“双线融合・三阶活动”的编程教学实施路径，作为师生教学实践层面开展思维型协作深度学习活动的指导，并以信息技术学科为载体，开展教学，具体的过程模式见图 7-7。

2.2　教学设计与实施

2.2.1　预备阶段

预备阶段不涉及学习过程，属于学习开始前的准备，包括教师主导的学习分析（分析课程标准、确定教学目标、分析学习内容和学习者特征、分析协作组属性）及学习者主导的动力激发（学习风格自测、协作小组组建）两个方面，以形成符合课程标准和学习者发展水平特征的学习内容及师生、生生融洽的协作学习氛围。具体设计方案如下。

(1) 课程标准的分析与教学目标的确定

教育部于 2017 年颁发基于核心素养的课程改革方案和各学科课程标准，详细阐述了学科核心素养的育人价值以回应新时代我国“应该培养什么样的人”这一教学实践的命题。其中，《普通高中信息技术课程标准》(2017 年版 2020 年修订）明确提出四个信息技术学科核心素养，即“信息意识、数字化学习与创新、信息社会责任和计算思维”。计算思维是信息技术学科核心素养的重要组成部分，也是人工智能时代面向实际生活情境中问题解决的重要能力，其本质是聚焦问题解决的思维过程，包含“抽象、分解，算法思维，评估和概括五个核心要素”①，“编程教学的本质是对问题的求

① Cynthia Selby, John Woollard. Computational Thinking: The Developing Definition[J]. Special Interest Group on Computer Science Education-2013, 42(1) 28—33.

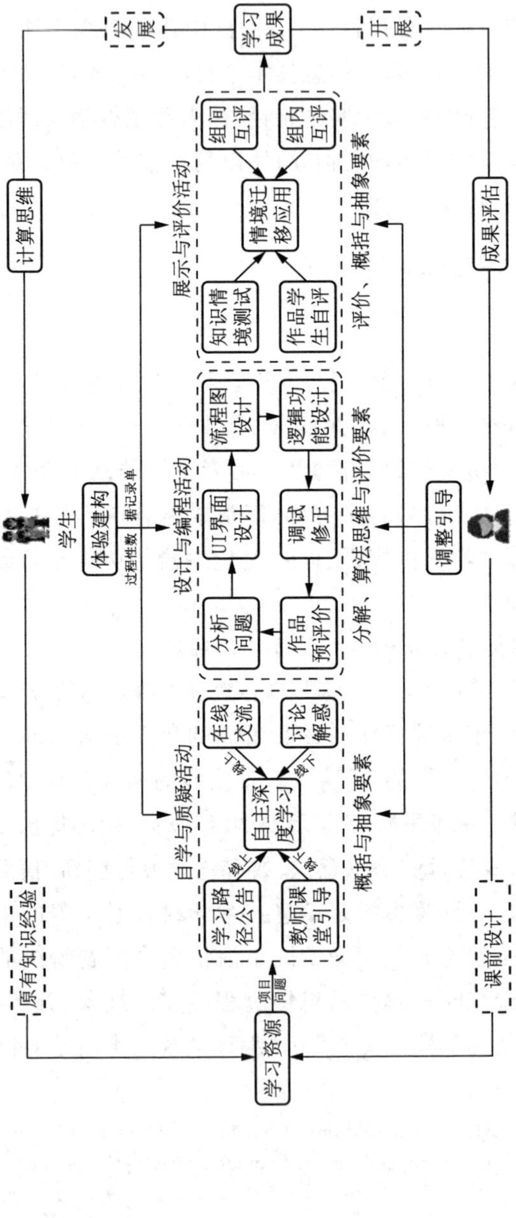

图 7-7 混合式环境中"双线融合·三阶活动"的编程教学实施路径

解，且编程教学在培养学生逻辑思维和创新能力培养方面的独特潜力得到了国内外研究者的认同。因此，编程教学被认为是信息技术学科培养学习者计算思维的最佳载体，也是落实信息技术学科核心素养培养的基点”①。

本次教学实践基于学科核心素养的培育尤其是计算思维的培养，选取了必修模块《数据与计算》和选择性必修模块《开源硬件项目设计》的相关内容进行整合，并参考教育科学出版社的《信息技术必修 1 数据与计算》教材重构“开源创客之图形化编程”项目式课程，以此来开展大单元项目式的教学实践，重点培养学生的计算思维。《普通高中信息技术课程标准》(2017 年版 2020 年修订)中将计算思维划分为“预备级、水平 1、水平 2、水平 3”四个水平等级，如表 7-1 所示：

表 7-1　信息技术课程标准中对计算思维的水平划分

水平	素养 2:计算思维
预备级	(1) 在日常生活中，认识数字化表示信息的优势。 (2) 针对给定的简单任务，能够识别主要特征，并用流程图画出完成任务的关键过程。 (3) 了解对信息进行加工处理的价值、过程和工具，并能够根据需求选择适当的工具。
水平 1	(1) 针对给定的任务进行需求分析，明确需要解决的关键问题。 (2) 能提取问题的基本特征，进行抽象处理，并用形式化的方法表述问题。 (3) 运用基本算法设计解决问题的方案，能使用编程语言或其他数字化工具实现这一方案。 (4) 按照问题解决方案，选用适当的数字化工具或方法获取、组织、分析数据，并能迁移到其他相关问题的解决过程中。

① 张进宝，姬凌岩.中小学信息技术教育定位的嬗变[J].电化教育研究，2018，39(05)：108—114. Xu, E., Wang, W. & Wang, Q. A meta-analysis of the effectiveness of programming teaching in promoting K-12 students' computational thinking. Educ Inf Technol(2022). https://doi.org/10.1007/s10639-022-11445-2.

续表

水平	素养 2:计算思维
水平 2	(1) 针对较为复杂的任务,能运用形式化方法描述问题,并采用模块化和系统化方法设计解决问题的方案。 (2) 正确区分问题解决中涉及的各种数据,并采用适当的数据类型表示。 (3) 针对不同模块,设计或选择合适的算法,利用编程语言或其他数字化工具实现各模块功能。 (4) 利用适当的开发平台整合各模块功能,实现整体解决方案。
水平 3	(1) 对基于信息技术的问题解决方案,能够依据信息系统设计的普遍原则进行较全面的评估,并采用恰当的方法迭代优化解决方案。 (2) 能把利用信息技术解决问题的过程迁移到学习和生活的其他相关问题的解决过程中。

由表 7-1 可以看出,计算思维的不同水平之间呈现出由低级到高阶的逐层递进的关系。其中预备级指向学习者的初始水平,即进入高中时应达到的水平;水平 1 和水平 2 指向学习者的学业水平,即在参与信息技术课程学习之后全体学生应达到的水平;水平 3 指向学习者的专业发展水平,即面向兴趣特长的学习者,为其未来的专业化学习提供学习条件和必要基础。

综合上述分析,确定本次教学实践的教学目标如下:

知识目标:

1-1 信息、数据与知识三者之间的关系;**(学科大概念)**

1-2 图形化编程设计中的数据类型;**(学科大概念)**

1-3 图形化编程设计中的函数及其功能;**(核心概念)**

1-4 图形化编程设计中顺序、循环、分支三种控制结构;**(核心概念)**

1-5 图形化编程的基本语法与算法的运行原理。**(学科大概念)**

素养目标:

2-1 依据不同的任务需求,自觉、主动地比较不同的信息源,明晰数据与信息的关系；能够按照给出的数据分析方法分析数据并进行可视化呈现(绘制流程图、思维导图)，提取有用信息，形成结论。**(信息意识)**

2-2　在学习任务解决过程中，能够利用数字化平台或软件工具对数据进行整理和组织处理，并具有数据保护的意识；依据解决问题的需要，采用流程图的方式描述算法，掌握基于图形化编程的程序设计语言的基本知识实现算法，解决问题。**(计算思维)**

2-3　针对学习任务或日常生活中常见的实际问题，采用自主或协作方式，能够运用合适的数字化工具进行信息加工与处理，进而建构知识、表达思想、解决问题。**(数字化学习与创新)**

2-4　在与他人进行信息交流时，能有效保护个人或他人的隐私，做到安全、负责任地交流；对信息技术在社会应用中的优势及局限性有较深刻的认识，具有保护信息安全、尊重知识产权、遵守相关法律法规和伦理道德准则的意识。**(信息社会责任)**

(2) 学习内容的分析和学习资源的制作

作为实验学校的 W 市 E 中学的信息技术教研组在核心素养导向的课程教学过程中，确定了基于 Moodle 学习平台的信息技术创新课程的实践思路，组内每位教师在教研组的统一协调下独立承担某一模块的项目式课程设计与开发，开设了诸如开源硬件项目、影视制作项目、3D 设计与打印项目、程序设计类项目等项目式课程。但经过上届的教学实践发现存在两个方面的突出困境：一是高中学生编程能力差异很大，有编程经验的学生和零起点的学生普遍存在；二是在基于 Python 文本编程语言教学的过程中，学习者学习 python 编程语言的积极性不高，且以“尝试一次”为主的模仿式学习为主，致使培养学生计算思维能力的效果甚微。因此，为了有效培养学生的计算思维，在开展 Python 文本程序设计和开源硬件项目教学之前，可以开设供学生自主选择的“开源创客之图形化编程"，即本书第一轮教学实践。

"开源创客之图形化编程"的课程内容的选择应与教学目标对应，对应关系如表 7-2 所示：

表 7-2 "开源创客之图形化编程"学习内容

专题内容	课时数	涵盖编程知识	对应的教学目标
第 1 周：编程基础	1	√ 程序设计开发的基本流程、开发环境、调试过程	1-1；1-5 2-1；2-3；2-4
第 1 周：HappyBox 开启宝箱	1	√ 用户组件 Image 和 Lable 的使用 √ 布局控件的介绍、Media 类 sound 组件的拖曳使用 √ 图片和声音资源上传到 Media 栏后的基本使用	1-2；1-4；1-5 2-2；2-3
第 2 周：魔术—消失的精灵	2	√ 绘图组件"Canvas(画布)"的使用 √ 处理屏幕上的触摸和拖拽事件 √ 图片的保存与 Camera(相机)的使用	1-2；1-4；1-5 2-2
第 3 周：中国好琴声	2	√ 使用单一的声音组件来播放不同的音频文件 √ 使用 Clock 组件来计时并体验计时循环的作用 √ 在创建一个过程时做判断 √ 列表的高级应用，包括添加、删除及读取项 √ 学会使用变量控制程序	1-2；1-4；1-5 2-2
第 4—5 周：水果配对游戏	4	√ 变量、列表、过程(函数)的使用 √ 计时器、滑动条(进度条)的使用 √ 对话框、音频的使用 √ 合理使用布局(水平布局、表格布局、垂直布局) √ 不同界面间的跳转 √ 数据库的简单使用	1-2；1-3；1-4；1-5； 2-2

续表

专题内容	课时数	涵盖编程知识	对应的教学目标
第 6—8 周：项目协作任务	6	✓ 对情境任务的问题特征进行分析，描述协作制品的组件、功能及其调用关系，进而提出设计开发方案 ✓ 根据设计方案，对协作任务进行数据分析，明晰数据的类型、采集方式、运行处理与输出方式选择合适的编程组件和程序算法 ✓ 基于协作的方式完成制品的开发，实现必要的功能； ✓ 对协作制品进行反思性评价，不断完善设计方案及功能实现	1-2；1-3；1-4；1-5；2-1；2-2；2-3；2-4

注：1—X 表示知识目标；2—X 表示素养目标，具体参见课程标准的分析及教学目标的确定部分。

学习内容确定之后，研究针对每周的学习内容和教学目标设计“基础任务、挑战任务和反思任务”三类协作任务，并依据协作任务的学习情境制作包括教师授课课件、学习内容导图、微视频、拓展素材、协作讨论主题、知识性专项测试题等高质量的学习资源，且分享包括思维导图、流程图等高效率的学习工具，并将其以特定的学习进程序列组织起来呈现在 Moodle 学习平台上，为学生开展协作学习做好准备。

学习资源（部分）见图 7-8、图 7-9。

(3) 学习者分析

基于学习者的认知基础和学习风格开展针对性教学，才能更好促进有意义的深度学习发生。为此，基于“K-UWCA 问题型预评估”策略来分析学习者的认知基础，同时基于呈现在 Moodle 学习平台上的 Felder-Silverman 学习风格测量量表在学期初首课时测量学生的学习风格，结果如下：

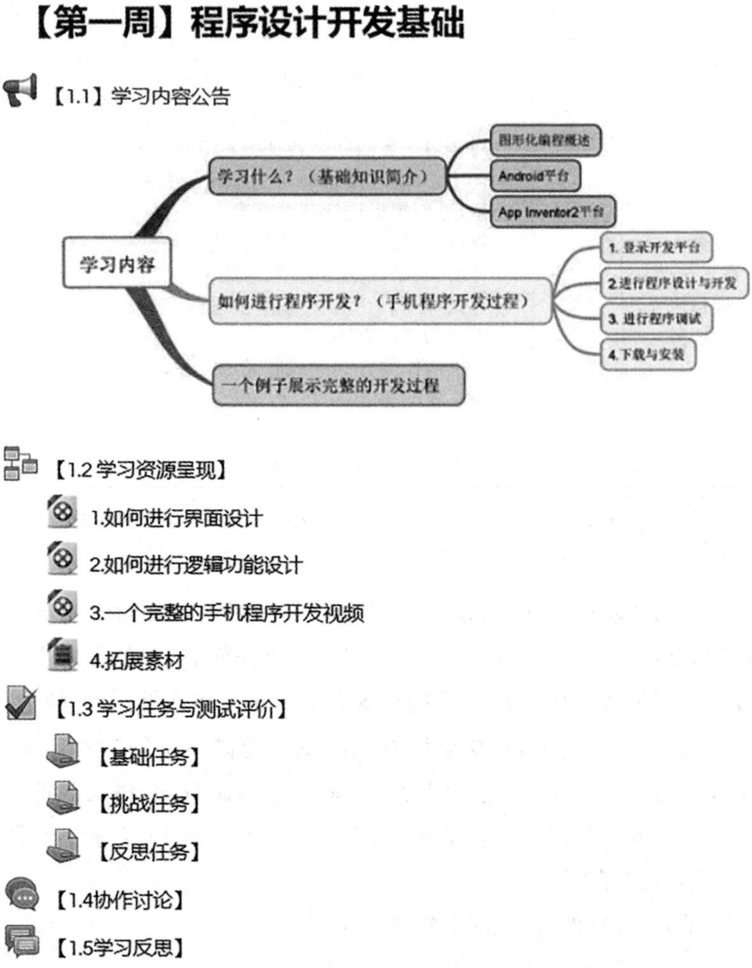

图 7-8 《开源创客之图形化编程》学习资源

认知基础方面:①高中阶段的学习者的思维逻辑能力较为严密,具有明显且较强的自我意识和协作技巧,能够进行协作式沟通,但在协作沟通的过程中,学生容易出现注意力不集中且少数学生不容易接纳其他人的意见。因此,在协作方面需要加强教师的有效引导;②学生编程水平层次不一,有些学生在初中接触过图形

【基础任务】

任务情境：

假设此时你正与你的小伙伴表演你自己制作的手机魔术，魔术是这样的：在你的手机上有一款软件，打开之后有一个小动物（精灵）在缓慢爬行，你可以通过调整手机的方向来控制小动物的爬行，当你用手触摸它时，小动物会发出声音，然后就会消失了。

任务要求：

1. 根据功能要求，新建一个项目，选择合适的组件，完成界面设计。（可使用老师给的“动物照片素材”，也可以自己从网上下载）

2. 界面设计力求美观、有创意、有个性化，要能体现这款你做的软件与众不同的地方，不要千篇一律。

3. 用拖动代码块的方式进行编程，能够实现该魔术软件的核心功能，完成逻辑设计。

【挑战任务】

任务情境：

图片精灵的事件不仅可以被触摸，还可以被碰撞，若给魔术软件再添加一个图片精灵（小蝴蝶），两个精灵同时在画布上行走，当动物精灵碰撞到蝴蝶精灵时，蝴蝶精灵就消失了，即蝴蝶精灵被动物精灵吃掉了。

任务要求：

1. 根据功能要求，选择合适的组件，以协作组的形式改进《魔术：消失的精灵》程序项目。

2. 界面设计力求美观、有创意、有个性化，要能体现这款你做的软件与众不同的地方，不要千篇一律。

3. 用拖动代码块的方式进行编程，能够实现该魔术软件的核心功能，完成逻辑设计。

【反思任务】

任务情境：

每个人的学习都会存在一定的问题和困惑，请针对你在本次的学习过程和制作的软件 App 思考以下几个问题：

任务要求：

1. 关于学习结果。你制作的软件 App 存在哪些缺陷和不足？请详细描述改进的策略、思路或方案。

2. 关于学习过程。你对本次学习过程是否满意？为什么？你认为本次学习过程中存在哪些问题，如何改进？你在本次学习过程中有哪些值得表扬的地方？你是否需要老师提供帮助，迫切需要哪些方面的帮助？

图 7-9　“开源创客之图形化编程”三类学习任务举例

化编程、有些接触过 C 语言的信息学竞赛，还有一些学生的编程是“零起点”，教学中不仅需要考虑不同层次水平能力的学习者对编程学习的需求和可能存在的困难,更重要的是让学习者收获成功的体验、增强学习成就感,从而促进其计算思维能力的发展。

学习风格方面:学生学习风格测量结果如表 7-3 所示,从中可以看出:①实验班学生在信息加工维度 28%是主动型学习者、18%是反思型学习者、54%是平衡性学习者;在感知维度 28%是知觉型学习者、41%是直觉型学习者、31%是平衡型学习者;在输入维度 63%是视觉型学习者、12%是符号型学习者、25%是平衡型学习者;在理解维度 44%的学习者为序列型学习者、14%学习者为整体型学习者、42%为平衡型学习者;②实验班级学生整体的学习风格为平衡型、直觉型、视觉型和序列型,此类型学生倾向于在教师和同伴的监督下按照特定的学习步骤开展学习,并以自己的直观感受来分享信息、展开讨论。因此,教学中应加强教师的督促并要求所有的讨论质疑应有证据的支撑,在此指导框架下由学习协作小组自定步调开展协作学习,同时根据学生学习风格的检测发现学生在每一维度的倾向性都有所不同,在协作组分组时可考虑将不同学习风格的学生进行混合搭配,促进协作效果的最大化。

表 7-3　A 组实验班学生学习风格统计表(N=43)

学习风格	主动/反思型			知觉/直觉型			视觉/符号型			序列/整体型		
	主动型	反思型	平衡型	知觉型	直觉型	平衡型	视觉型	符号型	平衡型	序列型	整体型	平衡型
数量	12	8	23	12	18	13	27	5	7	19	6	18
比例	28%	18%	54%	28%	41%	31%	63%	12%	25%	44%	14%	42%

(4) 组建协作组

组建协作组的目的在于形成良好的人际关系,从而营造出积极的群体协作学习氛围,以促进群体协作、引发个体深度学习的发生。协作组是在教师的指导下由学习者按照预定的协作组组建规则(见表 7-4)进行自由组合,由此形成 11 个协作小组(见图 7-10)。

表 7-4　协作组组建规则

<table>
<tr><td>组规模</td><td colspan="3">每组 4 人(共计 43 人,分为 11 小组,其中一组为 3 人)</td></tr>
<tr><td>分组方式及标识</td><td colspan="3">1. 异质分组、自愿结合:组内成员自由结合,但应包含不同性别、不同学习风格
2. 协作组标识:【组号】+口号,如【01】傲压群芳小组:团结互助,永当先锋!</td></tr>
<tr><td rowspan="5">角色分工</td><td>组员姓名</td><td>角色名称</td><td>基本职责</td></tr>
<tr><td>×××</td><td>观点提出者</td><td>根据任务提出整体的解决方案,负责组织并引导讨论走向,一般由组长担任</td></tr>
<tr><td>×××</td><td>支持论证者</td><td>提供支持提出观点的证据和理由</td></tr>
<tr><td>×××</td><td>质疑论辩者</td><td>提供反对质疑提出观点的证据和理由</td></tr>
<tr><td>×××</td><td>记录汇报者</td><td>记录每次协作讨论的时间、观点及共识</td></tr>
<tr><td>协作规则</td><td colspan="3">自由制定本协作组的一些约束规则,如制度规则(奖惩标准、完成节点)、评价规则(成果形式、参与行为和频次)以及其他的自定规则(定期开展组内会议)</td></tr>
</table>

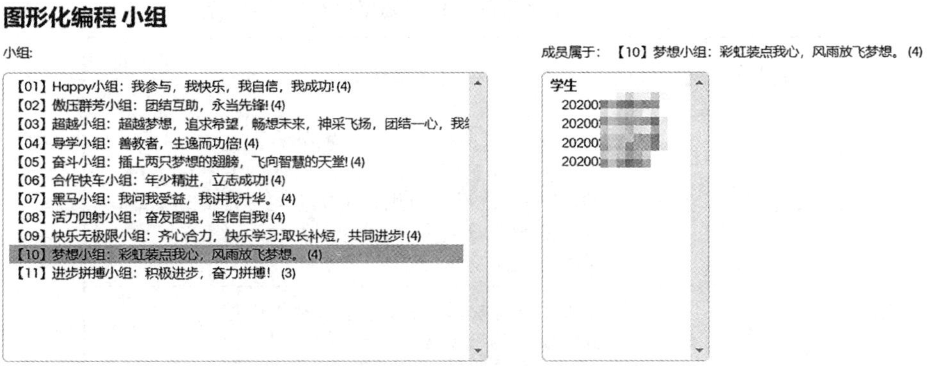

图 7-10　创建的协作组(第一轮教学实践)

2.2.2　过程阶段

过程阶段属于教师课堂教学和学生学习参与的教与学过程,教师教的目的是促进学生更有效的学,从而有效地培育计算思维。因此过程阶段本质上属于学生知识加工的阶段。依据本书建构的思维型协作深度学习设计框架,过程阶段将学生知识加工活动分为由浅层过渡至深度的"三层次"螺旋递进的活动,包括指向浅层次学习理解的激活联结活动、指向深层次加工的以群体认知冲突消解为特征的共创生成活动和指向深层次加工的以协同认知与反思为特征的反思性评价活动。过程阶段的设计与实施方案如下:

(1) 激活联结活动

学科知识是学生开展协作学习的知识基础,也是后续活动开展的前提,缺乏系统化学科知识的掌握与理解使得学生的学习失去支撑根基,深度学习就不可能产生。激活联结活动的设计与实施则是基于学科知识,激活并联结学生的新知空间和生活经验空间,促使学生理解新知概念、建构以学科核心概念为基础的结构性知识,这也是对当前课堂教学中基于学科核心概念的理解性结构知识缺失,造成课堂学习浅表化现象的积极回应。激活联结活动基于"学习资源序列"和"基础任务"围绕任务情境展开,其设计方案与实施过程见表 7-5、图 7-11。

表 7-5 "开源创客之图形化编程"激活联结活动的设计

专题内容	课时数	任务情境	对应的教学目标
第 1 周:编程基础	1	近日,校园里流传着一款火爆游戏,经调查发现是同班同学小明自己设计开发的,体验过之后你也想在手机上玩自己开发的游戏,那么如何设计开发属于自己的游戏呢?	1-1; 1-5 2-1; 2-3; 2-4
第 1 周:HappyBox 开启宝箱	1	很多同学喜欢看《盗墓笔记》,被里面挖掘宝藏的情节所吸引,今天就学习如何开发一款开启宝箱的小游戏,然后运行在自己的手机上?	1-2; 1-4; 1-5 2-2; 2-3
第 2 周:魔术——消失的精灵	2	假设此时你正与你的小伙伴表演你制作的手机魔术,魔术是这样的:在你的手机上有一款软件,打开之后有一个小动物(精灵)在缓慢爬行,你可以通过调整手机的方向来控制小动物的爬行,当你用手触摸它时,小动物会发出声音,然后就会消失。你是怎么制作的呢?	1-2; 1-4; 1-5 2-2

续表

专题内容	课时数	任务情境	对应的教学目标
第 3 周：中国好琴声	2	音乐充满着无穷的魅力，每个孩子都很喜欢音乐，你想拥有一款属于自己独特的演奏乐器么？今天我们就学习如何开发一款可以在手机上弹奏的中国好琴声	1-2；1-4；1-5 2-2
第 4—5 周：水果配对游戏	4	你的同桌开发了一款挑战瞬间记忆能力的游戏：先后翻开两张图形，如果显示的水果相同，则牌保持翻开状态；如果显示的水果不同，则两张牌瞬间重新合上，最快时间内完成配对的即可获胜。你知道他是怎么设计开发这款游戏的么？	1-2；1-3；1-4；1-5； 2-2
第 6—8 周：项目协作任务	6	相信同学都已经掌握开发手机程序的基本方法，接下来的三周请各协作小组自主协商完成一个手机小程序的设计与开发，题目自定，并按要求将程序名称、实现的功能、设计方案、应用场景及最终的程序 App 发布在 Moodle 学习平台里。	1-2；1-3；1-4；1-5； 2-1；2-2；2-3；2-4

图 7-11　“开源创客之图形化编程”激活联结活动的实施

(2) 共创生成活动

学习科学强调学习是个体在特定情境中由于新旧经验互相联结而引发“认知冲突”之后，经与群体通过质疑与论辩达成对意义理解的一致性或个体理解与群体理解之间达到新平衡的状态，最终引发知识概念的转变，产生新知或制品的生成与创造。共创生成活动便是基于“挑战任务”和“协作讨论”围绕个体或协作组群体的认知冲突通过观点共享、质疑论辩、批判建构的协作进行交互，从而产生协商之后的共识,进而能够将理解性建构的学科概念和高阶认知迁移应用于不同情境,以创新灵活地解决真实且复杂的生活问题,包括近迁移的实践运用能力和远迁移的融合创生能力。共创生成活动的设计方案与实施过程表 7-6、图 7-12。

表 7-6 “开源创客之图形化编程”共创生成活动的设计

<table>
<tr><td rowspan="4">观点阐述</td><td colspan="7">个体任务的完成情况:</td></tr>
<tr><td colspan="7">个体的求解思路或初步方案:</td></tr>
<tr><td colspan="7">支撑的证据、理由:</td></tr>
<tr><td colspan="7">存在的问题或困惑:</td></tr>
<tr><td rowspan="5">质疑论辩</td><td colspan="2">小组成员姓名</td><td colspan="2">阐述的核心观点或方案</td><td>支撑的证据、理由</td><td colspan="2">存在的问题或困惑</td></tr>
<tr><td colspan="2"></td><td colspan="2"></td><td></td><td colspan="2"></td></tr>
<tr><td colspan="2"></td><td colspan="2"></td><td></td><td colspan="2"></td></tr>
<tr><td colspan="2"></td><td colspan="2"></td><td></td><td colspan="2"></td></tr>
<tr><td colspan="2"></td><td colspan="2"></td><td></td><td colspan="2"></td></tr>
<tr><td>协商共识</td><td colspan="7">1. 解决了你的哪些问题或困惑?
2. 达成的完成协作任务的共识有哪些?</td></tr>
<tr><td rowspan="4">知识/制品</td><td>成果名称</td><td colspan="2">成果形式</td><td>功能特点</td><td colspan="2">应用价值及场景</td><td>创新之处</td></tr>
<tr><td></td><td colspan="2"></td><td></td><td colspan="2"></td><td></td></tr>
<tr><td></td><td colspan="2"></td><td></td><td colspan="2"></td><td></td></tr>
<tr><td></td><td colspan="2"></td><td></td><td colspan="2"></td><td></td></tr>
</table>

(3) 反思性评价活动

反思是促进学习者个体在深度学习中发展计算思维的关键路径,本书中开展的反思性评价活动不是最终的学习结果的评价,而是由协作组组间主导的围绕“知识/制品”展开的“促进学习”的“再优化设计”的评价,从某种意义上说是协作组(组间版)的共创生成活动,即协作组依据教师制定的协作任务的目标或评价量规、通过协作组间的质疑与论辩对各协作组创生的知识/制品进行评价并

【挑战任务】

任务情境：

随着学习的进展你会发现，通常是先创建一个应用，之后设法改进、完善它，并重新回到程序中来实现你的新想法。不必担心，这很好，这正是一名优秀开发者的必经之路！

现在，应用已经完成，并可以随时运行它（或许还能下载与人分享），也许还会感到什么地方有些欠缺。来看看下面的问题，并思考如何解决它们。

具体问题：

1. 想不想让别人知道这是你自己开发出来的手机 App 呢？可以在界面设计时加入你的个人签名，当别人打开时有个关于你的介绍，然后再正式进入画面，类似于欢迎界面。

2. 当摇晃设备时，猫的叫声听起来有点儿奇怪，好像有回声。这是因为在 1 秒钟内，加速度传感器多次触发摇动事件，所以猫叫声是重叠的。你会发现 Sound 组件有一个 MinimumInterval（最少间隔）属性，它决定了两次声音播放之间的时间间隔。当前设置为 400 毫秒（约半秒钟），这个间隔小于单次猫叫的持续时间（500 毫秒）。通过改变播放的最小间隔，可以改变声音的重叠。

请自主探究上述两个问题，寻求解决方法，重新设计你的手机 App，然后将设计好的作品上传至此作业区。

作业要求：

1. 登录开发平台，用自己的 QQ 号注册登录平台；

2. 新建一个项目，以自己的姓名拼音和程序名称拼音来命名，如 xuenwei_hellomaomi；

3. 按照教程中的完整程序开发过程，独立进行模仿式的学习，并用 QQ 截图等截图功能将你的 App 在模拟器中的运行结果进行截图，保存到桌面上，并以自己的姓名拼音和程序名称来命名，例如 xuenwei_hello 猫咪.jpg；

4. 把自己开发出的手机程序下载到电脑上，并以自己的姓名拼音和程序名称来命名，例如 xuenwei_hello 猫咪.apk；

5. 将截图和程序文件提交作业区（可打包压缩也可分别上传）。

提交作业评分标准：

1. 作业附件可以下载，文件按照要求进行了命名得 2 分；没按要求命名得 0 分；

2. 导出的程序软件在手机上运行正常得 3 分；不能运行或有明显错误得 0 分。

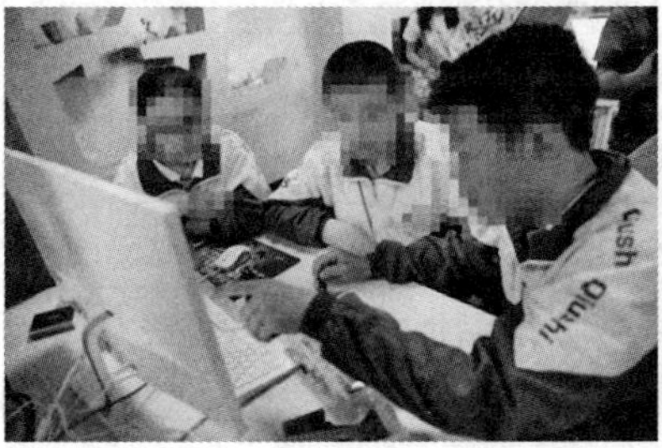

图 7-12　“开源创客之图形化编程”共创生成活动的实施

反思,最终促进学生对知识概念的意义理解、问题解决的迁移应用和高阶思维能力的发展,以发展计算思维。反思性评价活动基于“反思任务”和“互动评价”围绕“知识/制品”展开,设计方案与实施过程见表 7-7、图 7-13。

表 7-7 “开源创客之图形化编程”反思性评价活动的设计

<table>
<tr><td rowspan="3">观点阐述</td><td colspan="6">本组任务的完成情况:</td></tr>
<tr><td colspan="6">本组创生的知识/制品:(成果名称及形式、功能特点、应用价值及场景、创新之处)</td></tr>
<tr><td colspan="6">存在的问题困惑:</td></tr>
<tr><td rowspan="2">成果评价</td><td>组别</td><td>成果名称</td><td>成果形式</td><td>功能与技术</td><td>应用价值及场景</td><td>创新之处</td></tr>
<tr><td></td><td></td><td></td><td></td><td></td><td></td></tr>
<tr><td rowspan="6">质疑论辩</td><td colspan="2">组别</td><td colspan="2">阐述的观点、思路</td><td>支撑的证据、理由</td><td>问题或困惑</td></tr>
<tr><td colspan="2"></td><td colspan="2"></td><td></td><td></td></tr>
<tr><td colspan="2"></td><td colspan="2"></td><td></td><td></td></tr>
<tr><td colspan="2"></td><td colspan="2"></td><td></td><td></td></tr>
<tr><td colspan="2"></td><td colspan="2"></td><td></td><td></td></tr>
<tr><td colspan="2"></td><td colspan="2"></td><td></td><td></td></tr>
<tr><td rowspan="6">个体反思</td><td colspan="2" rowspan="2">反思学习结果</td><td colspan="4">本组知识/制品存在哪些缺陷和不足:</td></tr>
<tr><td colspan="4">改进的策略、思路或方案:</td></tr>
<tr><td colspan="2" rowspan="4">反思学习过程</td><td colspan="4">你对本次学习过程是否满意?为什么?</td></tr>
<tr><td colspan="4">你认为本次学习过程中存在哪些问题?如何改进?</td></tr>
<tr><td colspan="4">你在本次学习过程中有哪些值得表扬的地方?</td></tr>
<tr><td colspan="4">你是否需要老师提供帮助?迫切需要哪些方面的帮助?</td></tr>
</table>

图 7-13　“开源创客之图形化编程”反思性评价活动的实施

2.2.3　结果阶段

结果阶段属于学生学习的评价与反馈阶段，基于设计研究的范式，主张对学生学习评价的目的在于促进学习和优化实践，故结果阶段的焦点是由教师主导的围绕“学习结果”展开的“促进设计与教学”的反馈性评价，目的在于不断完善思维型协作编程活动的设计框架与学生的学习过程，并指导教师进行协作学习活动的迭代设计以更精准地激励与支持学生的协作学习，达成有效的计算思维培育效果。依据思维型协作深度学习活动的测评框架对学习结果进行评价，包含对学习者个体学习成果的评价和对协作组群体协作成果的评价，其中对学习者个体学习成果的评价主要基于“思维型协作深度学习结果评估问卷(附录 1)、‘R-SPQ-2F’思维型学习过程问卷(附录 2)、基于 SOLO 的思维水平发展评估量规(附录 3)、专项学习测试卷(附录 4)”4 个工具对包含动力领域、认知领域、能力领域和情感领域的 4 个领域中 12 个维度进行评估,对协作组群体协作成果的评价包含协作绩效的“平均成绩和协作度”2 个维度,其评价方案见表 7-8。

表 7-8 “开源创客之图形化编程”学习结果反馈的评价设计

<table>
<tr><td rowspan="16">学习结果</td><td>对象</td><td colspan="2">维度</td><td>评测形式</td><td>评测工具</td><td>结果</td></tr>
<tr><td rowspan="13">学习者个体发展</td><td rowspan="3">动力领域</td><td>动机指向</td><td rowspan="2">问卷</td><td rowspan="2">协作深度学习结果评估问卷(自编)</td><td></td></tr>
<tr><td>学习参与</td><td></td></tr>
<tr><td>学习方法</td><td>问卷</td><td>比格斯“R-SPQ-2F”学习过程量表</td><td></td></tr>
<tr><td rowspan="3">认知领域</td><td rowspan="2">知识水平</td><td>问卷</td><td>协作深度学习结果评估问卷(自编)</td><td></td></tr>
<tr><td>测评试题</td><td>专项学习测试卷</td><td></td></tr>
<tr><td>思维水平</td><td>编码</td><td>基于 SOLO 的思维水平发展评估量表</td><td></td></tr>
<tr><td rowspan="4">能力领域</td><td>问题解决能力</td><td rowspan="7">问卷</td><td rowspan="7">协作深度学习结果评估问卷(自编)</td><td></td></tr>
<tr><td>批判性反思能力</td><td></td></tr>
<tr><td>协作与沟通能力</td><td></td></tr>
<tr><td>迁移与创新能力</td><td></td></tr>
<tr><td rowspan="3">情感领域</td><td>情感体验</td><td></td></tr>
<tr><td>自我效能感</td><td></td></tr>
<tr><td>总体满意度</td><td></td></tr>
<tr><td rowspan="2">协作组群体发展</td><td rowspan="2">协作绩效</td><td>成绩平均值</td><td>合并计算</td><td>$\overline{X}=\frac{x_1+x_2+x_3+\cdots\cdots+x_n}{n}$</td><td></td></tr>
<tr><td>协作度</td><td>合并计算</td><td>$C=\frac{\overline{X}-S}{\overline{X}+S}$
$(S=\sqrt{\frac{1}{n}\sum_{i=1}^{n}(x_i-\overline{x})^2})$</td><td></td></tr>
</table>

评价方案中的问卷和测试的结果可以直接输入 SPSS 中进行分析,SOLO 分类理论的思维水平发展评估量规主要是通过对协作组的知识/制品进行量化编码以分析协作组成员的思维发展水

平。经过培训的两名研究生教师依据"基于 SOLO 分类理论的思维水平发展评估量规(附录 3)"对协作组的知识/制品进行量化编码。研究中为减少编码误差,避免编码者由于个人的主观因素和理解能力对同一知识/制品编码的差异,影响结果的信度,在编码之前对两位编码者进行培训和预编码(见图 7-14):首先,研究者对两位编码者进行编码培训,以使其熟练掌握编码程序和编码工具,培训后进行预编码。预编码一段时间后采用 Cohen's kappa 系数进行一致性检验,直至两位编码者达成较高的一致性(R>0.7)之后进行正式的编码。通过对编码者的培训和预编码,研究的 Cohen's kappa 系数约为 0.94,表明编码具有较高的一致性。

图 7-14 "开源创客之图形化编程"
学习结果反馈评价的培训与预编码

2.3 数据收集与处理

第一轮教学实践历经 8 周(本学期第 1—8 周),以项目式课程的方式完成 4 个专题内容的知识学习及 1 个协作式项目任务的问题解决。为了科学评估学习效果,验证活动记录单导学支架对学生思维型协作深度学习活动对计算思维培养的促进作用,研究从"学习结果和学习过程"两个角度对教学实践的数据进行收集与处理。数据收集的范围是第 6—8 周的数据,因为该周期内开始进入正式的以协作组为单位开展的协作学习,此前几周的学习主要是学生进行学科知识的理解性意义建构并初步体验思维型协作深度学习活动的流程与步骤，可以看作为本书研究中的体验与准备阶段，故而没有将其学习数据纳入研究的数据分析之中。该范围内收集的数据包括课堂教学录像、学习方法等学习过程数据和专项测试成绩、四领域的学习结果水平、协作绩效等学习结果数据，并使用 SPSS22.0、Office Excel 2020 以及 Moodle 学习平台的报表统计功能对收集的数据进行分析，以此回答学生是否在思维型协作深度学习活动发展了计算思维及效果如何两个关键问题。

具体的数据类型、数据来源、处理方式及收集范围见表 7-9。

表 7-9　第一轮教学实践的数据收集统计

数据类型	数据名称	数据来源	处理方式	收集范围
过程数据	课堂教学录像	录制	补充验证分析结果	第 6—8 周
	学习方法	“R-SPQ-2F”学习过程问卷	SPSS 分析	第 1 周(前测) 第 8 周(后测)
结果数据	四领域的深度学习水平	协作深度学习结果评估问卷 学生制品/作品	SPSS 分析 SOLO 量规编码	
	专项测试成绩	专项学习测试卷	SPSS 分析	第 8 周
	协作绩效	Excel 自动计算	自动计算	

2.4　数据分析结果

2.4.1　基于调查问卷与专项测试卷的学习效果检验

研究基于 SPSS22.0 采用独立样本 t 检验对实验班和对照班的前测数据以及后测数据进行统计分析，采用配对样本 t 检验对实验班的前后测数据以及对照班的前后测数据进行统计分析，并使用 Excel 的统计图表加以辅助分析，结果如下：

（1）对比实验班与对照班前测数据，学生学习方法和计算思维深度学习水平相近

第一轮教学实践中，实验班与对照班前测各维度均值分布情况如图 7-15 所示，独立样本 t 检验结果如表 7-10 所示：①方差方程

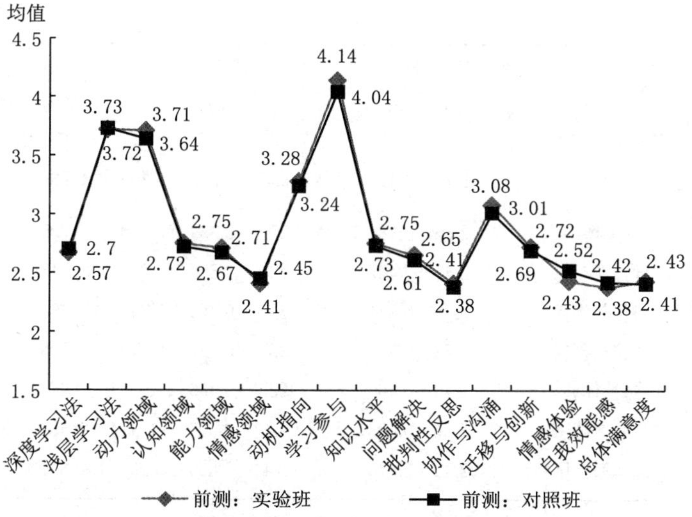

图 7-15　实验班与对照班前测均值分布情况(第一轮)

表 7-10　实验班与对照班前测独立样本 *t* 检验比较(第一轮)

观测维度		前测(实验班)			前测(对照班)			t	显著性(双尾)	效应值 d
		N	M	SD	N	M	SD			
整体水平	深度学习法	43	2.57	0.492	45	2.70	0.420	−1.37	0.174	0.28
	浅层学习法		3.72	0.11		3.73	0.38	−0.133	0.894	0.04
	动力领域		3.71	0.216		3.64	0.429	0.898	0.372	0.21
	认知领域		2.75	0.421		2.72	0.519	0.269	0.789	0.06
	能力领域		2.71	0.265		2.67	0.317	0.616	0.540	0.14
	情感领域		2.41	0.397		2.45	0.438	−0.417	0.678	0.10
学习方法	深度学习动机		3.28	0.426		3.22	0.577	0.50	0.618	0.12
	深度学习策略		1.86	0.889		2.17	0.780	−1.80	0.075	0.37
	浅层学习动机		3.03	0.426		3.22	0.547	−1.81	0.073	0.38
	浅层学习策略		4.42	0.433		4.25	0.715	1.38	0.173	0.28
动力领域	动机指向		3.28	0.426		3.24	0.604	0.286	0.775	0.08
	学习参与		4.14	0.245		4.04	0.518	1.146	0.255	0.25

续表

观测维度		前测(实验班)			前测(对照班)			t	显著性(双尾)	效应值 d
		N	M	SD	N	M	SD			
认知领域	知识水平	43	2.75	0.421	45	2.73	0.519	0.269	0.789	0.04
能力领域	问题解决		2.65	0.388		2.61	0.459	0.360	0.720	0.09
	批判性反思		2.41	0.487		2.38	0.510	0.240	0.811	0.06
	协作与沟通		3.08	0.324		3.01	0.459	0.793	0.430	0.18
	迁移与创新		2.72	0.375		2.69	0.387	0.346	0.730	0.08
情感领域	情感体验		2.43	0.460		2.52	0.466	−0.893	0.374	0.19
	自我效能感		2.38	0.453		2.42	0.507	−0.414	0.680	0.08
	总体满意度		2.43	0.670		2.41	0.620	0.137	0.891	0.03

注:N 表示样本量;M 表示均值;SD 表示标准差。

的 Levene 检验显示两者的前测数据方差齐性;②学习方法方面,深度学习法维度及其具体的深度学习策略、深度学习动机以及浅层学习法维度及其具体的浅层学习策略、浅层学习动机的 P 值均大于 0.05,表明实验班和对照班的学生在学习方法方面无显著性差异;③四领域具体维度的 P 值均大于 0.05,表明实验班和对照班的学生在深度学习四领域上无显著性差异。

上述数据分析表明:两个班的学生在深度学习水平和学习方法相差不明显,可以看成处于同一水平。(统计学中,双尾检测的显著性 P 值≤0.05 时表明两者具有统计学意义上的显著差异,$P>0.05$ 时不具有明显差异;当两者具有统计学意义上的显著性差异时,Conhen's d 效应值则能够反映其实际意义上的差异大小,研究中采用 Karl WuenschKarl 给出的效应值参考标准①,即 Conhen's d 值≥0.2 且<0.5 时为小效应、Conhen's d 值≥0.5 且<0.8 时为

① Karl Wuensch. SPSS Script for Estimating Cohen's d, Equal Sample Sizes [EB/OL]. (2020-07-05). http://core.ecu.edu/psyc/wuenschk/SPSS/d-EqN-Doc.pdf.

中等效应、Conhen's d 值≥0.8 时为大效应）。

（2）对比对照班前—后测数据，学生学习方法和计算思维深度学习水平提升幅度很小

第一轮教学实践中，对照班前后测各维度均值分布情况见图 7-16，配对样本 t 检验结果如表 7-11 所示：①学习方法层面，深度学习法维度及其具体的深度学习策略、深度学习动机以及浅层学习法维度及其具体的浅层学习策略、浅层学习动机的 P 值均大于 0.05，表明对照班的学生在前测和后测的学习方法上无显著性差异；②动力领域和能力领域的整体维度及其具体维度的 P 值均大于 0.05，表明对照班的学生在这两个领域的六个维度上无显著性差异；③认知领域在知识水平维度具有中等程度水平的显著性提升（$M_1=2.73$，$M_2=3.02$，$P<0.05$，$d=0.57$）；④情感领域在情感体验维度具有较高程度的显著性提升（$M_1=2.52$，$M_2=2.88$，$P<0.05$，$d=0.84$），而其他子维度及整体维度的 P 值均大于 0.05 未发生显著性差异。

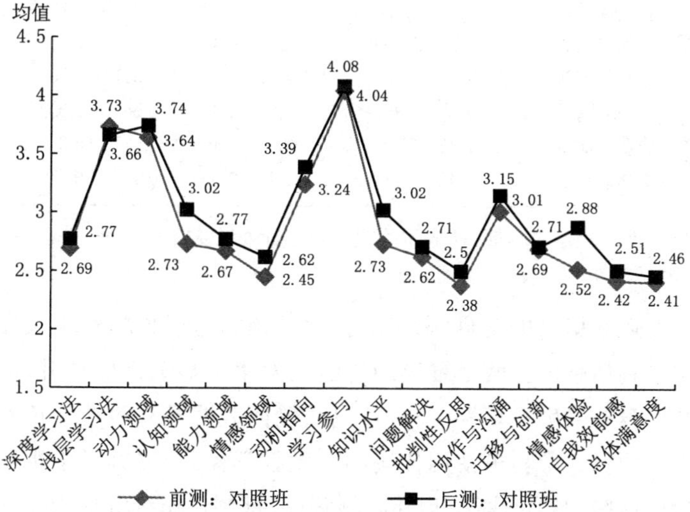

图 7-16　对照班前—后测均值分布情况（第一轮）

表 7-11　对照班前—后测配对样本 t 检验比较(第一轮)

观测维度		前测(对照班)			后测(对照班)			t	显著性(双尾)	效应值 d
		N	M	SD	N	M	SD			
整体水平	深度学习法	45	2.69	0.419	45	2.77	0.436	0.660	0.419	0.19
	浅层学习法		3.73	0.377		3.66	0.376	0.775	0.381	0.18
	动力领域		3.64	0.430		3.74	0.414	−1.036	0.306	0.24
	认知领域		2.73	0.519		3.02	0.501	−2.711	0.010*	0.57
	能力领域		2.67	0.317		2.77	0.276	−1.481	0.146	0.34
	情感领域		2.45	0.438		2.62	0.372	−2.007	0.051	0.42
学习方法	深度学习动机	45	3.22	0.576	45	3.27	0.571	0.217	0.642	0.09
	深度学习策略		2.17	0.780		2.26	0.923	0.251	0.618	0.11
	浅层学习动机		3.21	0.547		3.26	0.546	0.188	0.666	0.08
	浅层学习策略		4.24	0.715		4.06	0.714	1.590	0.211	0.25
动力领域	动机指向		3.24	0.604		3.39	0.463	−1.16	0.25	0.28
	学习参与		4.04	0.518		4.08	0.561	−0.405	0.688	0.07
认知领域	知识水平		2.73	0.519		3.02	0.501	−2.711	0.01*	0.57
能力领域	问题解决		2.62	0.459		2.71	0.487	−1.020	0.313	0.19
	批判性反思		2.38	0.510		2.50	0.499	−1.207	0.234	0.24
	协作与沟通		3.01	0.459		3.15	0.357	−1.719	0.093	0.34
	迁移与创新		2.69	0.387		2.71	0.349	−0.301	0.765	0.05
情感领域	情感体验		2.52	0.466		2.88	0.390	−3.788	0.000*	0.84
	自我效能感		2.42	0.507		2.51	0.460	−0.931	0.357	0.19
	总体满意度		2.41	0.620		2.46	0.593	−0.417	0.679	0.08

注:①N 表示样本量;M 表示均值;SD 表示标准差② * 表示 $P \leqslant 0.05$,具有显著性差异。

上述数据分析表明:未实施教学干预的对照班的学生仅在知识水平和情感体验两个维度的均值上发生了显著性的提升,而其他维度没有发生显著性变化,这也从侧面表明具有科技特色的开源创客项目式课程虽使用传统的课堂教学模式,提升了学生学习的情感体验和知识水平,但在问题解决、批判性思维等能力方面效果甚微。

(3) 对比实验班前—后测数据,学生学习方法和计算思维深度学习水平提升幅度显著

第一轮教学实践中,实验班前后测各维度均值分布情况见图 7-17,配对样本 t 检验结果如表 7-12 所示:①学习方法方面,深度学习法维度($M_1=2.56$, $M_2=3.56$, $P<0.05$, $d=1.65$)及其具体的深度学习策略($M_1=1.85$, $M_2=3.55$, $P<0.05$, $d=1.59$)、深度学习动机($M_1=3.27$, $M_2=3.57$, $P<0.05$, $d=0.69$)均具有不同程度的显著性提升,尤其是深度学习策略的提升效应较大,而浅层学习法维度($M_1=3.72$, $M_2=2.58$, $P<0.05$, $d=3.49$)及其具体的浅层学习策略($M_1=4.42$, $M_2=2.46$, $P<0.05$, $d=2.40$)、浅层学习动机($M_1=3.02$, $M_2=2.69$, $P<0.05$, $d=0.75$)均具有不同程度的显著性降低,尤其是浅层学习策略的降低效应较大,表明实验班的学生在学习策略方面发生了由浅层学习策略到深度学习策略的显著性大效应值的转变;②四领域的整体维度及其具体维度的 P 值均小于 0.05,表明实验班的学生在四领域的 10 个维度发生不同程度的显著性变化;③能力领域在问题解决($M_1=2.65$, $M_2=$

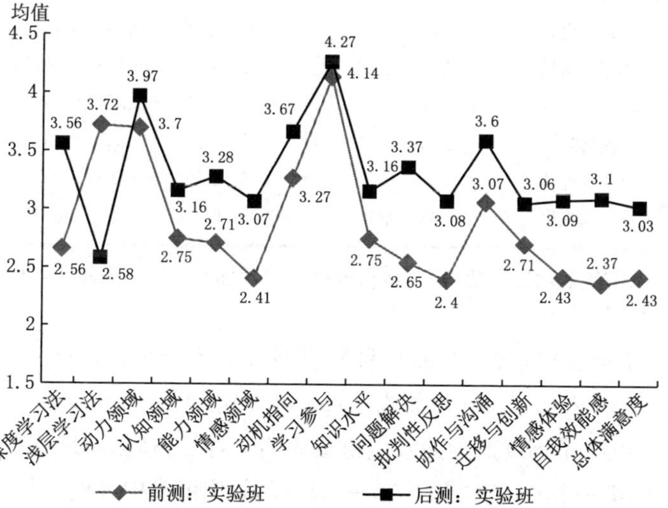

图 7-17　实验班前—后测均值分布情况(第一轮)

表 7-12　实验班前—后测配对样本 t 检验比较(第一轮)

观测维度		前测(实验班)			后测(实验班)			t	显著性(双尾)	效应值 d
		N	M	SD	N	M	SD			
整体水平	深度学习法	43	2.56	0.491	43	3.56	0.701	−8.873	0.000*	1.65
	浅层学习法		3.72	0.106		2.58	0.449	−4.608	0.000*	3.49
	动力领域		3.70	0.216		3.97	0.301	−5.727	0.000*	1.03
	认知领域		2.75	0.420		3.16	0.470	−4.994	0.000*	0.92
	能力领域		2.71	0.265		3.28	0.383	−7.882	0.000*	1.73
	情感领域		2.41	0.396		3.07	0.500	−6.091	0.000*	1.46
学习方法	深度学习动机	43	3.27	0.425	43	3.57	0.449	−3.067	0.002*	0.69
	深度学习策略		1.85	0.88		3.55	1.23	−7.87	0.000*	1.59
	浅层学习动机		3.02	0.426		2.69	0.454	−3.19	0.001*	0.75
	浅层学习策略		4.42	0.433		2.46	1.07	−4.39	0.000*	2.40
动力领域	动机指向		3.27	0.425		3.67	0.615	−4.117	0.000*	0.76
	学习参与		4.14	0.234		4.27	0.249	−2.373	0.022*	0.54
认知领域	知识水平		2.75	0.421		3.16	0.470	−4.994	0.000*	0.92
能力领域	问题解决		2.65	0.388		3.37	0.482	−7.552	0.000*	1.65
	批判性反思		2.40	0.487		3.08	0.624	−5.595	0.000*	1.21
	协作与沟通		3.07	0.324		3.60	0.427	−6.726	0.000*	1.40
	迁移与创新		2.71	0.375		3.06	0.450	−3.854	0.000*	0.75
情感领域	情感体验		2.43	0.460		3.09	0.528	−5.869	0.000*	1.33
	自我效能感		2.37	0.452		3.10	0.561	−6.698	0.000*	1.43
	总体满意度		2.43	0.699		3.03	0.736	−3.580	0.000*	0.74

注：①N 表示样本量；M 表示均值；SD 表示标准差② * 表示 $P \leqslant 0.05$，具有显著性差异。

3.37，$P<0.05$，$d=1.65$)、批判性反思($M_1=2.40$，$M_2=3.08$，$P<0.05$，$d=1.21$)和协作沟通($M_1=3.07$，$M_2=2.88$，$P<3.60$，$d=1.40$)3 个维度产生的效应值最为明显，但迁移创新维度($M_1=2.71$，$M_2=3.06$，$P<0.05$，$d=0.75$)的效应值为中等偏上程度，相比而言提升不足；④情感领域在情感体验($M_1=2.43$，$M_2=3.09$，

$P<0.05$，$d=1.33$）、自我效能感（$M_1=2.37$，$M_2=3.10$，$P<0.05$，$d=1.43$）维度具有较高程度的显著性提升，总体满意度维度（$M_1=2.43$，$M_2=3.03$，$P<0.05$，$d=0.74$）的效应值为中等偏上程度。

上述数据分析表明：实施教学干预的实验班的学生在学习方法和学习结果的四领域维度的均值均发生显著性变化，尤其是在能力领域和情感领域的部分维度提升效应最大，这也从侧面表明实施的教学干预在保障学生知识水平提升的前提下，可以促进学生深度学习方法的转变和四领域学习结果的提升，进而促进学生计算思维的培养。

(4) 对比实验班与对照班后测数据，实验班学生整体的学习方法和计算思维深度学习水平高于对照班

第一轮教学实践中，实验班与对照班后测各维度均值分布情况见图 7-18，独立样本 t 检验结果如表 7-13 所示：①学习方法方面，实验班学生的深度学习法（$M_1=3.56$，$M_2=2.77$，$P<0.05$，$d=1.70$）及其具体的深度学习策略（$M_1=3.55$，$M_2=2.26$，$P<0.05$，$d=1.42$）相比于对照班具有大效应值的显著性提升，而深度学习动机具有中等程度的提升，实验班学生的浅层学习法维度（$M_1=2.58$，$M_2=3.66$，$P<0.05$，$d=3.90$）及其具体的浅层学习策略（$M_1=2.46$，$M_2=4.05$，$P<0.05$，$d=2.69$）、浅层学习动机（$M_1=2.69$，$M_2=3.26$，$P<0.05$，$d=1.16$）相比于对照班均具有大效应值的显著性降低，表明实验班的学生由于教学干预使得其学习方法发生了由浅层学习到深度学习的显著性大效应值的转变；②动力领域，实验班与对照班在动机指向和学习参与维度具有显著性差异，但提升的效应值仅为中等程度；③认知领域，两个班的学生在知识水平的自我陈述量表反馈和专题学习测试卷成绩的 P 值均大于 0.05，表明实验班和对照班的学生在认知领域的知识水平维度无显著性差异；④能力领域，实验班和对照班在问题解决（$M_1=3.37$，$M_2=2.71$，$P<0.05$，$d=1.36$）、批判性反思（$M_1=$

3.08, $M_2=2.50$, $P<0.05$, $d=1.03$)和协作与沟通($M_1=3.60$, $M_2=3.14$, $P<0.05$, $d=1.17$)三个维度产生的效应值最为明显,但迁移创新维度($M_1=3.06$, $M_2=2.71$, $P<0.05$, $d=0.87$)的效应值为中等偏上程度,相比而言提升不足;⑤情感领域,实验班和对照班在自我效能感($M_1=3.10$, $M_2=2.51$, $P<0.05$, $d=1.15$)和总体满意度($M_1=3.03$, $M_2=2.46$, $P<0.05$, $d=0.85$)两个维度具有较高程度的显著性提升,情感体验维度的效应值为中等偏下程度。

上述数据分析表明:实验班与对照班的学生虽然都提升了知识水平,虽组间不具有显著性差异,但在学习方法和学习结果的其他领域和维度均发生了显著性的变化,尤其是在能力领域和情感领域的部分维度提升效应最大。这也从侧面表明:实施的教学干预在保障学生知识水平提升的前提下,可以促进学生深度学习方法的转变和动力领域、能力领域及情感领域学习结果的提升,进而促进学生计算思维的培养。

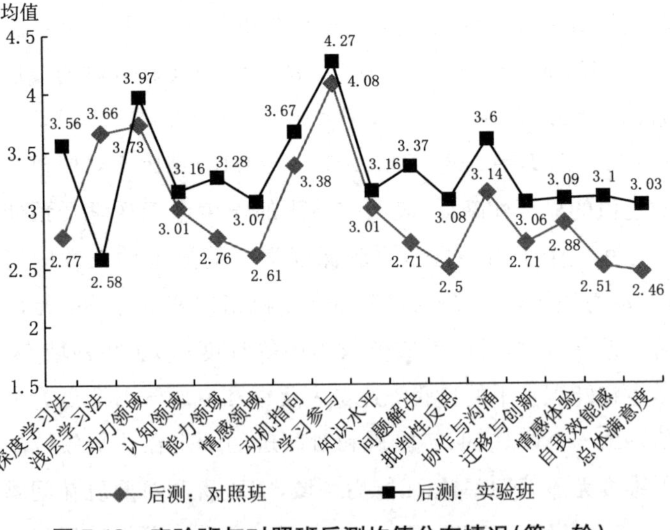

图 7-18　实验班与对照班后测均值分布情况(第一轮)

表 7-13　实验班与对照班后测独立样本 t 检验比较(第一轮)

观测维度		后测(实验班)			后测(对照班)			t	显著性(双尾)	效应值 d
		N	M	SD	N	M	SD			
整体水平	深度学习法	43	3.56	0.492	45	2.77	0.436	8.006	0.00*	1.70
	浅层学习法		2.58	0.106		3.66	0.377	−18.12	0.00*	3.90
	动力领域		3.97	0.301		3.73	0.413	3.103	0.00*	0.66
	认知领域		3.16	0.470		3.01	0.501	1.433	0.16	0.31
	能力领域		3.28	0.383		2.76	0.276	7.222	0.00*	1.56
	情感领域		3.07	0.500		2.61	0.371	4.887	0.00*	1.04
学习方法	深度学习动机	43	3.57	0.425	45	3.27	0.571	2.764	0.007*	0.60
	深度学习策略		3.55	0.888		2.26	0.923	6.666	0.00*	1.42
	浅层学习动机		2.69	0.425		3.26	0.547	−5.438	0.00*	1.16
	浅层学习策略		2.46	0.433		4.05	0.714	−12.57	0.00*	2.69
动力领域	动机指向		3.67	0.615		3.38	0.463	2.476	0.02*	0.53
	学习参与		4.27	0.249		4.08	0.561	2.077	0.04*	0.44
认知领域	知识水平(问卷)		3.16	0.470		3.01	0.501	1.433	0.16	0.31
	知识水平(试卷)		65.3	8.488		62.1	10.52	1.649	0.103	0.33
能力领域	问题解决		3.37	0.482		2.71	0.486	6.414	0.00*	1.36
	批判性反思		3.08	0.624		2.50	0.499	4.814	0.00*	1.03
	协作与沟通		3.60	0.427		3.14	0.357	5.447	0.00*	1.17
	迁移与创新		3.06	0.450		2.71	0.348	4.135	0.00*	0.87
情感领域	情感体验		3.09	0.528		2.88	0.390	2.128	0.04*	0.45
	自我效能感		3.10	0.561		2.51	0.459	5.380	0.00*	1.15
	总体满意度		3.03	0.736		2.46	0.593	4.052	0.00*	0.85

注:①N 表示样本量;M 表示均值;SD 表示标准差② * 表示 $P \leqslant 0.05$,具有显著性差异。

2.4.2　基于项目作品 SOLO 编码数据的思维发展水平检验

教学干预实践结束后(第 9 周),经过培训的两名研究生教师依据“基于 SOLO 分类理论的思维水平发展评估量规”(附录 3)对协作小组的作品/制品及活动记录单进行量化编码分析,为保证分析结果的信度和效度,首先由两位教师对前 5 组作品进行独立预编码,采用 Cohen's kappa 系数进行一致性检验,直至两位编码者达成较高的一致性($R>0.7$)之后,再重新对作品进行正式的编码。

由于学生共创生成的作品/制品及记录单的样本量小于 30(实验班与对照班各 11 小组),因此,在 SPSS 中对每个协作组人工制品的编码数据进行两独立样本非参数检验的曼-惠特尼 U 检验(Mann-Whitney U),分析两种不同教学环境下的秩序统计量,结果如表 7-14 所示:实施教学干预实践的实验班学生思维结构的均值是 5.09,最小值为 3、最大值为 7,秩均值与秩和值分别为 14.41 和 158.50,而未实施教学干预实践的对照班学生思维结构的均值是 3.82,最小值为 2、最大值为 6,秩均值与秩和值分别为 8.59 和 94.50。在本书构建的 SOLO 思维发展水平评估中,将"关联结构"之前的三种结构划归为浅层学习,对应的编码为 SOLO1—SOLO4,将"关联结构"和"抽象结构"划归为深度学习,对应的编码为 SOLO5—SOLO7。以上数据表明:实验班 63.6%学生的思维结构水平已经达到深度学习的低水平"关联结构"阶段,即学生可以从全局上理解问题的关键、能够对问题相关的大部分知识信息进行关联和整合、能够有逻辑的解答复杂问题;而对照班 72.7%学生的思维结构水平仍处于浅层次学习的"多点结构"阶段,即学生虽能够提出多个与任务解决有关的知识反馈,但反馈内容之间没有关联与整合;通过曼-惠特尼 U 检验分析发现两者之间存在显著差异($Z=-2.15$, $P\leqslant0.05$)。随后,在 Excel 软件中对两种教学实践环境下协作组学生的思维结构 SOLO 编码数据进行可视化分析,结果如图 7-19 所示:实验班的学生经过一段时间的教学干预实践,学生的思维结构发生一定的变化,由于活动记录单导学支架为学生提供了比较详细的量规和学习支持,使得学生在问题理解与任务分工、协作沟通与共创生成以及批判性质疑反思的活动过程中有据可依,有效促进学生思维水平结构由多点结构向关联结构和抽象结构的发展。

表 7-14　实验班与对照班基于项目作品的协作组思维结构水平“曼-惠特尼 U 检验”分析结果

观察维度	组别	*N*	*M*	Min	Max	*DA*（%）	Mean Rank	Sum of Rank	*Z*	渐进显著性
思维水平结构	实验班	11	5.09	3	7	63.6%	14.41	158.50	−2.15	0.032*
	对照班	11	3.82	2	6	23.3%	8.59	94.50		

注：①*N*/*M*/Min/Max 分别表示样本量/均值/最小/大值；②*DA*（%）表示达至深度学习学生所占比例。

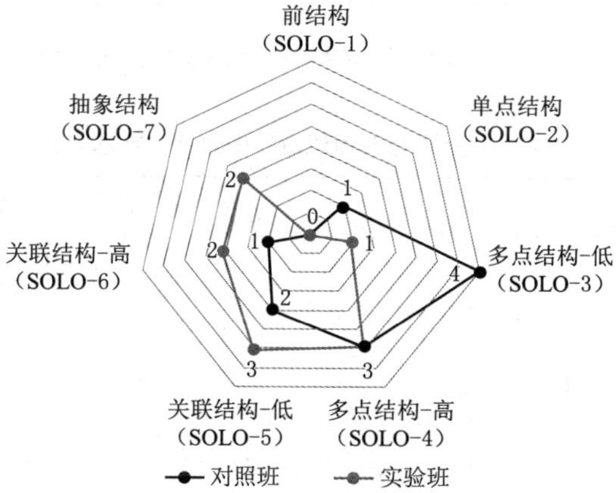

图 7-19　实验班与对照班基于项目作品的协作组思维结构水平分布情况(第一轮)

2.4.3　基于协作绩效的分析检验

本研究的核心问题是在编程教育中如何设计思维型协作深度学习活动以促进学生的计算思维发展，因此学生的协作效果亦是本书研究关注的重点，研究借鉴北京师范大学黄荣怀教授提出的协作绩效的概念以评价协作组的群体学习成果，包含平均成绩和协作度两个维度，其中平均成绩表征协作组每个个体学习结果之和的平均值，协作度表征学习者个体成绩的离散程度。

在本轮教学干预实践中实验班和对照班各协作小组的协作绩效分布情况如图 7-20 所示，独立样本 t 检验结果如表 7-15 所示：

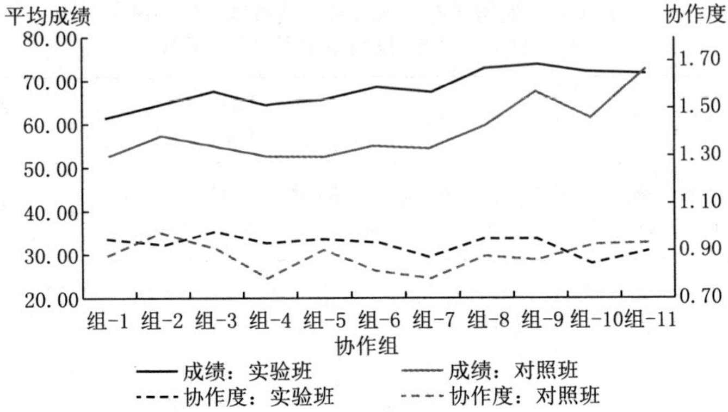

图 7-20　实验班与对照班协作绩效分布情况

表 7-15　实验班与对照班协作绩效独立样本 t 检验

<table>
<tr><th rowspan="2">组别</th><th rowspan="2">组号</th><th rowspan="2">成绩</th><th rowspan="2">协作度</th><th rowspan="2">组号</th><th rowspan="2">成绩</th><th rowspan="2">协作度</th><th colspan="2">平均成绩</th><th colspan="2">平均协作度</th></tr>
<tr><th>$M(SD)$</th><th>$T(p)d$</th><th>$M(SD)$</th><th>$T(p)d$</th></tr>
<tr><td rowspan="6">实验班</td><td>1-3</td><td>67.33</td><td>0.98</td><td>1-4</td><td>64.48</td><td>0.93</td><td rowspan="6">68.23
(3.99)</td><td rowspan="12">4.287*
(0.001)
d=1.83</td><td rowspan="6">0.926
(0.038)</td><td rowspan="12">2.330*
(0.033)
d=0.99</td></tr>
<tr><td>1-8</td><td>73.05</td><td>0.95</td><td>1-2</td><td>64.41</td><td>0.93</td></tr>
<tr><td>1-5</td><td>65.80</td><td>0.95</td><td>1-11</td><td>71.79</td><td>0.90</td></tr>
<tr><td>1-9</td><td>73.81</td><td>0.95</td><td>1-7</td><td>67.40</td><td>0.87</td></tr>
<tr><td>1-1</td><td>61.91</td><td>0.94</td><td>1-10</td><td>72.26</td><td>0.85</td></tr>
<tr><td>1-6</td><td>68.28</td><td>0.94</td><td></td><td></td><td></td></tr>
<tr><td rowspan="6">对照班</td><td>2-2</td><td>57.15</td><td>0.97</td><td>2-8</td><td>59.72</td><td>0.88</td><td rowspan="6">58.36
(6.51)</td><td rowspan="6">0.875
(0.062)</td></tr>
<tr><td>2-11</td><td>72.46</td><td>0.94</td><td>2-9</td><td>67.63</td><td>0.86</td></tr>
<tr><td>2-10</td><td>61.54</td><td>0.92</td><td>2-6</td><td>54.95</td><td>0.82</td></tr>
<tr><td>2-5</td><td>52.91</td><td>0.90</td><td>2-4</td><td>53.02</td><td>0.78</td></tr>
<tr><td>2-3</td><td>55.27</td><td>0.90</td><td>2-7</td><td>54.60</td><td>0.78</td></tr>
<tr><td>2-1</td><td>52.70</td><td>0.88</td><td></td><td></td><td></td></tr>
</table>

注：① $M(SD)$表示均值及标准差；$T(p)d$ 分别表示 t 值、显著性和效应量；

② * 表示 $P \leqslant 0.05$，具有显著性差异。

①实验班各协作小组的成绩高于对照班协作小组的成绩，其均值（$M_1=68.23$，$M_2=58.36$，$P<0.05$，$d=1.83$）具有大效应的显著性提升；②实验班与对照班各协作小组的协作度较为接近，但其均值具有较高效应量的显著性提升（$M_1=0.926$，$M_2=0.875$，$P<0.05$，$d=0.99$）。上述数据表明：经过一段时间的教学干预实践，尤其是在活动记录单导学支架的学习支持下，实验班学生在认知冲突的澄清协商与意义建构、协作沟通与共创生成以及批判性质疑反思等协作过程中开展了有效的协作，共同提升协作绩效，促进学生计算思维的发展。

2.5　效果分析

通过上述的数据分析结果可知，活动记录单导学支架在一定程度上能够促进高中学生在思维型协作深度学习活动中有效培养计算思维，但也存在一定的不足。具体体现在以下几个方面：

（1）思维型协作深度学习活动设计框架能够促进学生学习方法由浅层向深层转变

教学实践中，无论是实验班的前后测数据结果，还是实验班与对照班的后测数据结果，或者对照班的前后测数据，结果都表征实施的教学干预引发学习方法由浅入深的显著性大效应值的转向，学习方法中的深度学习策略和深度学习动机均具有不同程度的显著性提升，尤其是深度学习策略的提升效应较大。

（2）思维型协作深度学习活动设计框架能够促进学习群体的有效协作与沟通

教学实践的数据分析结果表明：实施的教学干预能够促进协作小组在共创生成阶段围绕“认知冲突”，通过“观点阐述、质疑论辩、协商共识、生成知识/制品”等社会性协作交互展开对协作任务的问题解决，从而促进学习群体的有效协作与沟通，提升学习者个体的协作与沟通能力。

(3) 思维型协作深度学习活动设计框架能够提高学习者的批判性反思与问题解决能力

教学实践的数据分析结果表明:实施的教学干预能够促进协作组和学习者个体在共创生成阶段和反思性评价阶段围绕"认知冲突"和"知识/制品"展开协作任务的问题解决和反思性评价,从而使得批判性反思能力和问题解决能力维度发生了高效应值的显著提升。

(4) 思维型协作深度学习活动设计框架有利于提升学习者的学习情感体验

教学实践中,无论是实验班的前后测数据结果,还是实验班与对照班的后测数据结果,或者对照班的前后测数据,结果都表征出实施的教学干预引发学习者积极的学习情感体验,提升了学习者的自我效能感和总体满意度。

(5) 思维型协作深度学习活动设计框架能够有效地促进学习者思维水平结构由多点结构向关联结构和抽象结构发展

教学实践的数据分析结果表明:经过一段时间的教学干预实践,学生的思维结构产生一定变化,由处于浅层次学习的"多点结构"转向深度学习的"关联结构"和"抽象结构"。

(6) 学生对于任务情境的问题分析存在认知负荷,学科概念知识的理解性建构有待进一步加强

教学实践中,学生对于任务情境的问题分析存在认知负荷,不知道问题背后蕴含了哪些知识体系,讨论的问题解决方案往往泛而广,究其原因是学生缺乏对问题解决所需的学科概念知识的理解建构。学科概念是学科本质属性的体现、是高度概括化的知识,只有经过理解并内化为学生已有的认知框架中使之结构化,才能对学生能力的发展产生影响。在第一轮教学实践中,研究基于学科核心素养的培育尤其是计算思维的培养,选取了必修模块《数据与计算》和选择性必修模块《开源硬件项目设计》的相关内容进行整合,并参考教育科学出版社的《信息技术必修1数据与计算》教

材重构“开源创客之图形化编程”项目式课程开展大单元项目式的教学实践，重点培养学生的计算思维。数据分析表明：学生在知识水平的自我陈述量表反馈和专题学习测试卷成绩方面未发生显著性提升，说明学习者在学科概念知识方面比较薄弱，有待进一步加强。由于编程涉及复杂的语法知识和不易理解的逻辑算法，致使学习者以“尝试一次”为主的模仿式学习为主，无法有效培养学习者远迁移的融合创生能力。因此，为更好促进学生建构理解性学科概念知识，促进深度学习的有效发生，有必要在教学实践中针对编程教学中的语法和逻辑算法的意义建构提供必要的过程支架。

(7) 迁移与创新维度提升效果不足

计算思维的特征兼具“计算特征和思维属性”，其本质是学习者个体将建构的知识内容、关键能力和必备品格迁移应用至新学习情境中问题解决的过程，强调学习者有能力将理解性建构的学科概念和高阶认知迁移应用于不同情境中以创新灵活地解决真实且复杂的生活问题。在本次教学实践中，学习者和协作组在共创生成阶段和反思性评价阶段通过“观点阐述、质疑论辩、协商共识”等社会性协作，虽然促进了对迷思概念的理解和认知冲突的消解，但这种概念理解和认知消解主要体现在近迁移的实践运用方面；从学生的作品来看，很多作品仍处于模仿改进教师提供的情境任务阶段，远迁移的融合创生远远没有发生。在后续教学实践中有待进一步提高协作组协作讨论的深入性和解决思路的广泛性，进而促进学生知识作品的创新，有效地促进学生计算思维的培育。

(8) 过程性学习支持亟待加强

学习支持虽未明显存在于协作学习活动的各环节，但各环节从未离开过学习支持，尤其是在涉及复杂语法知识与逻辑算法的编程学习过程中，学习支持可以促进所有学习者积极参与到激活联结、共创生成、反思性评价的各个环节中，并对解决其中存在的某些疑难认知问题、经验性(隐性)知识不足及其他超出学生自身认知范围的问题方面发挥着重要的作用。因此，过程性学习支持更具有解惑针对性、引导启发性和反馈及时性,对计算思维的培育效果影响较为显著。在第一轮教学实践中,通过对课堂录像视频的分析及部分学生的访谈可知,仍有个别学生学习质量欠佳,对协作任务采取应付态度,阻碍了高阶思维的发展和提升,影响本组乃至全班协作学习活动的开展进程和实际成效;此外,学生和协作小组在讨论论辩过程中效率不高,因为遇到认知问题时,缺乏及时的反馈,希望能够得到来自教师及时的"讲解、提示和补充",在遇到协作组织问题时,希望得到老师有权威的"引导、讨论和组织",在遇到协作组成员消极情绪时,希望得到老师富有情感鼓励的"语言激励和反思指导"。因此,教师应进一步加强协作学习活动过程的指导和监管,对未完成任务或任务质量低下或消极应付态度的学生个体和协作小组进行及时的督导与提醒,给予针对性的指导和监管,提升学生学习的情感体验,从而引领学生从浅层学习转向深度学习,达成对计算思维培育。因此,需要对设计框架进行改进,以此提高对过程性学习支持的关注度。

第 3 节 "开源创客之 Python 编程"教学实施与效果分析

本次教学实践是"开源创客之图形化编程"教学实践的深入推进,旨在探索基于 TDS-SPC 设计模型和 CTAD—TPTM 结构模型及其具身化设计的"双中心・七步骤"和 A-IPO-D 过程模式编制的活动记录单导学支架对高中学生协作学习过程(学习方法)与深度学习结果(动力领域、认知领域、能力领域和情感领域)的影响效果,进而探寻其对学生计算思维的培养效果。

3.1 A-B-B-A 模式的准实验设计

本次教学实践基于"开源创客之图形化编程"教学实践的分析结果,采用准实验研究方法中的交叉实验设计,验证"活动记录单"

导学支架促进学生深度学习、培养计算思维的有效性。

（1）研究对象的选取及课程安排

本次教学实践的研究对象与“开源创客之图形化编程”相同，前期的调研表明两个班的学生在协作学习四领域和学习方法的原始基准水平上无显著性差异，但经过第一轮教学实践之后，实验班深度学习的整体水平好于对照班且在部分维度上具有显著性差异，因此可初步得出“活动记录单导学支架可促进学生在思维型协作深度学习活动中有效地培养了计算思维”的结论。在第二轮教学实践中，出于对照班接受新型教学模式的教学公平性的考虑以及更进一步地深入设计准实验研究，在本轮教学实践中将实验组和对照组进行对调，采用 A-B-B-A 模式的准实验研究方法开展交叉实验教学。课程基于 Moodle 学习平台在计算机和创客教室于 2021—2022 学年第一学期 11 月至次年 1 月开展，共计 10 周，每周 2 课时，共计 20 课时。

（2）实验方法及变量控制

为进一步验证活动记录单导学支架的有效性并体现教学的相对公平性，研究基于第一轮教学实践的结果并以其为基础，在本轮教学实践中采用 A-B-B-A 模式的准实验研究方法进行交叉实验设计。在本次教学实践中，选择的是同一实验对象，但将实验组和对照组进行对调，以此观察 A 组（第一轮实验组、第二轮对照组）的深度学习水平是否有所降低或返回到原始的基线水平，B 组（第一轮对照组、第二轮实验组）的深度学习水平是否有所提高或提高程度大于 A 组本轮教学实践的提高程度。如果 B 组在第二轮教学实践中由于活动记录单导学支架的干预，使得其深度学习水平提高程度大于 A 组或 A 组在第二轮教学实践中由于活动记录单导学支架的撤销，使得其深度学习水平有所降低或未发生显著性变化，从而可验证活动记录单导学支架对学生的深度学习确实产生了促进作用，进而验证思维型协作深度学习设计框架在教学实践中培育计算思维的有效性和可操作性。A-B-B-A 模式的准实验研究见图 7-21。

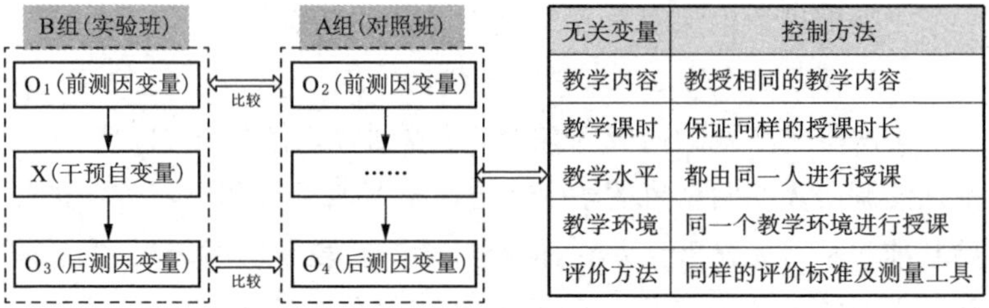

图 7-21　A-B-B-A 模式的准实验研究(第二轮)

3.2　教学设计与实施

3.2.1　预备阶段

预备阶段不涉及学习过程,属于学习开始前的准备,包括教师主导的学习分析(分析课程标准、确定教学目标、分析学习内容和学习者特征、分析协作组属性)及学习者主导的动力激发(学习风格自测、协作小组组建)两个方面,以形成符合课程标准和学习者发展水平特征的学习内容及师生、生生融洽的协作学习氛围。设计方案如下:

(1) 课程标准的分析及教学目标的确定

第二次教学实践作为第一次教学实践的深化与推进,课程标准的分析与第一次相同,不再赘述。在教学目标确定方面,本次教学实践选取了必修模块《数据与计算》的相关内容进行整合,并参考教育科学出版社的《信息技术必修 1　数据与计算》教材重构"开源创客之 Python 编程"项目式课程,开展基于 Python 程序设计为核心的大单元项目式教学实践,鼓励教师为学习者创设聚焦"知识建构、技能培养和思维发展"的数字化学习环境,倡导学生采取项目式学习的方式参与到技术支持的"质疑论辩、沟通共享和协作协商"的协作学习活动实践中,重点培养学习者的计算思维。因此,教学目标的知识目标围绕信息技术学科的核心大概念(数据、信息系统、算法、信息社会)进行描述,素养目标围绕信息技术 4 个学科核心素养(信息意识、计算思维、数字化学习与创新、信息社会责任)进行描述,具体如下:

知识目标：

1-1　Python程序设计的核心大概念及编写的基本语法框架与规范。**(信息系统)**

1-2　Python程序设计的骨架：数据的类型、命名、输入、运算与输出的方式。**(数据)**

1-3　Python程序设计的思维：顺序、循环、分支三种控制结构。**(算法)**

1-4　Python程序设计中的函数、模块与包的功能及其导入方式。**(算法、信息系统)**

1-5　理解Python编程解决生活化问题的基本原理与处理过程。**(算法、信息社会)**

素养目标：

2-1　依据不同的任务情境，能够自觉、主动地分析问题、收集信息、比较不同的信息源，并从信息中收集、归纳、提取有用信息，形成结论；能够按照一定的数据分析方法分析数据并进行可视化呈现(绘制流程图、思维导图)。**(信息意识)**

2-2　在学习任务解决过程中，能够利用数字化平台或软件工具对数据进行整理和组织处理，并具有数据保护的意识；依据解决问题的需要，采用流程图的方式描述算法，掌握基于Python编程的程序设计语言的基本知识实现算法功能，解决问题。**(计算思维)**

2-3　针对学习任务或日常生活中常见的实际问题，能够采用自主或协作方式，运用合适的数字化工具进行信息加工、处理与呈现，进而建构知识、表达思想、解决问题。**(数字化学习与创新)**

2-4　在与他人进行信息交流时，能有效保护个人或他人的隐私，做到安全、负责任地交流；对信息技术在社会应用中的优势及局限性有较深刻的认识，具有保护信息安全、尊重知识产权、遵守相关法律法规和伦理道德准则的意识。**(信息社会责任)**

(2) 学习内容的分析和学习资源的制作

本次的教学实践是在第一次教学实践的基础之上进行开展，

由基于图形化编程的开源创客逐步过渡至基于 Python 文本编程的程序设计,属于学习内容的进阶。参考教育科学出版社的《信息技术必修1　数据与计算》及互联网 MOOC 中有关"Python 程序设计"的教材、课程等资源对学习内容进行了筛选与重构,形成适用于本书的"开源创客之 Python 编程"项目式课程,其课程内容的选择应与教学目标对应,对应关系见表 7-16。

表 7-16　"开源创客之 Python 编程"学习内容

专题内容	课时	涵盖编程知识	对应的教学目标
第 1 周:编程基础	2	✓ 开发环境的搭建与配置 ✓ Python 核心概念的理解:一切都是对象 ✓ Python 代码编程的框架与规范 ✓ "程序设计—问题解决"的"A-IPO-D"法	1-1; 1-4; 1-5 2-1; 2-3; 2-4
第 2—4 周:程序设计的骨架:数据	6	✓ 常见的数据类型(数字、字符串、元组、列表集合等) ✓ 数据如何命名:标识符的使用 ✓ 数据如何运算:运算符与表达式的使用 ✓ 数据如何赋值:自右向左的赋值法则	1-1; 1-2; 1-5 2-2; 2-4
第 5—6 周:程序设计的思维:逻辑结构	4	✓ 顺序结构的使用 ✓ 分支结构的使用 ✓ 循环结构的使用	1-1; 1-2; 1-3; 1-5 2-1; 2-2; 2-4
第 7 周:程序设计的组织:函数	2	✓ 函数的功能、使用方法 ✓ 模块的常见分类及导入方式	1-1; 1-2; 1-4; 1-5 2-1; 2-2; 2-3
第 8—10 周:项目协作任务	6	✓ 对情境任务的问题特征进行分析与数据建模,分解问题并明晰数据的类型、采集方式、运行处理与输出方式,进而提出设计开发方案 ✓ 根据设计方案,基于协作的方式完成制品的开发,实现必要的功能 ✓ 对协作制品进行反思性评价,不断完善设计方案及功能实现	1-2; 1-3; 1-4; 1-5; 2-1; 2-2; 2-3; 2-4

注:1—X 表示知识目标;2—X 表示素养目标,具体参见课程标准的分析及教学目标的确定部分。

学习内容确定之后，研究针对每周的学习内容和教学目标设计“基础任务、挑战任务和反思任务”三类协作任务，并依据协作任务的学习情境设计并制作包括教师授课课件、学习内容导图、微视频、拓展素材、协作讨论主题、知识性测试题等高质量的学习资源且分享包括思维导图、流程图制作等高效率的学习工具，并将其以特定的学习进程序列组织起来呈现在 Moodle 学习平台上，为开展协作学习做好准备。

学习资源见图 7-22、7-23：

(3) 学习者分析

基于学习者的认知基础和学习风格开展针对性教学，才能更好促进有意义的深度学习发生。学习风格方面，考虑到学习风格在首课时便基于呈现在学习平台上的 Felder-Silverman 学习风格测试量表进行过测试与分析，故而本次直接使用其分析结果而不再单独进行学习风格分析，分析结果表明：B 组实验班级学生整体

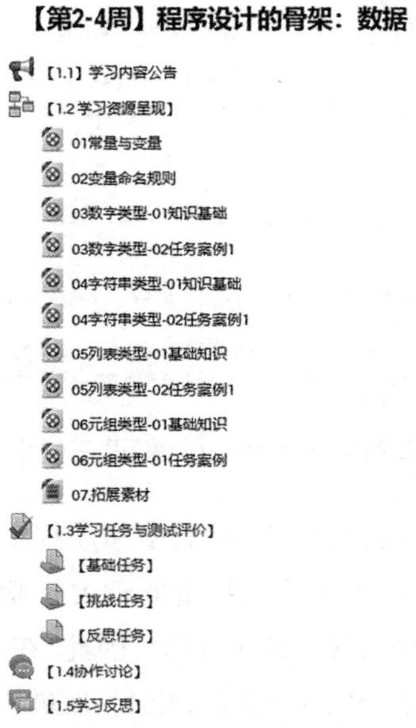

图 7-22　“开源创客之 Python 编程”学习资源(部分)

【基础任务】

任务情境:

小王最近准备要去美国旅行，但是对于去美国以后每天需要穿什么衣服表示困惑。因为到了美国以后，对于小王来说会遇到一个苦恼的问题：美国地区的温度采用华氏温度度量，而我们更为习惯使用摄氏温度度量。因此，在美国无论天气预报还是空调调节，小王都很难习惯。同样，对于来中国旅游的美国游客，也有因度量习惯不同带来的烦恼。那么这个困惑小王的问题能否用编程语言来实现转换功能呢？如果可以使用编程语言实现，请你使用Python语言程序设计一款可以解决小王烦恼的程序。

任务要求:

1. 按照教程中的完整程序开发过程，独立进行模仿式的学习，并用QQ截图等截图功能将运行结果截图，保存到桌面上，并以自己的姓名拼音和程序名称来命名，例如xuenwei_hello猫咪.jpg;

2. 把自己开发出的程序源文件下载到电脑上，并以自己的姓名拼音和程序名称来命名，例如 xuenwei_hello猫咪.py;

3. 将截图和程序文件提交作业区（可打包压缩也可分别上传）。

评分标准:

1. 作业附件可以下载，文件按照要求进行了命名得2分；没按要求命名得0分;

2. 导出的程序软件运行正常得3分；不能运行或有明显错误得0分。

【挑战任务】

任务情境:

一只青蛙可以一次跳1级台阶或一次跳2级台阶，例如:跳上第1级台阶只有一种跳法:直接跳1级即可。跳上第2级台阶有两种跳法：每次跳1级，跳两次；或者一次跳2级。问：要跳上第15级台阶有多少种跳法？

请自主探究上述问题，寻求解决方法，然后将设计好的作品上传至此作业区。

任务要求:

1. 按照教程中的完整程序开发过程，独立进行学习，并用QQ截图等截图功能将运行结果截图，保存到桌面上，并以自己的姓名拼音和程序名称来命名，例如 xuenwei_hello猫咪.jpg;

2. 把自己开发出的程序源文件下载到电脑上，并以自己的姓名拼音和程序名称来命名，例如 xuenwei_hello猫咪.py;

3. 将截图和程序文件提交作业区（可打包压缩也可分别上传）。

评分标准:

1. 作业附件可以下载，文件按照要求进行了命名得2分；没按要求命名得0分;

2. 导出的程序软件运行正常得3分；不能运行或有明显错误得0分。

【反思任务】

任务情境:

每个人的学习都会存在一定的问题和困惑，请针对你在本次的学习过程和制作的程序代码思考以下几个问题:

任务要求:

1.关于学习结果。你制作的程序代码在运行过程中存在哪些缺陷和不足，请详细描述改进的策略、思路或方案:

2.关于学习过程。你对本次学习过程是否满意，为什么？你认为本次学习过程中存在哪些问题，如何改进？你在本次学习过程中有哪些值得表扬的地方？你是否需要老师提供帮助，迫切需要哪些方面的帮助？

图 7-23 “开源创客之 Python 编程”三类学习任务举例

的学习风格为平衡型、直觉型、视觉型和序列型，此类型学生倾向于在教师和同伴的监督下按照特定的学习步骤开展学习，并以自己的直观感受来分享信息、展开讨论。因此，在协作组分组时可考虑将不同学习风格的学生进行混合搭配，促进协作效果的最大化，同时教学中应加强教师的督促并要求所有的讨论质疑应有证据的支撑，在此指导框架下由学习协作小组自定步调开展协作学习。认知基础方面，参与本次教学实践的学习者均为第一轮教学实践的对照组学生，①学生具有明显且较强的自我意识和协作技巧，能够进行协作式沟通，但在协作沟通的过程中，学生容易出现注意力不集中且少数学生不容易接纳其他人的意见。因此，在协作方面需要加强教师的有效引导；②初步掌握了图形化编程的基本原理与问题解决的编程方法，对程序设计有初步的认识和了解，并对python 文本代码编程有一定的期待和学习欲望；③学生最大的学习问题是只能完成简单的模仿式学习，缺乏对基础知识概念的深入理解和意义建构，故而不能深入分析学习情境中的问题特征，教学中应尽量提供学习者具体的体验式学习任务并组织协作交流、反思评价和教师点评反馈等多视角的学习理解机会，加深学习者对知识概念的深度意义建构，进而促进迁移创新的问题解决。

(4) 组建协作组

组建规则与组建方式均与第一轮教学实践相同(详见本章第 2 节 2.2)，具体见表 7-17、图 7-24。

表 7-17　协作组组建规则

<table>
<tr><td>组规模</td><td colspan="3">每组 4 人(共计 45 人，分为 11 小组，其中一组为 5 人)</td></tr>
<tr><td>分组方式及标识</td><td colspan="3">1. 异质分组、自愿结合：组内成员自由结合，但应包含不同性别、不同学习风格
2. 协作组标识：【组号】＋口号，如【01】傲压群芳小组：团结互助，永当先锋！</td></tr>
<tr><td rowspan="5">角色分工</td><td>组员姓名</td><td>角色名称</td><td>基本职责</td></tr>
<tr><td>×××</td><td>观点提出者</td><td>根据任务提出整体的解决方案，负责组织并引导讨论走向，一般由组长担任</td></tr>
<tr><td></td><td>支持论证者</td><td>提供支持提出观点的证据和理由</td></tr>
<tr><td></td><td>质疑论辩者</td><td>提供反对质疑提出观点的证据和理由</td></tr>
<tr><td></td><td>记录汇报者</td><td>记录每次协作讨论的时间、观点及共识</td></tr>
<tr><td>协作规则</td><td colspan="3">自由制定本协作组的一些约束规则，如制度规则(奖惩标准、完成节点)、评价规则(成果形式、参与行为和频次)以及其他的自定规则(定期开展组内会议)</td></tr>
</table>

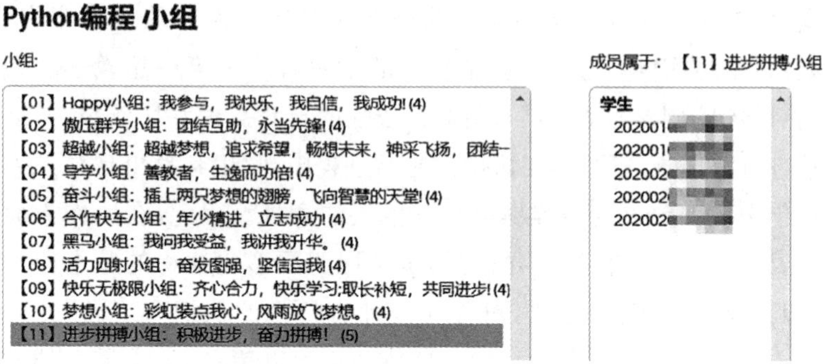

图 7-24　创建的协作组(第二轮教学实践)

3.2.2　过程阶段

过程阶段属于教师课堂教学和学生学习参与的教与学过程，教师教的目的是促进学生更有效的学，从而有效地培育计算思维。因此过程阶段本质上属于学生知识加工的阶段。依据本书建构的思维型协作深度学习设计框架，过程阶段将学生知识加工活动分为由浅层过渡至深度的“三层次”递进的活动，包括指向浅层次学习理解的激活联结活动、指向深层次加工的以群体认知冲突消解为特征的共创生成活动和指向深层次加工的以协同认知与反思为特征的反思性评价活动。其设计与实施方案如下。

(1) 激活联结活动

鉴于第一轮教学实践的数据，学生对知识的理解程度影响着其参与协作的思维论辩水平和行为参与程度，进而影响深度学习结果的达成，因此学习者对新旧知识的经验关联及其对新知的掌握理解水平成为开展协作学习活动的前提性制约因素。当学生缺乏系统化学科知识的掌握与理解则会使得其学习失去支撑根基，深度学习就不可能产生。故本次教学实践将“K-UWCA”设计策略纳入“激活联结”活动，以此增强学习者对新旧知识的经验关联和对新知的理解水平。激活联结活动的设计方案与实施过程见表 7-18、表 7-19、图 7-25。

表 7-18　“开源创客之 Python 编程”“K-UWCA”设计策略

<table>
<tr><td rowspan="5">K-UWCA
激活联结</td><td>知道什么(Know-Understanding)</td><td>想学习什么(Know-Wanted)</td></tr>
<tr><td>请写出关于(当前协作任务和个体任务),你已经知道的东西,如相关词汇、生活经历、网站资源等</td><td>请写出关于(当前协作任务和个体任务),你最想获得的是什么?</td></tr>
<tr><td>困惑之处(Know-Confusion)</td><td>能够做什么(Know-Action)</td></tr>
<tr><td>请写出关于(当前协作任务和个体任务),你有哪些困惑之处?</td><td>请写出关于(当前协作任务和个体任务),完成之后能够解决生活中的什么问题,这一概念或技能现在和未来对你会有何帮助?</td></tr>
<tr><td colspan="2">学习支持:可开展侦探游戏获取支持,游戏法则:学习者向其他同伴或老师或其他类型任务的组别就“K-UWCA”的任何或全部问题提问,并将其记录下来,并作签名。</td></tr>
</table>

“K-UWCA”设计策略可促进学生对知识的理解程度,进而影响其参与协作的思维论辩水平和行为参与程度,“K-UWCA”设计策略基于“学习资源序列”和“基础任务”围绕任务情境展开实施,具体设计方案见表 7-19。

表 7-19　“开源创客之 Python 编程”激活联结活动的设计

专题内容	课时	任务情境	对应的教学目标
第 1 周:编程基础	2	小王最近准备要去美国旅行,但是对于去美国以后每天需要穿什么衣服表示困惑。因为到了美国以后,对于小王来说会遇到一个苦恼的问题:美国地区的温度采用华氏温度度量,而我们中国人更为习惯使用摄氏温度,因此,在美国无论天气预报还是空调调节,小王都很难习惯。同样,对于来中国旅游的美国游客,也有温度度量习惯不同带来的烦恼。那么这个困惑小王的问题能否用编程语言来实现转换功能呢?如果可以使用编程语言实现,请你使用 Python 语言程序设计一款可以解决小王烦恼的程序。	1-1; 1-4; 1-5 2-1; 2-3; 2-4

续表

专题内容	课时	任务情境	对应的教学目标
第 2—4 周:程序设计的骨架:数据	6	二战时期,美国情报部门截获了日本间谍偷偷获取的太平洋战争的密保,截获的是一串互不相关的字符串“Mdsdqhvh dwwdfn rq Dphulfd”,后经美国密码专家破译后得知,日本间谍使用了凯撒密码进行了加密。凯撒密码是古罗马凯撒大帝用来对军事情报进行加密的算法,它采用了替换方法对信息中的每一个英文字符循环替换为字母表序列该字符后面第 K 个字符,假设 K=3,其对应关系如下: 原文:A B C D E F G H I J K L M N O P Q R S T U V W X Y 密文:D E F G H I J K L M N O P Q R S T U V W X Y Z A B 请你使用 Python 语言程序设计一款程序,帮助美国情报部门可以根据截获的加密情报进行快速的破解。	1-1; 1-2; 1-5 2-2; 2-4
第 5—6 周:程序设计的思维:逻辑结构	4	请你使用 Python 语言程序设计一款猜数字的小游戏,游戏的规则是:系统随机生成一个 0—100 的数字,你有 3 次机会猜这个数是多少,如果 3 次之内猜对了,系统输出“恭喜,猜对了,一共猜了×次”;如果三次都没猜对,则输出“游戏结束!”。每次输入你要猜的数后,系统根据你输入的值和随机生成的数作比较,告诉你“猜大了”或“猜小了”。比如:随机生成的数是 55,如果你猜 20,系统输出“猜小了”;如果你猜 89,系统输出“猜大了”。	1-1; 1-2; 1-3; 1-5 2-1; 2-2; 2-4
第 7 周:程序设计的组织:函数	2	一只青蛙可以一次跳 1 级台阶或一次跳 2 级台阶,例如:跳上第 1 级台阶只有一种跳法:直接跳 1 级即可。跳上第 2 级台阶有两种跳法:每次跳 1 级,跳两次;或者一次跳 2 级。问要跳上第 15 级台阶有多少种跳法?	1-1; 1-2; 1-4; 1-5 2-1; 2-2; 2-3

续表

专题内容	课时	任务情境	对应的教学目标
第 8—10 周：项目协作任务	6	接下来的三周请各协作小组根据生活中常见的问题自主协商完成“基于 Python 编程解决生活问题”的程序设计与编程实现，题目自定，并按要求将程序名称、实现的功能、设计方案、应用场景及最终的程序源代码发布在 Moodle 学习平台里。	1-2；1-3；1-4；1-5；2-1；2-2；2-3；2-4

图 7-25　“开源创客之 Python 编程”激活联结活动的实施

(2) 共创生成活动

共创生成活动是基于“挑战任务”和“协作讨论”围绕个体或协作组群体的认知冲突通过观点共享、质疑论辩、批判建构等协作进行交互，从而产生协商之后的共识，进而能够将理解性建构的学科概念和高阶认知迁移应用于不同情境中以创新灵活地解决真实且复杂的生活问题，包括近迁移的实践运用能力和远迁移的融合创生能力，其设计框架见表 7-20。

鉴于第一轮的教学实践，发现学生围绕“协作任务”展开的创新生成和质疑论辩存在不足，故本次教学实践将“设计协作任务”作为独立的设计步骤划分出来，并提出“情境任务的问题层级化”设计策略（见表 7-21），同时为层级化的情境任务提供 A-IPO-D 协作支持支架（见表 7-22）。A-IPO-D 协作支持支架针对问题层级化的情境任务提出支持协作组围绕情境任务开展观点分享、质疑论辩、批判建构等协作交互，每个环节都有对应的计算思维核心要素，前文已涉及，此不赘述。

表 7-20 “开源创客之 Python 编程”共创生成活动的设计

<table>
<tr><td rowspan="4">观点阐述</td><td colspan="20">个体任务的完成情况：</td></tr>
<tr><td colspan="20">个体的求解思路或初步方案：</td></tr>
<tr><td colspan="20">支撑的证据、理由：</td></tr>
<tr><td colspan="20">存在的问题困惑：</td></tr>
<tr><td rowspan="6">质疑论辩</td><td colspan="5">小组成员姓名</td><td colspan="5">阐述的核心观点或方案</td><td colspan="5">支撑的证据、理由</td><td colspan="5">存在的问题或困惑</td></tr>
<tr><td colspan="5"></td><td colspan="5"></td><td colspan="5"></td><td colspan="5"></td></tr>
<tr><td colspan="5"></td><td colspan="5"></td><td colspan="5"></td><td colspan="5"></td></tr>
<tr><td colspan="5"></td><td colspan="5"></td><td colspan="5"></td><td colspan="5"></td></tr>
<tr><td colspan="5"></td><td colspan="5"></td><td colspan="5"></td><td colspan="5"></td></tr>
<tr><td colspan="5"></td><td colspan="5"></td><td colspan="5"></td><td colspan="5"></td></tr>
<tr><td>协商共识</td><td colspan="20">1. 解决了你的哪些问题或困惑？
2. 达成的完成协作任务的共识有哪些？</td></tr>
<tr><td rowspan="4">知识/制品</td><td colspan="4">成果名称</td><td colspan="4">成果形式</td><td colspan="4">功能特点</td><td colspan="4">应用价值及场景</td><td colspan="4">创新之处</td></tr>
<tr><td colspan="4"></td><td colspan="4"></td><td colspan="4"></td><td colspan="4"></td><td colspan="4"></td></tr>
<tr><td colspan="4"></td><td colspan="4"></td><td colspan="4"></td><td colspan="4"></td><td colspan="4"></td></tr>
<tr><td colspan="4"></td><td colspan="4"></td><td colspan="4"></td><td colspan="4"></td><td colspan="4"></td></tr>
</table>

表 7-21 “开源创客之 Python 编程”情境任务的问题层级化设计策略（举例）

任务类型	挑战任务
任务情境	同学聚会时，大家准备玩猜数字的游戏，游戏的规则是：预先设定一个数字，你有 3 次机会猜这个数是多少，如果 3 次之内猜对了，系统输出“恭喜，猜对了，一共猜了×次”；如果三次都没猜对，则输出“游戏结束！”。比如：设定的数字是 55，如果你猜 20，系统输出“猜小了”；如果你猜 89，系统输出“猜大了”。
问题层级 1（指向 python 的数据与控制结构）	请你根据所学的 Python 知识，使用 Python 语言程序设计能够实现上述功能的一款猜数字的小游戏。

续表

任务类型	挑战任务
问题层级 2 （新增 python 随机库对象）	现在将上述的游戏规则进行升级，升级后的规则如下：首先由系统随机生成一个数字，每次输入你要猜的数字后，系统根据你输入的值和随机生成的数字作比较，告诉你“猜大了”或“猜小了”。比如：随机生成的数字是 55，如果你猜 20，系统输出“猜小了”；如果你猜 89，系统输出“猜大了”。 请你根据新的游戏规则，使用 Python 语言程序设计重新设计能够实现新功能的一款猜数字的小游戏。
问题层级 3 （新增 python 函数式编程和三种控制结构）	现在游戏规则重新进行升级，提供给用户三种游戏模式，升级后的规则如下：首先由系统随机生成一个数作为预先设定的数字，然后系统告诉用户，你进入了猜芳华的游戏中，预先设定的年龄已经随机生成，现在你有三种结构可以玩，请选择：if/while/for。需要用户从三种模式中任选一种模式进行玩乐，如选择“if”结构模式时，应首先输入你要猜的数字，系统根据你输入的值和随机生成的数字作比较，告诉你“猜大了”或“猜小了”。 请你根据新的游戏规则，使用 Python 语言程序设计重新设计能够实现新功能的一款猜数字的小游戏。
问题层级 4 （新增 PYQT5 图形界面设计和 exe 可执行应用程序生成）	现在你设计的游戏还只能在调试环境中运行，要想在互联网环境中分享你的程序让别人也能够下载使用，就像下载 QQ、微信一样，然后在电脑中直接运行，还需要设计图形化界面并打包生成 exe 格式的可执行应用程序软件。 请你根据上述要求，使用 Python 语言程序设计图像化界面，并打包 exe 格式的软件。

表 7-22　“开源创客之 Python 编程”层级化情境任务的协作支持支架(举例)

协作任务	猜数字游戏
问题情境呈现	猜数字是一种古老的密码破译类心理博弈小游戏，一般由两个人或多人玩，也可以由一个人和电脑玩。同学聚会时，大家准备玩猜数字的游戏，游戏的规则是：预先设定一个数字，你有 3 次机会猜这个数字是多少，如果 3 次之内猜对了，系统输出“恭喜，猜对了，一共猜了×次”；如果三次都没猜对，则输出“游戏结束！”。比如：设定的数字是 55，如果你猜 20，系统输出“猜小了”；如果你猜 89，系统输出“猜大了”。 请你试着编写一款能够实现人机对猜的猜数字游戏小程序。

续表

协作任务	猜数字游戏
分析问题情境(A):问题界定与分解抽象	引领学生从上述问题情境中界定需要解决的具体问题:如何使用编程工具编写一款能够实现人机对猜的猜数字游戏小程序,其中涉及随机数、数据、判断及循环等计算概念。 继而引领学生将其分解为三个子问题: ① 获取数据:计算机随机产生一个1—100之间的整数数字,玩家输入一个猜测的数字,并将其抽象表示为"random_data、guess_data"; ② 数据判断:计算机根据实际情况自动提示"猜高了、猜低了或猜对了"; ③ 重复循环:重复猜测,直到猜对了游戏结束。
输入(I):数据组织与模型建构	根据子问题通过小组协作将获取的数据进行选择、分析与组织以构建数据的组织模型,如下图: 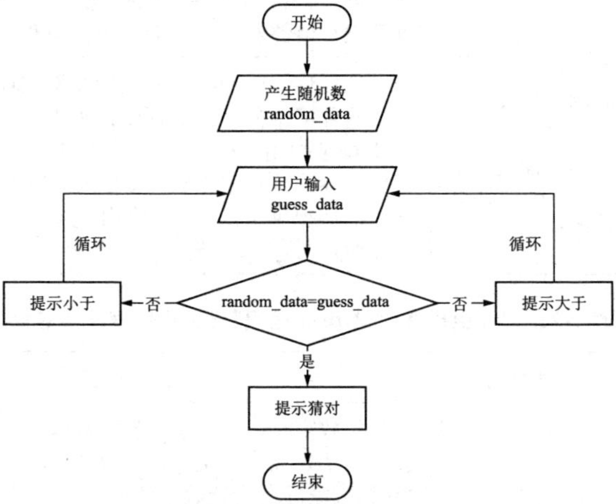
处理与输出(PO):算法设计与评估调试	引领学生首先选择编程工具(图形化或 Python),接着定义"数据变量、数据的逻辑比较和循环结构体"等算法结构,最后将其组合以形成程序(图形化、文本),并进行结果的测试评估是否解决了情境问题。

续表

<table>
<tr><th>协作任务</th><th>猜数字游戏</th></tr>
<tr><td>处理与输出(PO)：算法设计与评估调试</td><td><pre><code>"""
作者：徐恩伟
内容：青春年华---我的芳龄你猜猜?
版本：1.0
"""
def main():
    real_age=15 #定义一下我真实年龄 随机的年龄15-25岁
    chances=3 #定义一个猜的次数变量
    #定义一个while循环体
    while chances>0:
        print("你还有" chances," 次猜测机会")
        guess_age=int(input("请输入你猜的年龄：->"))
        if real_age>guess_age:
            print("#你猜小了##，实际年龄比{}大".format(guess_age))
            chances=chances-1
        elif real_age< guess_age:
            print("#你猜大了##，实际年龄比{}小".format(guess_age))
            chances = chances - 1
        else:
            print("##BINGO！##猜对了！")
            break
    #判断是否使用尽了机会
    if chances ==0:
        print("##抱歉机会用光拉~~！#")
if __name__ == '__main__':
    main()</code></pre></td></tr>
<tr><td>论证交流(D)：协作反思与迁移创新</td><td>以协作小组的形式开展对程序实现问题解决的评估与概括，不断追问“实现的功能是否完善？是否还需增加其他功能(次数、时间)？”以训练学生的概括能力和批判性思维。
若协作组成员无认知冲突，达成该阶段的共识，则转入下一问题层级的情境任务。</td></tr>
</table>

图 7-26　“开源创客之 Python 编程”共创生成活动的实施

(3) 反思性评价活动

反思性评价活动不是最终的学习结果的评价，而是由协作组组间主导的围绕“知识/制品”展开的“促进学习”的“再优化设计”评价,从某种意义上说是协作组组间版的共创生成设计,即协作组依据教师制定的协作任务的目标或评价量规、通过协作组间的质疑与论辩对各协作组创生的知识/制品进行评价并反思,最终促进学生对知识概念的意义理解、问题解决的迁移应用和高阶思维能力的发展,进而达成对计算思维的培养。反思性评价活动基于“反思任务”和“互动评价”围绕“知识/制品”展开,其设计方案与实施过程见表 7-23、图 7-27。

表 7-23 “开源创客之 Python 编程”反思性评价活动的设计

<table>
<tr><td rowspan="3">观点阐述</td><td colspan="6">本组任务的完成情况:</td></tr>
<tr><td colspan="6">本组创生的知识/制品:(成果名称及形式、功能特点、应用价值及场景、创新之处)</td></tr>
<tr><td colspan="6">存在的问题困惑:</td></tr>
<tr><td rowspan="5">成果评价</td><td>组别</td><td>成果名称</td><td>成果形式</td><td>功能与技术</td><td>应用价值及场景</td><td>创新之处</td></tr>
<tr><td></td><td></td><td></td><td></td><td></td><td></td></tr>
<tr><td></td><td></td><td></td><td></td><td></td><td></td></tr>
<tr><td></td><td></td><td></td><td></td><td></td><td></td></tr>
<tr><td></td><td></td><td></td><td></td><td></td><td></td></tr>
<tr><td rowspan="7">质疑论辩</td><td colspan="2">组别</td><td colspan="2">阐述的观点、思路</td><td>支撑的证据、理由</td><td>问题困惑</td></tr>
<tr><td colspan="2"></td><td colspan="2"></td><td></td><td></td></tr>
<tr><td colspan="2"></td><td colspan="2"></td><td></td><td></td></tr>
<tr><td colspan="2"></td><td colspan="2"></td><td></td><td></td></tr>
<tr><td colspan="2"></td><td colspan="2"></td><td></td><td></td></tr>
<tr><td colspan="2"></td><td colspan="2"></td><td></td><td></td></tr>
<tr><td colspan="2"></td><td colspan="2"></td><td></td><td></td></tr>
<tr><td rowspan="2">个体反思</td><td colspan="2" rowspan="2">反思学习结果</td><td colspan="4">本组知识/制品存在哪些缺陷和不足:</td></tr>
<tr><td colspan="4">改进的策略、思路或方案:</td></tr>
</table>

续表

个体反思	反思学习过程	你对本次学习过程是否满意？为什么？
		你认为本次学习过程中存在哪些问题？如何改进？
		你认为在本次学习过程中有哪些值得表扬的地方？
		你是否需要老师提供帮助？迫切需要哪些方面的帮助？

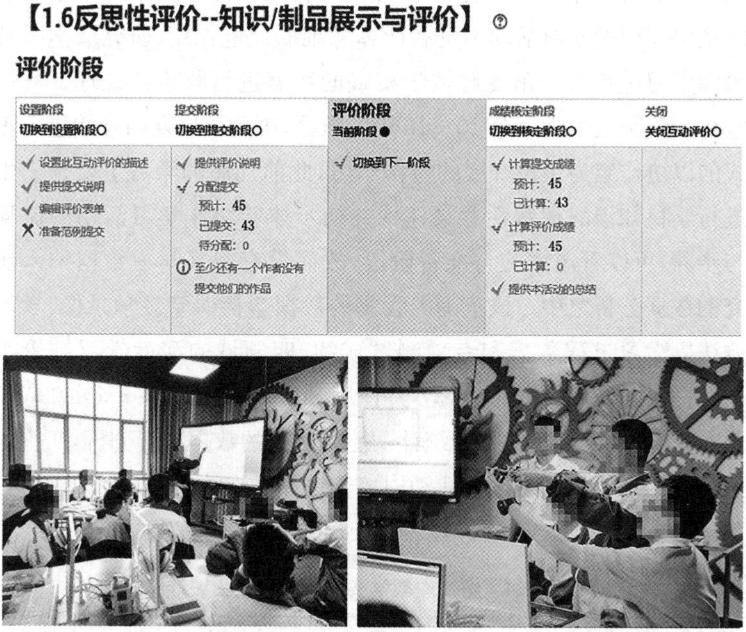

图 7-27　“开源创客之 Python 编程”反思性评价活动的实施

3.2.3　结果阶段

结果阶段不涉及学生的学习，属于学生学习的评价与反馈阶段，是由教师主导的围绕“学习结果”展开的“促进设计与教学”的反馈性评价，其目的在于不断完善思维型协作深度学习活动的设计框架以发展计算思维，指导教师进行协作学习活动的迭代设计以更精准地激励与支持学生计算思维的培养。本次教学实践的结果阶段与第一次教学实践结果阶段处理方式相同，故不再赘述（详见“开源创客之图形化编程”教学实践的“教学设计与实施”的结果阶段）。

3.3 数据收集与处理

本次教学实践历经 10 周（本学期第 9—18 周），以项目式课程的方式完成 4 个专题内容的知识学习和 1 个协作式项目任务的问题解决。为了科学评估学习效果，验证活动记录单导学支架对学生在思维型协作深度学习活动中发展计算思维的促进作用，研究从学习结果和学习过程两个角度对教学实践的数据进行收集与处理。数据收集的范围是本学期第 16—18 周的数据，因为该周期内开始进入正式的以协作组为单位开展的协作学习，此前几周的学习主要是学生进行学科知识的理解性意义建构并初步体验协作学习活动的流程与步骤，可以看作体验与准备阶段，故而没有将其学习数据纳入研究的数据分析之中。该范围内收集的数据包括课堂教学录像、学习方法等学习过程数据和专项测试成绩、四领域的深度学习结果水平、协作绩效等学习结果数据，并使用 SPSS22.0、Office Excel2020 以及 Moodle 学习平台的报表统计功能对收集的数据进行分析，回答学生在思维型协作深度学习活动中培养计算思维的效果如何。

具体的数据类型、数据来源、处理方式及收集范围见表 7-24。

表 7-24 第二轮教学实践的数据收集统计

<table>
<tr><th>数据类型</th><th>数据名称</th><th>数据来源</th><th>处理方式</th><th>收集范围</th></tr>
<tr><td rowspan="2">过程数据</td><td>课堂教学录像</td><td>录制</td><td>补充课堂交互行为</td><td>第 16—18 周</td></tr>
<tr><td>学习方法</td><td>“R-SPQ-2F”学习过程问卷</td><td>SPSS 分析</td><td rowspan="2">第 8 周（前测）
第 18 周（后测）</td></tr>
<tr><td rowspan="3">结果数据</td><td>四领域的深度学习水平</td><td>协作深度学习结果评估问卷
学生制品/作品</td><td>SPSS 分析
SOLO 编码</td></tr>
<tr><td>专项测试成绩</td><td>专项学习测试卷</td><td>SPSS 分析</td><td rowspan="2">第 18 周</td></tr>
<tr><td>协作绩效</td><td>Excel 自动计算</td><td>自动计算</td></tr>
</table>

3.4　数据分析结果

3.4.1　基于调查问卷与专项测试卷的深度学习效果检验

基于 SPSS22.0 采用独立样本 t 检验对实验班和对照班的前测数据以及后测数据进行统计分析，采用配对样本 t 检验对实验班的前后测数据以及对照班的前后测数据进行统计分析，并使用 Excel 的统计图表加以辅助分析，结果如下：

(1) 对比实验班与对照班前测数据，实验班学生整体的学习方法和计算思维深度学习水平低于对照班

本轮教学实践是基于第一轮教学实践的改进，因此本轮教学实践中实验班与对照班的前测数据即为第一轮教学实践中对照班与实验班的后测数据，各维度均值分布情况见图 7-28，独立样本 t 检验结果如表 7-25 所示：①学习方法方面，对照班学生的深度学习法($M_1=3.56$，$M_2=2.77$，$P<0.05$，$d=1.70$)及其具体的深度学习策略($M_1=3.55$，$M_2=2.26$，$P<0.05$，$d=1.42$)和深度学习动机($M_1=3.57$，$M_2=3.27$，$P<0.05$，$d=0.60$)的均值均高于实验班，且具有显著性差异，对照班学生的浅层学习法($M_1=2.58$，$M_2=3.66$，$P<0.05$，$d=3.90$)及其具体的浅层学习策略($M_1=2.46$，$M_2=4.05$，$P<0.05$，$d=2.69$)和浅层学习动机($M_1=2.69$，$M_2=3.26$，$P<0.05$，$d=1.16$)的均值均低于实验班，且具有大效应值的显著性差异；②动力领域，对照班在动机指向($M_1=3.67$，$M_2=3.38$，$P<0.05$，$d=0.53$)和学习参与($M_1=4.27$，$M_2=4.08$，$P<0.05$，$d=0.44$)的均值均高于实验班，且具有显著性差异；③认知领域，两个班的学生在知识水平的自我陈述量表反馈和专题学习测试卷成绩的 P 值均大于 0.05，表明对照班和实验班的学生在认知领域的知识水平维度无显著性差异；④能力领域，对照班在问题解决($M_1=3.37$，$M_2=2.71$，$P<0.05$，$d=1.36$)、批判性反思($M_1=3.08$，$M_2=2.50$，$P<0.05$，$d=1.03$)、协作与沟通($M_1=3.60$，$M_2=3.14$，$P<0.05$，$d=1.17$)和迁移与创新($M_1=3.06$，

$M_2=2.71$，$P<0.05$，$d=0.87$)的均值均高于实验班，且差异显著；⑤情感领域，对照班在情感体验($M_1=3.09$，$M_2=2.88$，$P<0.05$，$d=0.45$)、自我效能感($M_1=3.10$，$M_2=2.51$，$P<0.05$，$d=1.15$)、总体满意度($M_1=3.03$，$M_2=2.46$，$P<0.05$，$d=0.85$)的均值均高于实验班，且差异显著。

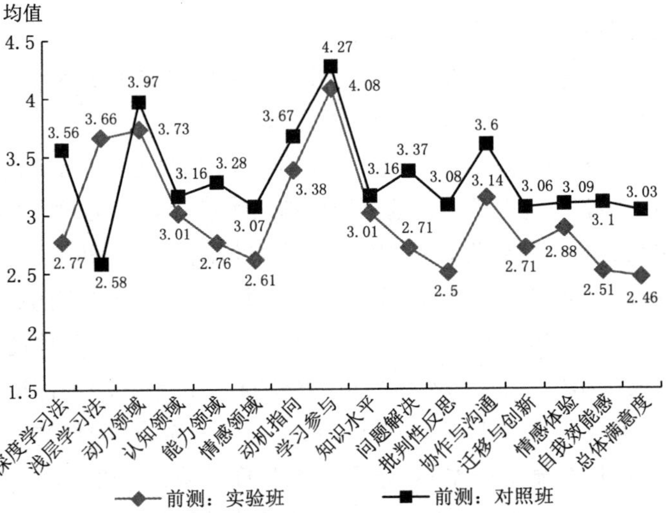

图 7-28　实验班与对照班前测均值分布情况(第二轮)

表 7-25　实验班与对照班前测独立样本 t 检验比较(第二轮)

观测维度		前测(对照班)			前测(实验班)			t	显著性(双尾)	效应值 d
		N	M	SD	N	M	SD			
整体水平	深度学习法	43	3.56	0.492	45	2.77	0.436	8.006	0.00*	1.70
	浅层学习法		2.58	0.106		3.66	0.377	−18.12	0.00*	3.90
	动力领域		3.97	0.301		3.73	0.413	3.103	0.00*	0.66
	认知领域		3.16	0.470		3.01	0.501	1.433	0.16	0.31
	能力领域		3.28	0.383		2.76	0.276	7.222	0.00*	1.56
	情感领域		3.07	0.500		2.61	0.371	4.887	0.00*	1.04

续表

观测维度		前测(对照班)			前测(实验班)			t	显著性(双尾)	效应值 d
		N	M	SD	N	M	SD			
学习方法	深度学习动机		3.57	0.425		3.27	0.571	2.764	0.007*	0.60
	深度学习策略		3.55	0.888		2.26	0.923	6.666	0.00*	1.42
	浅层学习动机		2.69	0.425		3.26	0.547	−5.438	0.00*	1.16
	浅层学习策略		2.46	0.433		4.05	0.714	−12.57	0.00*	2.69
动力领域	动机指向		3.67	0.615		3.38	0.463	2.476	0.02*	0.53
	学习参与		4.27	0.249		4.08	0.561	2.077	0.04*	0.44
认知领域	知识水平(量表)		3.16	0.470		3.01	0.501	1.433	0.16	0.31
	知识水平(试卷)	43	65.3	8.488	45	62.1	10.52	1.649	0.103	0.33
能力领域	问题解决		3.37	0.482		2.71	0.486	6.414	0.00*	1.36
	批判性反思		3.08	0.624		2.50	0.499	4.814	0.00*	1.03
	协作与沟通		3.60	0.427		3.14	0.357	5.447	0.00*	1.17
	迁移与创新		3.06	0.450		2.71	0.348	4.135	0.00*	0.87
情感领域	情感体验		3.09	0.528		2.88	0.390	2.128	0.04*	0.45
	自我效能感		3.10	0.561		2.51	0.459	5.380	0.00*	1.15
	总体满意度		3.03	0.736		2.46	0.593	4.052	0.00*	0.85

注:①N 表示样本量;M 表示均值;SD 表示标准差;② * 表示 $P \leqslant 0.05$,具有显著性差异。

上述数据分析表明:对照班与实验班的学生在知识水平维度不具有组间显著性差异,在知识水平的认知领域两个班可视为同质,而在学习方法和学习结果的其他领域维度对照班的均值显著性高于实验班,具有异质性。

(2) 对比对照班前、后测数据,学生学习方法和计算思维深度学习水平提升幅度很小

第二轮教学实践中,对照班前、后测各维度均值分布情况见图 7-29,配对样本 t 检验结果如表 7-26 所示:①学习方法层面,对照班深度学习方法的后测均值有所降低,但不具有显著性差异,且深度学习法维度及其具体的深度学习策略、深度学习动机以及浅层学习法维度及其具体的浅层学习策略、浅层学习动机的双尾检测 P 值均大于 0.05,表明对照班的学生在前测和后测的学习方法层

面无显著性差异；②动力领域和能力领域的整体维度及其具体维度的 P 值均大于 0.05，表明对照班的学生在该两个领域的六个维度无显著性差异；③认知领域在知识水平维度具有中等偏上水平的显著性提升（$M_1=3.16$，$M_2=3.47$，$P<0.05$，$d=0.66$）；④情感领域在情感体验维度具有较高程度的显著性降低（$M_1=3.10$，$M_2=3.01$，$P<0.05$，$d=-0.66$），在总体满意度维度具有中等程度的显著性降低（$M_1=3.03$，$M_2=2.70$，$P<0.05$，$d=-0.52$），而在自我效能感维度虽有所降低但不具有显著性。

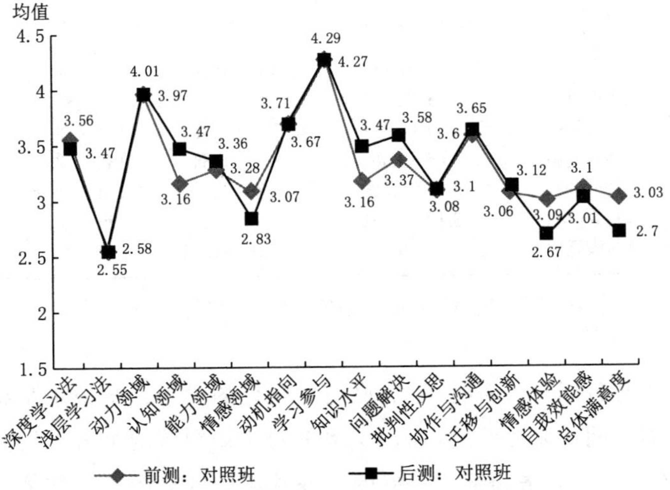

图 7-29　对照班前、后测均值分布情况（第二轮）

表 7-26　对照班前、后测配对样本 *t* 检验比较（第二轮）

	观测维度	后测（对照班）			前测（对照班）			t	显著性（双尾）	效应值 d
		N	M	SD	N	M	SD			
整体水平	深度学习法	43	3.47	0.492	43	3.56	0.701	0.848	0.399	−0.15
	浅层学习法		2.55	0.107		2.58	0.449	1.301	0.197	−0.09
	动力领域		4.01	0.302		3.97	0.301	0.461	0.646	0.13
	认知领域		3.47	0.468		3.16	0.470	2.959	0.004*	0.66
	能力领域		3.36	0.341		3.28	0.383	0.966	0.337	0.22
	情感领域		2.83	0.526		3.07	0.500	2.192	0.031*	−0.47

续表

观测维度		后测(对照班)			前测(对照班)			t	显著性(双尾)	效应值 d
		N	M	SD	N	M	SD			
学习方法	深度学习动机	43	3.54	0.426	43	3.57	0.449	0.436	0.664	−0.07
	深度学习策略		3.42	0.889		3.55	1.23	0.731	0.467	−0.12
	浅层学习动机		2.74	0.426		2.69	0.454	0.436	0.664	0.11
	浅层学习策略		2.36	0.433		2.46	1.07	1.070	0.288	−0.12
动力领域	动机指向		3.71	0.62		3.67	0.615	0.301	0.764	0.06
	学习参与		4.29	0.25		4.27	0.249	0.371	0.711	0.08
认知领域	知识水平(量表)		3.47	0.468		3.16	0.470	2.959	0.004*	0.66
	知识水平(试卷)		70.5	9.12		65.3	8.49	2.717	0.008*	0.59
能力领域	问题解决		3.58	0.478		3.37	0.482	1.923	0.058	0.44
	批判性反思		3.10	0.625		3.08	0.624	0.148	0.882	0.03
	协作与沟通		3.65	0.431		3.60	0.427	0.543	0.589	0.12
	迁移与创新		3.12	0.448		3.06	0.450	0.515	0.608	0.13
情感领域	情感体验		2.67	0.736		3.09	0.528	3.076	0.003*	−0.66
	自我效能感		3.01	0.559		3.10	0.561	0.826	0.100	−0.16
	总体满意度		2.70	0.528		3.03	0.736	2.424	0.018*	−0.52

注：①N 表示样本量；M 表示均值；SD 表示标准差；② * 表示 $P \leqslant 0.05$，具有显著性差异。

上述数据分析表明：经过第一轮教学干预的对照班学生，能够在取消教学干预措施的环境下保持深度学习的动机和学习策略，使得认知领域的知识水平得到显著性的提升，能力领域的均值虽有所提升但没有发生显著性的变化，情感领域的情感体验和总体满意度的均值有显著性的降低，这也从侧面表明：实施的教学干预可以促进学生深度学习方法的保持以及四领域学习结果的提升，而在撤销教学干预之后的传统教学虽然也可以促进学生知识水平的提升，但对问题解决、批判性思维等能力方面效果甚微，且学生学习的情感体验和总体满意度较差。

(3) 对比实验班前、后测数据,学生学习方法和计算思维深度学习水平提升幅度显著

第二轮教学实践中,实验班前、后测各维度均值分布情况见图 7-30,配对样本 t 检验结果如表 7-27 所示:①学习方法方面,深度学习法维度($M_1=2.77$, $M_2=3.97$, $P<0.05$, $d=2.74$)及其具体的深度学习策略($M_1=2.26$, $M_2=4.17$, $P<0.05$, $d=2.06$)、深度学习动机($M_1=3.27$, $M_2=3.77$, $P<0.05$, $d=0.88$)均具有不同程度的显著性提升,尤其是深度学习策略的提升效应较大,而浅层学习法维度($M_1=3.66$, $M_2=2.81$, $P<0.05$, $d=-2.65$)及其具体的浅层学习策略($M_1=4.06$, $M_2=2.64$, $P<0.05$, $d=-2.26$)、浅层学习动机($M_1=3.26$, $M_2=2.99$, $P<0.05$, $d=-0.49$)均具有不同程度的显著性降低,尤其是浅层学习策略的降低效应较大,表明实验班的学生在学习策略方面发生由浅层学习策略到深度学习策略的显著性大效应值的转变;②四领域的整体维度及其具体维度的 P 值均小于 0.05,表明实验班的学生在四领域的 10 个维度发生不同程度的显著性变化;③动力领域,在动机指向和学习参与维度具有显著性差异,但学习参与的提升效应值仅为中等偏上程度;④认知领域,学生在知识水平的自我陈述问卷反馈和专题学习测试卷成绩的均值具有显著性差异;⑤能力领域在问题解决($M_1=2.71$, $M_2=3.99$, $P<0.05$, $d=2.86$)、批判性反思($M_1=2.50$, $M_2=4.15$, $P<0.05$, $d=3.28$)、协作与沟通($M_1=3.15$, $M_2=4.11$, $P<0.05$, $d=2.08$)、迁移与创新($M_1=2.71$, $M_2=3.61$, $P<0.05$, $d=2.28$)等维度产生大效应值的显著性变化;⑥情感领域在情感体验($M_1=2.88$, $M_2=4.14$, $P<0.05$, $d=2.97$)、自我效能感($M_1=2.51$, $M_2=4.34$, $P<0.05$, $d=4.28$)、总体满意度维度($M_1=2.46$, $M_2=4.35$, $P<0.05$, $d=3.03$)等维度具有大效应值的显著性提升。

上述数据分析表明:实施教学干预的实验班学生在学习方法

和学习结果的四领域维度的均值均发生不同程度的显著性变化，尤其是在能力领域和情感领域维度的提升效应值最大，同时学习方法发生由浅层学习到深度学习的显著性大效应值的转变。这也从侧面表明：实施的教学干预在保障学生知识水平提升的前提下，可以促进学生深度学习方法的转变和四领域学习结果的提升，进而促进学生计算思维的培养。

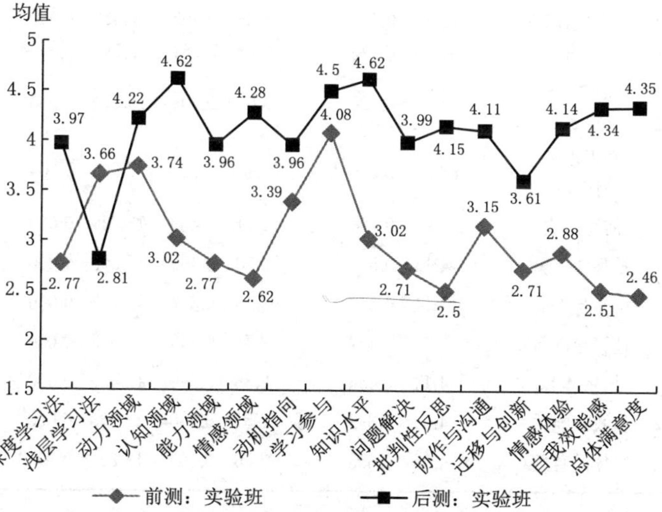

图 7-30 实验班前、后测均值分布情况(第二轮)

表 7-27 实验班前、后测配对样本 t 检验比较(第二轮)

	观测维度	后测(实验班)			前测(实验班)			t	显著性(双尾)	效应值 d
		N	M	SD	N	M	SD			
整体水平	深度学习法	45	3.97	0.440	45	2.77	0.436	90.82	0.000*	2.74
	浅层学习法		2.81	0.253		3.66	0.376	38.15	0.000*	−2.65
	动力领域		4.22	0.349		3.74	0.414	6.372	0.000*	1.25
	认知领域		4.62	0.406		3.02	0.501	19.579	0.000*	3.51
	能力领域		3.96	0.314		2.77	0.276	20.024	0.000*	4.03
	情感领域		4.28	0.321		2.62	0.372	27.480	0.000*	4.78

续表

观测维度		后测(实验班)			前测(实验班)			t	显著性(双尾)	效应值 d
		N	M	SD	N	M	SD			
学习方法	深度学习动机	45	3.77	0.570	45	3.27	0.571	23.50	0.000*	0.88
	深度学习策略		4.17	0.930		2.26	0.923	41.75	0.000*	2.06
	浅层学习动机		2.99	0.547		3.26	0.546	23.822	0.000*	−0.49
	浅层学习策略		2.64	0.531		4.06	0.714	27.693	0.000*	−2.26
动力领域	动机指向		3.96	0.437		3.39	0.463	6.489	0.000*	1.27
	学习参与		4.50	0.472		4.08	0.561	3.79	0.000*	0.81
认知领域	知识水平(量表)		4.62	0.406		3.02	0.501	19.579	0.000*	3.51
	知识水平(试卷)		68.5	10.239		62.1	10.52	2.995	0.004*	0.62
能力领域	问题解决		3.99	0.405		2.71	0.487	13.620	0.000*	2.86
	批判性反思		4.15	0.508		2.50	0.499	15.578	0.000*	3.28
	协作与沟通		4.11	0.546		3.15	0.357	10.257	0.000*	2.08
	迁移与创新		3.61	0.437		2.71	0.349	11.673	0.000*	2.28
情感领域	情感体验		4.14	0.456		2.88	0.390	15.956	0.000*	2.97
	自我效能感		4.34	0.392		2.51	0.460	23.763	0.000*	4.28
	总体满意度		4.35	0.655		2.46	0.593	15.297	0.000*	3.03

注：①N 表示样本量；M 表示均值；SD 表示标准差；② * 表示 $P \leqslant 0.05$，具有显著性差异。

(4) 对比实验班与对照班后测数据，学生学习方法和计算思维深度学习水平相近

本次教学实践中，实验班与对照班后测各维度均值分布情况见图 7-31，独立样本 t 检验结果如表 7-28 所示：①学习方法方面，实验班学生的深度学习法($M_1=3.97$, $M_2=3.47$, $P<0.05$, $d=1.07$)及其具体的深度学习策略($M_1=4.17$, $M_2=3.42$, $P<0.05$, $d=0.82$)、深度学习动机($M_1=3.77$, $M_2=3.54$, $P<0.05$, $d=0.46$)相比于对照班具有中等程度的显著性提升，实验班学生的浅层学习法维度($M_1=2.81$, $M_2=2.55$, $P<0.05$, $d=1.34$)及其具

体的浅层学习策略($M_1=2.64$，$M_2=2.36$，$P<0.05$，$d=0.58$)、浅层学习动机($M_1=2.99$，$M_2=2.74$，$P<0.05$，$d=0.51$)相比于对照班而言均值偏高且具有显著性，表明实验班的学生由于教学干预使得其学习方法发生由浅层学习到深度学习的中等效应的显著性转变，但对照班由于第一轮教学干预的保持作用使得其浅层学习方法的均值低于对照班；②动力领域，实验班与对照班在动机指向和学习参与维度具有显著性差异，但提升的效应值仅为中等程度；③认知领域，两个班的学生在知识水平的自我陈述问卷反馈方面具有高效应值的显著性差异，在专题学习测试卷成绩方面，实验班的成绩均值低于对照班，但不具有显著性差异；④能力领域，实验班和对照班在批判性反思($M_1=4.15$，$M_2=3.10$，$P<0.05$，$d=1.84$)、迁移与创新($M_1=3.61$，$M_2=3.12$，$P<0.05$，$d=1.11$)两个维度具有高效应值的显著性提升，在问题解决($M_1=3.99$，$M_2=3.58$，$P<0.05$，$d=0.93$)、协作与沟通($M_1=4.11$，$M_2=3.65$，$P<0.05$，$d=0.94$)两个维度具有中等偏上程度的显著性提升；⑤情感领域，实验班和对照班在情感体验($M_1=4.14$，$M_2=2.67$，

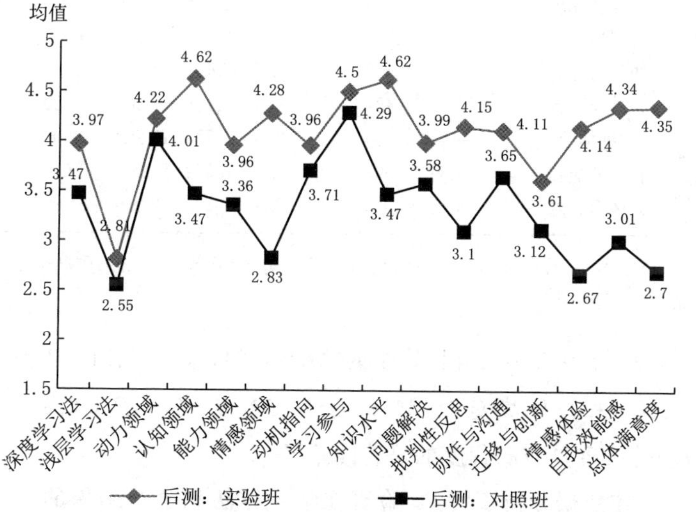

图 7-31　实验班与对照班后测均值分布情况(第二轮)

表 7-28　实验班与对照班后测独立样本 t 检验比较(第二轮)

观测维度		后测(实验班)			后测(对照班)			t	显著性(双尾)	效应值 d
		N	M	SD	N	M	SD			
整体水平	深度学习法	45	3.97	0.440	43	3.47	0.492	5.014	0.000*	1.07
	浅层学习法		2.81	0.253		2.55	0.107	6.409	0.000*	1.34
	动力领域		4.22	0.349		4.01	0.302	3.175	0.002*	0.64
	认知领域		4.62	0.406		3.47	0.468	12.253	0.000*	2.62
	能力领域		3.96	0.314		3.36	0.341	8.045	0.000*	1.83
	情感领域		4.28	0.321		2.83	0.526	15.628	0.000*	3.33
学习方法	深度学习动机	45	3.77	0.570	43	3.54	0.426	2.246	0.027*	0.46
	深度学习策略		4.17	0.930		3.42	0.889	3.887	0.000*	0.82
	浅层学习动机		2.99	0.547		2.74	0.426	2.386	0.019*	0.51
	浅层学习策略		2.64	0.531		2.36	0.433	2.684	0.009*	0.58
动力领域	动机指向		3.96	0.437		3.71	0.62	2.130	0.036*	0.47
	学习参与		4.50	0.472		4.29	0.25	2.455	0.016*	0.56
认知领域	知识水平(量表)		4.62	0.406		3.47	0.468	12.294	0.000*	2.62
	知识水平(试卷)		68.5	10.24		70.5	9.12	9.55	0.342	−0.21
能力领域	问题解决		3.99	0.405		3.58	0.478	4.339	0.000*	0.93
	批判性反思		4.15	0.508		3.10	0.625	8.609	0.000*	1.84
	协作与沟通		4.11	0.546		3.65	0.431	4.394	0.000*	0.94
	迁移与创新		3.61	0.437		3.12	0.448	5.205	0.000*	1.11
情感领域	情感体验		4.14	0.456		2.67	0.736	11.262	0.000*	2.40
	自我效能感		4.34	0.392		3.01	0.559	12.937	0.000*	2.75
	总体满意度		4.35	0.655		2.70	0.528	12.946	0.000*	2.77

注:①N 表示样本量;M 表示均值;SD 表示标准差;② * 表示 $P \leqslant 0.05$,具有显著性差异。

$P<0.05$, $d=2.40$)、自我效能感($M_1=4.34$, $M_2=3.01$, $P<0.05$, $d=2.75$)和总体满意度($M_1=4.35$, $M_2=2.70$, $P<0.05$, $d=2.77$)等维度具有高程度的显著性差异。

上述数据分析表明:实验班在学习方法和学习结果的 4 个领域维度均发生显著性的变化,尤其是在情感领域的各个维度和能力领域的部分维度提升效应最大，这也从侧面表明：实施的教学干预在保障学生知识水平提升的前提下，可以促进学生深度学习方法的转变和动力领域、能力领域及情感领域学习结果的提升，进而促进学生计算思维的培养。

3.4.2　基于项目作品 SOLO 编码数据的思维发展水平检验

本次教学干预实践结束后（本学期第 18 周），研究组织经过培训的两名研究生教师依据“基于 SOLO 分类理论的思维水平发展评估量规”（附录 3）对协作小组的作品及活动记录单进行量化编码分析，为保证分析结果的信度和效度，首先由两位教师对前 5 组作品进行独立预编码，采用 Cohen's kappa 系数进行一致性检验，直至两位编码者达成较高的一致性（$R>0.7$）之后，再重新对作品进行正式的编码。

由于学生共创生成的作品及记录单的样本量小于 30（实验班与对照班各 11 小组），因此，研究在 SPSS 中对每个协作组人工制品的编码数据进行两独立样本非参数检验的曼-惠特尼 U 检验（Mann-WhitneyU），分析两种不同教学环境下的秩序统计量，并对实验班与对照班前后测数据进行两两比较，结果见表 7-29。此外，研究在 Excel 软件中对两种教学实践环境下协作组学生的思维结构 SOLO 编码数据进行可视化分析，结果如图 7-32 所示：实验班学

表 7-29　基于项目作品的协作组思维结构水平“曼-惠特尼 U 检验”分析结果

观察维度	组别		*N*	*M*	Min	Max	*DA* (%)	Mean Rank	Sum of Rank	*Z*(*P*)
思维水平结构	前后测	实验班(前)	11	3.82	2	6	23.3%	8.36	92.00	−2.311
		实验班(后)		5.36	3	7	72.7%	14.64	161.00	(0.021*)
	前后测	对照班(前)	11	5.09	3	7	63.6%	11.91	131.00	−0.305
		对照班(后)		4.91	3	7	63.6%	11.09	122.00	(0.761)
	后测	实验班(后)	11	5.36	3	7	72.7%	12.73	140.00	−0.907
		对照班(后)		4.91	3	7	63.6%	10.27	113.00	(0.364)

注：①*N*/*M*/*Min*/*Max* 分别表示样本量/均值/最小/大值；②*DA*(%)表示达至深度学习学生所占比例

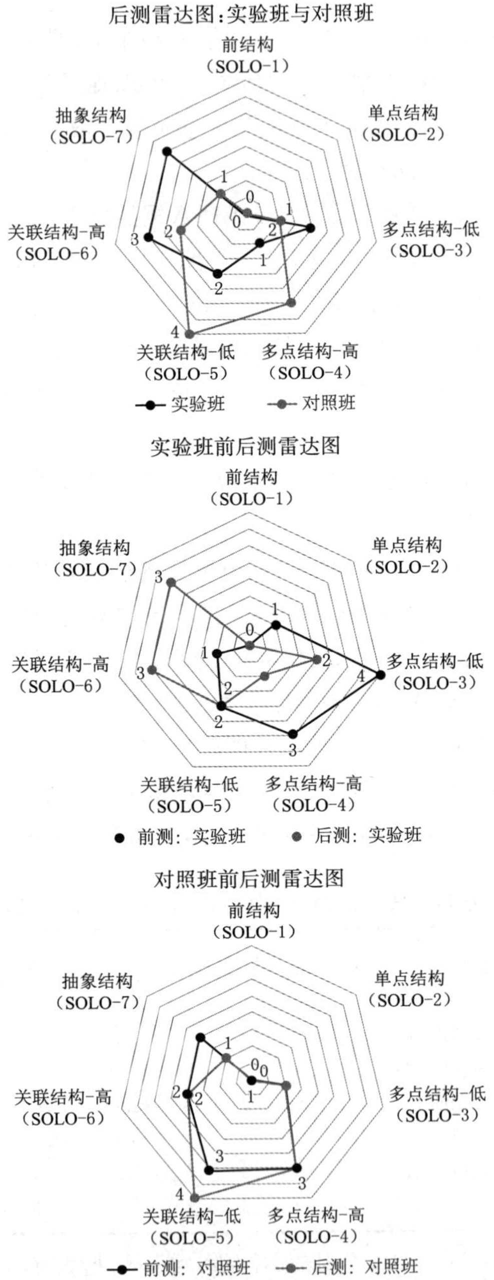

图 7-32 基于项目作品的协作组思维结构水平分布情况(第二轮)

生思维结构水平的前测均值是 3.82，达到深度学习层次的小组占 23.3%，后测均值是 5.36，达到深度学习层次的小组占 72.7%，组间差异显著（$Z=-2.311$，$P=0.021<0.05$）；对照班学生思维结构水平的前测均值是 5.09，达到深度学习层次的小组占 63.6%，后测均值是 4.91，达到深度学习层次的小组占 63.6%，组间差异不显著（$Z=-0.305$，$P=0.761>0.05$）；在后测中，实验班学生思维结构水平的均值是 5.36，达到深度学习层次的小组占 72.7%，对照班学生思维结构水平的均值是 4.91，达到深度学习层次的小组占 63.6%，组间差异不显著（$Z=-0.907$，$P=0.364>0.05$）。

以上数据表明：实施的教学干预能够有效地促进学生思维水平结构的发展，实验班的学生经过一段时间的教学干预实践，学生的思维结构呈现出由处于浅层次学习的“多点结构”向深度学习的“关联结构”和“抽象结构”转化的特性，且实施教学干预与未实施教学干预的结果（实验班前后测）具有显著性差异。由于活动记录单导学支架为学生提供了比较详细的量规和学习支持，使得学生在问题理解与任务分工、协作沟通与共创生成以及批判性质疑反思的协作过程中有据可依，有效地促进了学生思维水平结构的发展。经历过教学干预的学生（对照班）能够继续基于深度学习的思维结构提出多个与任务解决有关的知识反馈，并对情境问题相关的大部分知识信息进行关联和整合、从而有逻辑的解答复杂问题，故而实验班与对照班的后测数据以及对照班的前后测数据未发生显著性差异。

3.4.3　基于协作绩效的分析检验

本次教学干预实践中，研究将实验班与对照班前-后测的数据结果进行两两比较，结果表 7-30 所示，同时在 Excel 中将数据结果进行可视化呈现，结果如图 7-33 所示。从中可以看出：①实验班各协作小组的成绩普遍高于对照班协作小组的成绩，其均值具有大效应的显著性提升（$M_1=76.22$，$M_2=68.92$，$P<0.05$，$d=1.45$），其协作度虽然有中等效应的提升，但组间不具有显著性（$M_1=0.94$，$M_2=0.92$，$P=0.251$，$d=0.62$）；②实验班在前后测的数据

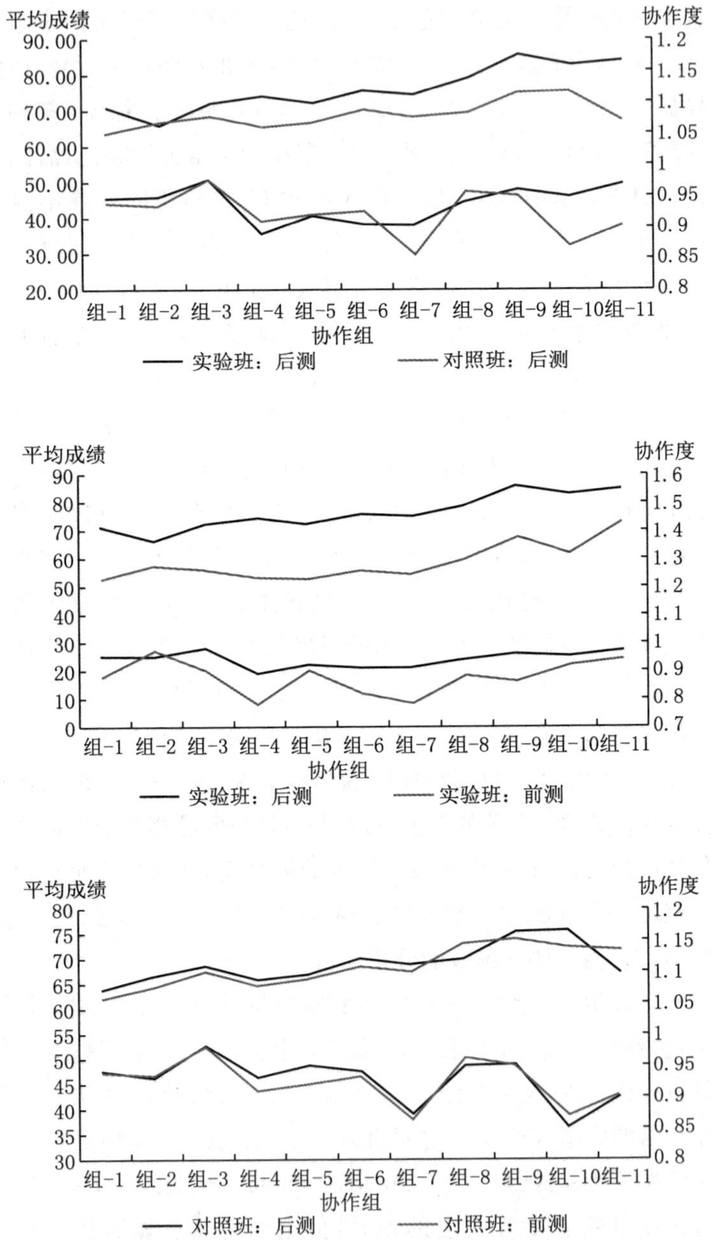

图 7-33　平均成绩与协作绩效分布情况(第二轮)

表 7-30　协作绩效独立样本 t 检验（第二轮）

组别	组号	前测		后测		平均成绩		平均协作度	
		成绩	协作度	成绩	协作度	$M(SD)$	$T(p)d$	$M(SD)$	$T(p)d$
实验班A	1-1	52.70	0.88	70.89	0.95	A-A: $M_1=58.36$ $SD_1=6.51$ $M_2=76.22$ $SD_2=6.14$	A-A: $T=6.619$ $P=0.000^*$ $d=2.82$	A-A: $M_1=0.87$ $SD_1=0.062$ $M_2=0.94$ $SD_2=0.028$	A-A: $T=3.120$ $P=0.005^*$ $d=1.46$
	1-2	57.15	0.97	66.36	0.95				
	1-3	55.27	0.90	72.16	0.98				
	1-4	53.02	0.78	74.09	0.89				
	1-5	52.91	0.90	72.25	0.92	B-B: $M_1=68.23$ $SD_1=3.99$ $M_2=68.92$ $SD_2=3.65$	B-B: $T=0.423$ $P=0.677$ $d=0.18$	B-B: $M_1=0.93$ $SD_1=0.038$ $M_2=0.92$ $SD_2=0.036$	B-B: $T=0.228$ $P=0.822$ $d=-0.27$
	1-6	54.95	0.82	75.68	0.91				
	1-7	54.60	0.78	74.77	0.91				
	1-8	59.72	0.88	79.07	0.94				
	1-9	67.63	0.86	85.86	0.96	A-B: $M_A=76.22$ $SD_A=6.14$ $M_B=68.92$ $SD_B=3.65$	A-B: $T=3.390$ $P=0.003^*$ $d=1.45$	A-B: $M_A=0.94$ $SD_A=0.028$ $M_B=0.92$ $SD_B=0.036$	A-B: $T=1.181$ $P=0.251$ $d=0.62$
	1-10	61.54	0.92	83.04	0.95				
	1-11	72.46	0.94	84.29	0.97				
对照班B	2-1	61.91	0.94	63.73	0.94				
	2-2	64.41	0.93	66.65	0.93				
	2-3	67.33	0.98	68.46	0.98				
	2-4	64.48	0.93	65.73	0.91				
	2-5	65.80	0.95	66.90	0.92				
	2-6	68.28	0.94	70.13	0.93				
	2-7	67.40	0.87	68.66	0.86				
	2-8	73.05	0.95	69.86	0.96				
	2-9	73.81	0.95	75.24	0.95				
	2-10	72.26	0.85	75.39	0.87				
	2-11	71.79	0.90	67.36	0.90				

注：① $M(SD)$表示均值及标准差；$T(p)d$ 分别表示 t 值、显著性和效应量；

② A-A 表示实验班前后测；B-B 表示对照班前后测；A-B 表示实验班与对照班后测。

③ * 表示 $P \leqslant 0.05$，具有显著性差异。

对比中,其后测成绩均值具有高效应量的显著性提升($M_1=76.22$, $M_2=58.36$, $P<0.05$, $d=2.82$),其协作度均值也具有高效应量的显著性提升($M_1=0.94$, $M_2=0.87$, $P<0.05$, $d=1.46$);③对照班在前后测的数据对比中,其前后测成绩均值和协作度均值均没有发生显著性变化,由于撤销了活动记录单导学支架的教学干预,其协作度均值呈现下降的趋势($M_1=0.93$, $M_2=0.92$, $P=0.822$, $d=-0.27$)。

上述数据表明:对照班由于在第一轮教学实践中经历过活动记录单导学支架的学习支持,其在第二轮教学干预中没有呈现出明显的变化,而实验班由于在第二轮教学干预中增加了活动记录单导学支架,其协作绩效呈现出高效应值的显著性变化。故经过一段时间的教学干预实践,尤其是在活动记录单导学支架的学习支持下,实验班学生在认知冲突的澄清协商与意义建构、协作沟通与共创生成以及批判性质疑与反思等协作过程中开展了有效的协作,共同提升了协作绩效,促使学生在思维型协作深度学习活动中发展计算思维,从而验证了本书构建的协作深度学习活动设计框架对于培养学生计算思维的有效性。

3.5 效果分析

本次教学实践得出以下结论:

第一,学生在思维型协作深度学习实践中计算思维的培育效果得到了显著提升。第二轮教学实践采用 A-B-B-A 模式的准实验设计,不仅补偿了对照班接受新型教学模式的公平性,而且印证了思维型协作深度学习活动设计框架在教学实践中对学生计算思维培育的有效性,即:无论是实验班的前-后测数据结果,还是实验班与对照班的后测数据结果,或者对照班的前后测数据结果,都表征出实施的教学干预引发学习者学习方法由浅入深的显著性大效应值的转向且经历过教学干预的学生能够保持原有的深度学习方法,促进学习者思维水平结构由多点结构向关联结构和抽象结构的显著性转化，有益于学习者在学习结果四领域的发展，达成对计算思维的培育。

第二，K-UWCA 设计策略促进学习者对学科概念知识的深度理解。学科概念知识是引发深度学习、促进计算思维培育的认知基础，K-UWCA 设计策略对应学习者认知基础中的“前理解、认知冲突和发展区”三个关键因素，促使其在协作互动中建构意义理解、形成概念转变的高阶思维。运用 SPSS 分析学生在知识水平的自我陈述问卷反馈和专题学习测试卷成绩后发现：学生在知识水平的自我陈述问卷反馈和专题学习测试卷成绩的均值相比于对照组和前测均值都具有显著性差异，故“K-UWCA”设计策略有效地促进了学习者对学科知识内容的深度理解，有效地培育类学生的计算思维。

第三，层级化协作任务设计和 A-IPO-D 协作支持支架促进远迁移的融合创生。协作任务既是学习目标操作层面的具体化，又贯穿激活联结、共创生成、反思性评价等深度加工层面，是协作学习活动设计的核心。协作任务的层级化设计不仅仅与学科知识内容密切相关，而且以渐进分层的方式将学习者学习的新知技能与原有的知识经验进行互联，引发强烈的指向意义理解的学习动机；A-IPO-D 协作支持支架消解学习者的编程恐惧，促进学习者将理解性建构的学科概念和高阶认知迁移应用于不同情境中以创新灵活地解决真实且复杂的生活问题，引发远迁移的融合创生。研究运用 SPSS 统计分析学生在迁移创新维度的自我陈述问卷反馈和基于项目作品 SOLO 编码分析后发现：实验班迁移创新维度的均值发生了中等偏上程度的显著性提升，有 63.6％学生的思维结构水平已经达到深度学习的低水平“关联结构”阶段及以上，即有超过总体半数以上的学生可以从全局上理解问题的关键、能够对问题相关的大部分知识信息进行关联和整合、能够有逻辑的解答复杂问题，故层级化协作任务设计促进了学习者远迁移的融合创生。

第四，明暗双中心的过程性学习支持进一步提升学习者的情感体验。深度学习在强调深度理解和迁移创新等能力方面的结果外,学习过程中的情感因素也非常重要。过程性学习支持是增强学生学习情感体验的重要路径,通过对学习者存在的某些疑难认知问题、经验性(隐性)知识的不足及其他超出学习者自身认知范围的问题提供过程性学习支持,可以提升学习者学习的情感体验,进而激发其指向学习理解的学习动机,本研究的数据分析结论为此提供趋同的证据。在第二轮教学实施过程中,三类精细化过程性学习支持消解学习者对编程学习的恐惧和焦虑,引发协作组内高效的协作交互,促进学生高质量的编程知识学习和创新型项目作品的设计,从而使得实验组的学生在迁移创新维度和情感领域维度的均值相比于对照组而言具有较高程度的显著提升。

总之,本次的数据分析结果表明:K-UWCA设计策略能够加强学习者对学科概念知识的深度理解;层级化协作任务设计和A-IPO-D协作支持支架能够促进学习者将理解性建构的学科概念和高阶认知迁移应用于不同情境中以创新灵活地解决真实且复杂的生活问题,引发远迁移的融合创生;"协作任务和导学支持"的"明暗"双中心过程性学习支持能够进一步提升学习者学习的情感体验,激发其指向学习理解的学习动机。本次教学实践通过"ABBA"的准实验研究中的交叉实验设计从侧面进一步验证活动记录单导学支架在教学实践中对计算思维培育的有效性,进而间接验证在编程教育中,思维型协作深度学习设计框架在教学实践中对计算思维培育的有效性。

第8章　思维型协作深度学习的实践思考

思维型协作深度学习设计框架不仅能够促进学习者的知识学习方法和能力发展结果，而且蕴含着“思维型教学理论、教学设计理论、深度学习和协作学习活动的知识基础”，同时表征出“思维型协作深度学习何以促进计算思维”的学理逻辑和实践逻辑，可以指导教师在编程教学实践中知晓思维型协作深度学习活动的设计方法与实施路径并支持学生更好地开展思维型协作深度学习实践，从而有效地培育计算思维。

第1节　学习价值回归：知识学习和能力发展的双向促进

学习的价值意义在于追求深度学习以发展计算思维，即“学习者能够基于知识的表层符号，产生对所学知识的深度理解并形成高阶思维发展水平，从而迁移内化的理解性知识和思维能力创新灵活的解决生活中的实际问题”①；因此，学生学习价值意义的回归便是对“思维型协作深度学习是否促进了计算思维培育？”有效的回答。

---

① 郭元祥，伍远岳.学习的实践属性及其意义向度[J].教育研究，2016，37(02)：102—109；张燕，程良宏.教师的深度学习如何深入：学习要素的视角[J].当代教育科学，2019(08)：45—51.

1.1 从浅表获取到深度理解的"知识学习方法"

培养计算思维需要深度理解编程知识，编程知识学习需要学习方法的支持，"如果学习者基于浅层的学习方法获取知识，就会对所学知识进行机械式的死记硬背并对学习任务进行表层式粗浅的回答；如果学生基于深层的学习方法理解知识，就会更加关注知识的本质及其之间的相互联系"①。因此，学习方法表征着学习者对新旧知识加工方式的动机指向，而指向理解的学习动机是深度学习的关键表征，正如深度学习概念的提出者马顿和塞尔乔等人所言，"深度学习方法是意义理解导向的学习方式，旨在促进学生对知识内容产生深度理解而不是获取了多少知识"②。

两轮教学实践中基于准实验研究的交叉实验设计及其结果数据，表明"思维型协作深度学习设计框架"能够促进学生学习方法由浅表获取向深度理解的转变，尤其是学习动机和深度学习策略的转变最为显著，且在撤销教学干预之后，学生深度学习动机和深度学习策略可以得到一定程度的保持。在教学实践过程中，"学习者是协作学习的主体，激发学生指向理解的学习动机是提高学生有意义且主动学习的关键，是促进学生深度学习的重要前提"③。故而教学实践过程中学习者知识学习方法的转变，促使学习者能够基于知识的表层符号，产生了对所学知识的深度理解并形成了高阶思维发展水平，从而促使学生在思维型协作深度学习活动中发展计算思维，促使学习价值意义的回归。

---

① 周序."深度学习"与知识的深度认识[J].四川师范大学学报(社会科学版)，2021，48(05)：169—175.

② Marton，Saljo R. On qualitative differences in learning：I-Outcome and process[J]. British Journal of Educational Psychology，1976(46)：4—11.

③ Harris C，Krajcik J，Pellegrino J，& DeBarger A. Designing Knowledge-In-Use Assessments to Promote Deeper Learning[J]. Educational Measurement：Issues and Practice，2019，38(2)，53—67.

1.2　从分离孤立到整合迁移的“能力发展结果”

“计算思维作为一种思维能力是学生将习得的知识和思维迁移应用于特定情境中的问题解决所体现出来的素质，是联结知识、思维与真实问题情境的桥梁，从而使得学习者的学习从分离孤立的静态知识转向动态运用的整合迁移”①，因而学习者能力的发展可以促使其迁移内化的理解性知识和高阶思维创新灵活的解决生活中的实际问题，达成计算思维的灵活迁移应用。

两轮教学实践中基于准实验研究的交叉实验设计及其结果数据，表明思维型协作深度学习设计框架能够有效提升学生的沟通协作能力、高阶思维能力和问题解决能力等关键能力的发展，促进学生学习价值意义的回归，有效地促使学生在思维型协作深度学习活动中发展计算思维。

值得说明的是在学生四领域学习结果提升的效应中，能力领域的均值相比其他领域而言提升不足（$M_{动力领域}=4.22$，$M_{认知领域}=4.62$，$M_{能力领域}=3.96$，$M_{情感领域}=4.28$），而认知领域的知识水平维度无论是否有教学干预都呈现提高的趋势。认知领域作为和考试成绩直接挂钩的维度，是当前学校教育中一直孜孜追求的至高目标，故无论是否有教学干预，都表现出提高的趋势；动力领域与情感领域具有短时效应，即新颖的任务材料、融洽的学习氛围、教师的及时支持等因素能够在短时间内引起学习者在动力领域和情感领域各维度发生显著变化；但能力领域具有长时效应，对学习者能力提升的培养不能过于急躁，因为“能力作为学习者在潜移默化中形成的较为稳定的能够将习得的知识和思维迁移应用于特定情境

① Chapman C, Ramondt L, & Smiley G. Strong community, deep learning: Exploring the link[J]. Innovations in education and teaching international, 2020, 42(3), 217—230；程良宏.从知识教学到文化实践：深度教学走向深入的视域演进[J].课程.教材.教法，2019，39(07)：40—46.

中的问题解决所体现出来的素养，需要长时间的培养周期”①。因此，在能力培养领域，教师应该设计聚焦“渐进式、跨学科项目整合”的长周期教学实践，从而使得学习者对所学知识能够融会贯通，进而促进学习者在能力领域发生高效应值的变化。此外，在传统基础教育中，教师的教学方式和评价方式对学习者思维发展的影响是造成学习者在认知领域和能力领域产生较大差异的原因之一，即：“从教学方式上看，学习者长期处于教师以讲授式为主的教学方式下，思维上已经习惯接受式学习和反复训练式学习，在面对情境性问题解决中缺乏指向问题解决的主动且创新的意识；从评价方式上看，传统教育中以分学科教学进行的单知识性讲授与评价，致使学习者形成聚焦明确性问题而进行快速解题的思维模式”②。已有相关的研究表明：“在课堂教学中，如果单独地训练学习者的思维能力，那么学习者将获得的是分离且孤立的能力，这种能力无法迁移应用于真实生活情境中的问题解决，即使将对学习者的思维能力培养进行多学科教学融合的刻意训练，那么，对学习者思维能力的培养也不是能够一蹴而就的，需要开展长周期的教学实践才可以促进学习者思维能力的缓慢提升”③。

第2节　TDS-SPC赋能：培育计算思维的实践路径

计算思维的有效培育既离不开学术理论揭示的内在规律，又离不开理论指导下的具有可操作性的教学实践路径。因此，基于

① Xu E, Wang W. & Wang Q. The effectiveness of collaborative problem solving in promoting students' critical thinking: A meta-analysis based on empirical literature. Humanit Soc Sci Commun 10, 16(2023).

② 徐恩伟，王炜，宁可为.双线融合·三阶活动：面向计算思维培养的教学模式建构及实证研究[J].教育信息技术，2022(Z2)：31—35.

③ 胡卫平，刘佳.小学生思维能力的培养：五年追踪研究[J].心理与行为研究，201513(05)：648—654+663.

理论建构与实践优化的思维型协作深度学习实践从 TDS-SPS 设计模型及其具身化设计的教师设计手册和学生活动指南等层面有效地培养学生的计算思维。

2.1　基于理论建构与实践优化的 TDS-SPC 设计模型

学生在思维型协作深度学习中有效培养计算思维的教学实践“既不是纯粹学术理念的存在，也不是纯粹物化实体的存在，而是一种介于两者之间兼具主观性与客观性的文化存在”①；“文化存在作为人类实践的活动系统，兼具外化的活动现象和内隐的思维逻辑，并通过媒体的中介作用将其贯穿”②；“教学设计模型本身是一种媒介，不仅在理论上具有较强的理论逻辑性，而且在实践上具有教学指导作用”③。因此，运用有效的教学模型是促使学术理论转化为教学实践的重要途径。

本书围绕“编程教育中面向计算思维培养的思维型协作深度学习活动的设计与实践”，依据“聚焦思维发展的思维型教学理论、活动理论演绎研究路径导向的协作学习活动设计过程、深度学习影响因素的 3P 模型、DELC 深度学习路线和建构主义取向的教学设计的过程模式”这五个密切相关的具体理论建构了 TDS-SPC（三阶段・双中心・六层面）螺旋推进循环型设计模型，同时在两轮教学实践中对其进行了修订、完善和优化，并形成了教师视角下“TDS-SPC”具身化设计的“双中心・七步骤”过程模式（即教师设计手册）和学生视角下“TDS-SPC”具身化设计的活动记录单导学支架（即学生活动指南）。上述四个学术理论存在着相互补充、相

---

① 徐恩伟，王炜.中小学课堂教学评价标准的反思与重构[J].教学与管理，2021(33)：122—124.石中英.论教育实践的逻辑[J].教育研究，2006.(1)：3—9.

② Pettersson F. Understanding digitalization and educational change in school by means of activity theory and the levels of learning concept[J]. Educ Inf Technol, 2021, 26, 187—204.

③ [美]Bruce Joyce，教学模式(第八版)[M].兰英等译，中国人民大学出版社，2014.

互关联的互补关系,分别从“是什么、为什么和怎么做”的视角,揭示了编程教育中思维型协作深度学习活动的内部要素、解释影响学生在深度学习活动中发展计算思维的多重因素和学习稳态的多个层面、联结学术理论和教学实践的途径,共同促进着编程教学中计算思维的培养。

TDS-SPC设计模型经两轮教学实践的迭代修订、完善和优化,最终包含“预备、过程和结果反馈”3个设计阶段、“协作任务和导学支持”2个过程性支持中心和“学习分析层、动力激发层、激活理解层、共创生成层、反思性评价层、结果反馈层”6个思维型协作深度学习活动过程层面。其中每个设计阶段均关联着两个思维型协作深度学习活动过程,每个设计过程均包含发生跃迁的设计关键点,分别是“学习目标、协作组、协作任务、认知冲突、知识/制品展示、学习结果”。教学实践中以此关键点的设计聚焦每个层面的活动设计,并以此设计关键点的达成作为下个层面设计的前提,形成以螺旋推进循环型、逐层设计的教学实践样态。此外,基于本研究的实践情境,“协作任务”的解决贯穿于思维型协作深度学习实践的设计与实施的整个过程,教师和同伴适切指导的“导学支持”无形中促进着学习者有效且深度的学习,故研究将“协作任务和导学支持”作为贯穿思维型协作深度学习实践六个过程的“明暗”双中心,为学生思维型协作深度学习实践的开展提供过程性学习支持。

总之,“TDS-SPC”设计模型遵循了实践的逻辑将抽象的学术理论与具象的操作行为予以贯穿联通,是理论论证与实践优化的工具,可以有效支持学生在思维型协作深度学习活动过程中发展计算思维。

2.2 “TDS-SPC”具身化设计的“双中心·七步骤”过程模式

众多的研究者从不同的学术视角提出了计算思维的评测方式,但在教学实践场域,却无法为一线教师提供能够具体指导他们教学实践的“怎么做以及如何做”的方法流程，因为一线教师需要的不是宏观的学术理论，而是具有理论指导的且操作性极强的实践路径。由于学术理论的抽象性和教学实践路径的模糊性往往致使教学活动流于形式，如“热闹有余或失控冷场或课堂嘈杂无序；学生出于完成任务敷衍行事，兴趣并未激发”等等。因此一个清晰高效的思维型协作深度学习活动设计流程会给教师设计与实施协作深度教学实践提供有效引导，从而提高学生的协作学习质量，促进计算思维发展。

TDS-SPC 设计模型遵循实践的逻辑将抽象的学术理论与具象的操作行为予以贯穿联通，为学科教学的思维型协作深度学习活动设计提供了普适性设计导向。值得说明的是，由于学科本身的学科特性，操作性极强的过程模式并不具有通用性，需要在“TDS-SPC”螺旋推进循环型设计模型的指导下结合具体学科进行设计。本研究基于信息技术学科在 TDS-SPC 设计模型的指导开展的混合式环境下基于《开源创客—图形化编程》的“双线融合・三阶活动”的思维型编程教学实践，和面对面环境中基于《开源创客—Python 编程》的“A-IPO-D”的思维型编程教学实践，构建较为完善的教师视角下“TDS-SPC”具身化设计的“七步骤”过程模式。该过程模式解决的是教师视角下“怎么做”的核心问题，包含“学习分析、动力激发、设计协作任务、激活联结、共创生成、反思性评价、学习结果反馈”七个协作学习活动设计步骤。两轮教学实践可以表明：该七个步骤作为教师设计思维型协作深度学习活动的设计手册，可以为教师教学实践面向计算思维培育开展思维型协作深度学习活动的课程设计与教学实施提供可操作性的指导。

总之，教师视角下“TDS-SPC”具身化设计的“七步骤”过程模式，是从实践导向的视角回应教师开展课堂教学的实践路径，是教师知晓“如何教”的使用手册，可以有效支持课堂思维型协作深度学习活动的设计与实施，促使学生在思维型协作深度学习活动中达成对计算思维的培养。

2.3 “TDS-SPC”具身化设计的活动记录单导学支架

“TDS-SPC”螺旋推进循环型设计模型从理论建构的视角回应思维型协作深度学习活动的本质内涵，是实施思维型协作深度学习活动的概念化理解，“TDS-SPC”具身化设计的“双中心·七步骤”过程模式则是从实践导向的视角回应教师开展课堂教学的实践路径，是教师知晓“如何教”的使用手册。但是“如何教”若只停留于教师是不完美的，因为教学是一种高度情境化的师生双边互动的活动，还需考虑学生“如何学”的问题。为此，本书基于TDS-SPC设计模型及教师视角下“双中心·七步骤”设计手册，编制用以引导学生“学什么、用什么学、怎么学和学得怎么样”的活动记录单导学支架。

活动记录单导学支架将教师教的各要素环节转换成学生视角下的各操作要素，可以引起学生的注意和共鸣、引发学生创新灵活的迁移应用以解决与现实相关联的真实问题，从而有效地促进学生积极参与到学习之中，体现了“设计要素一致性、以学生为中心和问题化设计”的原则，这与乔纳森①、比格斯②、崔允漷③等人的“问题情境化教学、教与学一致性构建”的基本思想相一致。

因此，可以说活动记录单导学支架解决的是学习者视角下“怎么学”的核心问题，也是学生视角下TDS-SPC设计模型具身化设计的“过程模式”，是学生开展思维型协作深度学习活动的活动指南，用以引导学生“学什么、用什么学、怎么学和学得怎么样”，通过这样的导学形式，有效地支持学生在思维型协作深度学习活动中

① 任友群，朱广艳.有意义的学习源自问题解决——戴维·乔纳森教授访谈[J].中国电化教育，2009(6)：6—10.

② 约翰·比格斯，凯瑟琳·唐.卓越的大学教学：建构教与学的一致性(第四版)[M].王颖，丁艳，高洁，译.上海：复旦大学出版社，2015.

③ 崔允漷，雷浩.教-学-评一致性三因素理论模型的建构[J].华东师范大学学报(教育科学版)，2015，33(04)：15—22.

发展计算思维。

由此可见，基于理论建构与实践优化的 TDS-SPC 设计模型及其具身化设计的教师视角下“双中心 · 七步骤”过程模式（即教师设计手册）以及学生视角下活动记录单导学支架（即学生活动指南），不仅呈现出理论指导实践的动态逻辑，而且以层层具象化的视角为编程教育中思维型协作深度学习活动设计提供了理论指导下的具有可操作性的活动设计导向和课堂教学的实践路径；不仅为教师知晓“如何教”进行逻辑描述与实操指南，而且为学生“如何学”提供导学支架，从而揭示出思维型协作深度学习活动设计框架对学习者深度学习的具体促进过程，有效地培养计算思维。

第 3 节　逻辑考察：培育计算思维的应然化解释与实然化机制

思维型协作深度学习活动促进学生计算思维发展的论证逻辑既离不开应然化解释的学理逻辑，也离不开实然化机制的实践逻辑；因为计算思维的培养不仅需要学术理论的引导而产生可付诸行为操作的知识经验，同时也会受到实际环境中行为操作事件的影响而升华学术理论，继而为实践服务。

3.1　应然化解释的学理逻辑

思维型协作深度学习活动归根结底是一种学习活动，在“学习是如何发生的?”以及“在学习发生过程中是如何导向深度的?”研究成果中，存在着不同的研究视角，尚未取得一致性的共识，如胡航等人从认知图式发展的角度提出深度学习需要经过“觉知、调和、归纳和迁移”四个环节①；钱旭升从认知过程的角度提出深

① 胡航，李雅馨，郎启娥，等.深度学习的发生过程、设计模型与机理阐释[J].中国远程教育，2020(01)：54—61＋77.

度学习需要跨越“激活与触发、探究与整合、创生与共享”几个认知进阶①;比格斯基于“预示—过程—结果”(Presage-Process-Product)3P深度学习模型提出学生的内在个体因素和外部教学情境因素是影响深度学习发生的关键因素。思维型协作深度学习活动归根结底是一种学习活动,在“学习是如何发生的?”以及“在学习发生过程中是如何导向深度的?”研究成果中,活动理论、建构主义认识论和学习科学理论对教与学的辩证关系及其实践产生深刻的影响,并据此提出应然化学理视角下思维型协作深度学习与计算思维培养具有“三个强调与四个指向”的内在一致性逻辑关系”和“双向交互与动态融合”的外显发生逻辑。

思维型协作深度学习活动与计算思维培养具有“三个强调与四个指向”的内在一致性逻辑关系,体现在以下两个方面:第一,活动理论认为“实践活动和思维活动是彼此关联且相互转化的而非完全孤立的关系,如果将外显的实践活动与内隐的思维活动分开分析,则思维活动将不能被理解”②,学习主体为达到某一活动目标,必须与其他群体成员进行协作,通过协商产生集体共同遵守的规则、任务分工以及资源工具的分配,实现将客体转化为一定结果的行为操作,这在一定程度上为聚焦于思维型协作深度学习活动的设计提供了理论性的逻辑观点。因此,活动理论体现了“实践与思维的一致性、群体的协作性和活动系统的整体性”,即实践与思维的一致性表明“行为是活动的外现形式,思维是活动的内化形式,个体对外在世界的理解建立在相应的活动中,学习者通过学习活动将思维过程外显并在共同体的协作下进行修正、最终完成意义建构与迁移创新”;活动的群体协作性表明“活动离不开共同体成员的分工和协作,即使是学习者独自从事的活动,事实上也是共

---

① 钱旭升.论深度学习的发生机制[J].课程.教材.教法,2018,38(9):68—74.

② Pettersson F. Understanding digitalization and educational change in school by means of activity theory and the levels of learning concept[J]. Educ Inf Technol, 2021, 26, 187—204.

同体协作的社会关系，比如独立自主的学习虽然是个体性的，但是其自身的学习能力却是由共同体中其他个体成员教授的”；活动系统的整体性表明“任何活动的设计都需要考虑活动的六个基本要素，即主体、客体、工具、共同体、规则和劳动分工及其各要素之间的相互关系，以此保持活动系统的良性运转”。第二，“协作学习作为以学为中心教学范式的代表，是 21 世纪教育的四大支柱之一，其注重学习者在协作交互过程中通过对话、协商、辩论、质疑与思考等形式建构对学科核心概念的内化理解和对知识迁移运用的实践创新”①，本身追求的是计算思维发展的内涵。而“深度学习是学习者基于对知识的深度理解主动建构理解性的核心概念，并能够灵活地迁移运用建构的核心概念解决实际生活情境中的新问题，而协作是这一过程的最佳方式”②，“在协作学习过程中，协作组成员之间的讨论争辩、信息共享、协作互助、质疑思考、共享生成和汇报展示等活动可以促进学习者的深度学习，有效地发展计算思维”③。所以思维型协作深度学习活动并非唯一促进计算思维培养的方式，但却是最佳的形式之一，且在社会发展需求、新课程教学改革理念中均积极推崇的极其重要的方式，并且在指向内涵理念、学习结果、课程教学改革需求以及社会发展需求等四个方面具有一致性指向的逻辑关系。

---

① 联合国教科文组织总部中文科.教育：财富蕴藏其中[M].教育科学出版社，1996.

② Pellegrino，Hilton. Education Life and Work：Developing Transferable Knowledge and Skills in the 21st Century[M]-National Academies Press. 500 Fifth Street NW，Washington，DC 2001：61.

③ Matthew et al. Changing the learning environment to promote deep learning approaches in first-year accounting Students[J]. Accounting Education，2004，(4)：489—505；Lyons K M.，Lobczowski N G.，Greene J A.，Whitley J，& McLaughlin J E. Using a design-based research approach to develop and study a web-based tool to support collaborative learning[J]. Computers & Education，2021，161，104064；何文涛，李梦晴，王亚萍.知识空间维度下问题解决类协作学习的探究路径分析[J].电化教育研究，2022，43(03)：69—76.

思维型协作深度学习活动与计算思维培养具有的“双向交互与动态融合”的外显发生逻辑。建构主义认为“学习是个体在特定情境中由于新旧经验的互相联结,而引发的认知冲突产生的主动建构对知识意义理解的过程,或者与群体通过协作与会话达成对意义理解的一致性或个体理解和群体的理解之间达到的新平衡状态,具有情境依赖性、知识共创性、群体协同性等特点,最终反映在认知层面的是概念转变,反映在知识层面的是知识的创造”①。关注学习现象和学习规律的学习科学认为:基于真实情境的学习是导向计算思维培养的前提,传统教学简化了知识内容的传递形式、忽略了概念性知识的复杂性,导致学习者对学科概念的浅层化理解,因此“要促使计算思维的发展,必须提供真实情境化的学习环境”②。可见,在学生的思维型协作深度学习活动中培养计算思维需要社会化学习情境的协作,而社会化的学习情境需要通过论辩协商、协作会话等协作学习方式促进学习者群体发展并在协作过程中促进个体发展,最终促使学生在思维型协作深度学习活动中达成计算思维的培养,两者处于“双向交互与动态融合”的关系中。

3.2 实然化机制的实践逻辑

“教育实践不能被纯粹地理解为学术理论转向应用的建构活动,也不能被纯粹地理解为知识经验付诸操作的行为活动,因为教育实践是基于学术理论或知识经验变革现实困境而产生的辩证唯物主义的认识运动”③,在此过程中教育实践不仅受到学术理论的引导而产生可付诸行为操作的知识经验,同时也会受到实际环境中关键行为事件的影响而升华学术理论,继而为实践服务。

① 张海燕,周海涛.从建构主义到建造主义:面向深度学习的知识教学范式转向[J].教育理论与实践,2021, 41(22):48—53.

② Keith Sawyer R.剑桥学习科学手册(第 2 版)[M].徐晓东等译.北京:教育科学出版社.2021:158—165.

③ 石中英.论教育实践的逻辑[J].教育研究,2006, (1):3—9.

本书在两轮迭代的教学实践中发现：在学生的思维型协作深度学习活动中培养计算思维需要社会化学习情境的协作，社会化的学习情境是培养计算思维的前提条件，学习共同体之间的协作与会话、共享与生成是引发深度学习、发展计算思维的基本过程，基于概念转变和作品/制品创造的意义建构是计算思维的目标追求。基于此发现并结合实践数据的分析结果，研究不仅对具有理论指导的思维型协作深度学习活动设计框架进行修改与完善，而且对思维型协作深度学习活动与计算思维培养的应然化解释的学理逻辑产生了进一步的认识，并在其引导下总结出思维型协作深度学习活动促进学生计算思维发展且具有实践逻辑的 4 个实然化机制，具体如下。

(1)“问题情境—动机激发”的诱发机制

学习科学强调知识是在具体的情境中建构的，计算思维的培养需要在非良构的复杂问题和真实的社会情境中，问题情境虽然不是培养计算思维的充分条件，却是《新课标》和学者认为的“计算思维”的首要因素。创设新奇、挑战、共鸣和认知冲突的问题情境、设计更多的非良构领域问题，可以触发学习者内心指向理解的学习动机，在理解动机的指向下学习者会主动将已有知识经验与当前学习任务联系起来，通过顺应、同化、平衡的深度加工引发意义建构，从而摒弃传统学习中脱离了具体问题情境造成的知识无法迁移或者迁移的灵活性不足的困境。因此，“问题情境—动机激发”共同构成思维型协作深度学习活动有效培养学生计算思维的前提，是计算思维发展的诱发机制。

(2)“协作会话—理解参与”的维持机制

社会建构主义理论强调思维型协作深度学习活动是一种社会性学习，是在社会情境中通过论辩、会话等协作方式进行的主动建构意义的学习。协作会话是维持并促进思维型协作深度学习活动的必要条件，学习者个体理解与群体理解只有在积极主动的参与过程中通过会话与协商达成意义建构、创造出新的知识/制品，才能够运用建构的新知识重新解释迷思概念或错误概念,以达成概念的转变。因此,"协作会话—理解参与"维持着思维型协作深度学习活动中计算思维的发生和发展,是计算思维发展的维持机制。

(3) "概念转变—高阶思维"的促进机制

学习科学强调概念转变是学习者有意义学习的内在机制,是促进学习者形成高阶思维、引发深度学习的关键路径。概念转变在解决学习者认知冲突的同时,促进其迷思概念或错误概念向科学概念的转变,进而促使学习者形成批判性的高阶思维。因此,"概念转变—高阶思维"促进着思维型协作深度学习活动中计算思维的实践,是计算思维发展的促进机制。

(4) "问题解决—反思同化"的保障机制

学习科学强调反思可以监控并调节学习的目标、行为和结果,指引着学习的方向——运用学科概念知识和高阶思维创新灵活地解决实际生活情境中的问题,同时问题的解决最终回应问题情境以完成计算思维培养的过程。反思同化是指通过反思对思维型协作深度学习活动过程中伴随的学科知识概念、高阶思维、关键能力、情感体验等一系列认知、情感和能力的联结,是个体素养能力发展的关键。因此,"问题解决—反思同化"监控与调节着思维型协作深度学习活动中计算思维的进程,是计算思维发展的保障机制。

参考文献

[1] 巴克教育研究所.项目学习教师指南—21 世纪的中学教学法(第 2 版)[M].北京:教育科学出版社,2008.

[2] 陈琦,刘儒德.当代教育心理学(第二版)[M].北京:北京师范大学出版社,2007.

[3] 陈向明.质的研究方法与社会科学研究[M].教育科学出版社 2000.

[4] 董玉琦,解月光,孙启林.信息技术教育国际比较研究[M].北京:人民教育出版社,2005.

[5] 段金菊.学习科学视域下的网络深度学习:理论·技术·趋势[M].科学出版社.2016.

[6] 高文等.学习科学的关键词[M].上海:华东师范大学出版社.2009.

[7] 黄荣怀.计算机支持的协作学习——理论与方法[M].北京:人民教育出版社,2003.

[8] 李松林等著.深度学习设计:模板与示例[M].四川师范大学电子出版社,2020.

[9] 李业富.经验的重构:杜威教育学与心理学[M].上海:华东师范大学出版社,2017.

[10] 联合国教科文组织总部中文科.教育:财富蕴藏其中[M].教育科学出版社,1996.

[11] 刘良华.教育研究方法(第三版)[M].华东师范大学出版社.2021.

[12] 普通高中信息技术课程标准修订组.普通高中信息技术课程标准(2017 年版)解读[M].北京:高等教育出版社,2018.

[13] 王吉庆.信息素养论[M].上海:上海教育出版社,2001.

[14] 王荣良.计算思维教育[M].上海:上海科技教育出版社,2014.

[15] 王荣良.中小学计算思维教育实践[M].上海:上海科技教育出版社,2019.

[16] 乌美娜.教学设计[M].北京:高等教育出版社,1994.

[17] 夏雪梅著,项目化学习设计:学习素养视角下的国际与本土实践[M].北京:教育科学出版社,2018.

[18] 严寒冰.信息化教学评价—量规实用工具[M].北京:教育科学出版社,2003.

[19] 杨开城.以学习活动为中心的教学设计实训指南[M].北京:电子工业出版社,2016.

[20] 杨晓哲,任友群主编.普通高中课程标准(2017 年版)教师指导—信息技术[M].上海:上海教育出版社,2019.

[21] 尹俊华等.教育技术学导论(第 3 版)[M].北京:高等教育出版社,2019.

[22] 郅庭瑾.为思维而教[M].北京:教育科学出版社,2007.

[23] 中华人民共和国教育部.普通高中信息技术课程标准(2017 年版)[M].北京:人民教育出版社,2017.

[24] 中华人民共和国教育部制定.普通高中信息技术课程标准(2017 年版 2020 年修订)[M].北京:人民教育出版社,2020.

[25] 中华人民共和国教育部制定.普通高中信息技术课程标准(2017 年版)[M].北京:人民教育出版社,2018.

[26] 朱智贤,林崇德.思维发展心理学[M].北京:北京师范大学出版社,1986.

[27] 白雪梅,顾小清.K12 阶段学生计算思维评价工具构建与

应用[J].中国电化教育,2019(10):83—90.

[28] 曹晓明,安娜.培养计算思维的高中信息技术校本课程研究[J].现代教育技术,2018, 28(07):106—112.

[29] 陈蓓蕾,张屹,杨兵.智慧教室中的教学交互促进大学生深度学习研究[J].电化教育研究,2019(03).

[30] 陈国良,张龙,董荣胜,王志强.大学计算机素质教育:计算文化、计算科学和计算思维[J].中国大学教学,2015, (06):9—12.

[31] 陈明选,张康莉.促进研究生深度学习的翻转课堂设计与实施[J].现代远程教育研究,2016. (5).

[32] 陈兴冶,王昌国.高中信息技术学科计算思维培养的实证研究[J].电化教育研究,2019, 40(12):97—102.

[33] 程良宏.从知识教学到文化实践:深度教学走向深入的视域演进[J].课程.教材.教法,2019, 39(07).

[34] 崔友兴.基于核心素养培育的深度学习[J].课程.教材.教法,2019, 39(02).

[35] 崔允漷,雷浩.教—学—评一致性三因素理论模型的建构[J].华东师范大学学报(教育科学版),2015, 33(04)

[36] 丁世强,王平升,赵可云,阎昭斐,杨鑫.面向计算思维能力发展的项目式教学研究[J].现代教育技术,2020, 30(09):49—55.

[37] 董荣胜,古天龙.计算思维与计算机方法论[J].计算机科学,2009, (01):1—4+42.

[38] 段茂君,郑鸿颖.基于深度学习的高阶思维培养模型研究[J].现代教育技术,2021, 31(03).

[39] 冯楚滢,司徒国强,倪玮隆.协同深度学习推荐算法研究[J].计算机系统应用,2019, 28(01).

[40] 龚静,侯长林,张新婷.计算思维能力发展模型与教学程序研究[J].现代教育技术,2018, 28(04):48—54.

[41] 郭华.如何理解“深度学习”[J].四川师范大学学报(社会科学版),2020, 47(01).

[42] 郭华.深度学习及其意义[J].课程.教材.教法,2016,(11).

[43] 郭守超,周睿,邓常梅,狄长艳,周庆国.基于 App Inventor 和计算思维的信息技术课堂教学研究[J].中国电化教育,2014,(03):91—96.

[44] 郭元祥,伍远岳.学习的实践属性及其意义向度[J].教育研究,2016,37(02).

[45] 何玲,黎加厚.促进学生深度学习[J].计算机教与学,2005,(5).

[46] 何文涛,李梦晴,王亚萍.知识空间维度下问题解决类协作学习的探究路径分析[J].电化教育研究,2022,43(03).

[47] 何文涛,梁晨,庞兴会,路璐.协作学习活动设计的困境与出路[J].电化教育研究,2021,42(03).

[48] 何文涛.协作学习活动设计的困境与出路[J].电化教育研究,2021,42(03).

[49] 胡航,李雅馨,郎启娥,等.深度学习的发生过程、设计模型与机理阐释[J].中国远程教育,2020(01).

[50] 胡卫平,刘佳.小学生思维能力的培养:五年追踪研究[J].心理与行为研究,2015,13(05).

[51] 胡艺龄,常馨予,吴忭.沉浸式虚拟现实(IVR)对实验技能迁移的影响:学习风格的调节作用[J].远程教育杂志,2021,39(02).

[52] 黄荣怀,刘黄林子,郑兰琴.协作学习中的动机因素[J].电化教育研究,2002,(11).

[53] 蒋波,谭顶良.论高效合作学习的教学策略[J].课程.教材.教法,2007(07).

[54] 蒋希娜,黄心渊.指向计算思维能力培养的儿童编程游戏设计[J].现代教育技术,2019,29(03):119—126.

[55] 蒋宗礼.计算思维之我见[J].中国大学教学,2013,(09):5—10.

[56] 解月光,杨鑫,付海东.高中学生信息技术学科核心素养

的描述与分级[J].中国电化教育,2017,(05):8—14.

[57] 冷静,刘黄玲子等.在线协作讨论中成员表现的综合评价研究[J].现代教育技术,2007,(3).

[58] 冷静,吴小芳,顾小清.面向深度学习的在线课程活动设计研究[J].远程教育杂志,2017,35(02).

[59] 李锋,王吉庆.计算思维教育:从"为计算"到"用计算"[J].中国电化教育,2015,(10):6—10+21.

[60] 李锋,王吉庆.信息技术教育:历史的考察与现实的追问[J].中国电化教育,2013,(2):1—5.

[61] 李杲,宋佳.国际视野下教育数字化转型的实践与启示[J].人民教育,2022(19):71—74.

[62] 李海峰,王炜.翻转课堂课前与课中双向深度学习探究——基于天平式耦合深度学习模型的三轮迭代实验[J].现代教育技术,2020,30(12).

[63] 李海峰,王炜.面向问题解决的在线协作知识建构[J].电化教育研究,2018,39(01).

[64] 李海峰,王炜.在线学习内容分析法的基本研究范式[J].开放教育研究,2018,24(02).

[65] 李洪修,丁玉萍.基于虚拟学习共同体的深度学习模型的构建[J].中国电化教育,2018(07).

[66] 李廉.计算思维——概念与挑战[J].中国大学教学,2012,(01):7—12.

[67] 李晓明.跨学科计算思维教学的认识与实践浅谈[J].中国大学教学,2012,(11):4—5.

[68] 李艳坤,高铁刚.基于思维视角的计算思维综合解读[J].现代教育技术,2017,27(01):68—73.

[69] 李阳.计算思维导向的跨学科儿童编程教育模式研究——基于芬兰儿童编程教育的经验与启示[J].现代教育技术,2020,30(06):19—25.

[70] 李志文.医药计算机应用基础实验教学中的计算思维能力培养[J].实验室研究与探索，2012，(08)：349—351＋380.

[71] 梁文鑫，余胜泉.基于设计的研究的过程与特征[J].电化教育研究，2006，7.

[72] 梁云真，朱珂，赵呈领.协作问题解决学习活动促进交互深度的实证研究[J].电化教育研究，2017，38(10).

[73] 刘小燕，陈艳丽.可视化编程中识别计算思维[J].计算机科学，2014，41(S2)：403—407.

[74] 刘昕.以问题为中心加强计算思维培养[J].当代教育科学，2014，(07)：60—62.

[75] 刘月霞.指向“深度学习”的教学改进：让学习真实发生[J].中小学管理，2021(05).

[76] 刘总总，苗怀明.从《论语》语录体看孔子教育思想的实践[J].江淮论坛，2021(05).

[77] 柳海民，邹红军.高质量：中国基础教育发展路向的时代转换[J].教育研究，2021，42(04).

[78] 柳瑞雪，任友群，李锋，赵健.走进新时代：我国中小学信息技术教育的历史成就、问题挑战与改革策略[J].现代教育技术，2018，28(06)：17—24.

[79] 马晶新.课堂教学中促进学生深度学习的问题与举措[J].教学与管理，2020(30).

[80] 马秀麟，梁静等.群体感知效应促进线上协作学习成效的实证研究[J].电化教育研究，2019，40(05).

[81] 马云鹏.深度学习视域下的课堂变革[J].全球教育展望，2018(10).

[82] 牟琴，谭良，吴长城.基于计算思维的网络自主学习模式的研究[J].电化教育研究，2011，(05)：53—60.

[83] 牟琴，谭良，周雄峻.基于计算思维的任务驱动式教学模式的研究[J].现代教育技术，2011，(06)：44—49.

[84] 牟琴,谭良.基于计算思维的探究教学模式研究[J].中国远程教育,2010,(11):40—45.

[85] 牟琴."轻游戏"对计算思维能力的培养——教育游戏对程序设计基础课程教学的影响[J].远程教育杂志,2011,(06):94—101.

[86] 宁可为,杨晓霞.基于 App Inventor 的初中计算思维培养实证研究[J].课程·教材·教法,2018,38(02):110—115.

[87] 钱旭升.论深度学习的发生机制[J].课程·教材·教法,2018,38(9).

[88] 任友群,朱广艳.有意义的学习源自问题解决——戴维·乔纳森教授访谈[J].中国电化教育,2009(6).

[89] 石晋阳,陈刚.论儿童编程学习中反思性思维的发生[J].电化教育研究,2021,42(02):93—98.

[90] 石中英.论教育实践的逻辑[J].教育研究,2006.(1).

[91] 淑敏.基于学科素养培育的深度学习研究[J].教育研究,2016,37(07).

[92] 孙立会,周丹华.基于 Scratch 的儿童编程教育教学模式的设计与构建——以小学科学为例[J].电化教育研究,2020,41(06):75—82.

[93] 汪玲,郭德俊.元认知的本质与要素[J].心理学报,2000(04).

[94] 王海艳,陈志,孙力娟.新型教学模式提升大学生计算思维能力研究[J].江苏高教,2017,(06):66—68.

[95] 王华容,谭顶良.近十年西方学习风格研究述评[J].外国中小学教育,2008,(4).

[96] 王惠来.奥苏伯尔的有意义学习理论对教学的指导意义[J].天津师范大学学报(社会科学版),2011(02).

[97] 王坦.合作学习的理论基础简析[J].课程·教材·教法,2005(01).

[98] 王晓丹,狄博,王坚.军校学员计算思维能力培养中的问题与分析[J].计算机工程与科学,2014, 36(S1):18—22.

[99] 王旭卿.从计算思维到计算参与:美国中小学程序设计教学的社会化转向与启示[J].中国电化教育,2014, (03):97—100.

[100] 王旭卿.面向三维目标的国外中小学计算思维培养与评价研究[J].电化教育研究,2014, 35(07):48—53.

[101] 王竹立.李克东难题:争鸣与反思[J].远程教育杂志,2010, 28(02).

[102] 温雪.深度学习研究述评:内涵、教学与评价[J].全球教育展望,2017, 46(11).

[103] 吴秀娟,张浩.基于反思的深度学习实验研究[J].远程教育杂志,2015, 33(04).

[104] 吴有昌,高凌飚.SOLO分类法在教学评价中的应用[J].华南师范大学学报(社会科学版),2008, 03.

[105] 肖广德,高丹阳.计算思维的培养:高中信息技术课程的新选择[J].现代教育技术,2015, 25(07):38—43.

[106] 谢幼如,宋乃庆,刘鸣.基于网络的协作知识建构及其共同体的分析研究[J].电化教育研究,2008(04).

[107] 谢忠新,曹杨璐.中小学信息技术学科学生计算思维培养的策略与方法[J].中国电化教育,2015, (11):116—120.

[108] 徐恩伟,王炜,宁可为.双线融合·三阶活动:面向计算思维培养的教学模式建构及实证研究[J].教育信息技术,2022(Z2).

[109] 徐恩伟,王炜.中小学课堂教学评价标准的反思与重构[J].教学与管理,2021(33).

[110] 徐迎晓,李妍.跨学科课堂的计算思维练习[J].计算机工程与科学,2014, 36(S2):46—48.

[111] 薛磊,孙玉强,顾晓清.基于计算思维的项目教学法的研究与实践[J].教育与职业,2012, (32):148—150.

[112] 颜晓程.深度学习视域下的教学情境反思与建构[J].当

代教育科学,2022(11).

[113] 杨素娟.网络教育课程论坛认知性存在的个案研究[J].中国电化教育,2011,(1).

[114] 杨玉芹,龙彦文,孙钰峰.小学生计算思维培养的过程和策略研究——基于对教育的26位教师的深度访谈[J].电化教育研究,2019,40(12):115—121.

[115] 杨玉芹等.协同反思性评价促进大学生知识创新话语发展的效果研究[J].中国电化教育,2020(06).

[116] 叶冬连,胡国庆,叶鹏飞.面向核心素养发展的课堂深度学习设计与实践——基于知识深度模型的视角[J].现代教育技术,2019,29(12).

[117] 尹睿.基于专题的网络协作学习活动的设计[J].中国电化教育,2004,(12).

[118] 于颖,周东岱,于伟.计算思维的意蕴解析与结构建构[J].现代教育技术,2017,27(05):60—66.

[119] 余亮,黄荣怀.协作学习活动结构设计研究[J].远程教育杂志,2012,(05).

[120] 余亮,黄荣怀.活动理论视角下协作学习活动的基本要素[J].远程教育杂志,2014,32(01).

[121] 余胜泉,段金菊,崔京菁.基于学习元的双螺旋深度学习模型[J].现代远程教育研究,2017(06).

[122] 余胜泉,杨晓娟,何克抗.基于建构主义的教学设计模式[J].电化教育研究,2000,4(12).

[123] 郁晓华,王美玲.流程图支持下的计算思维培养实践研究[J].中国远程教育,2019,(09):83—91.

[124] 郁晓华,肖敏,王美玲,陈妍.基于可视化编程的计算思维培养模式研究——兼论信息技术课堂中计算思维的培养[J].远程教育杂志,2017,35(06):12—20.

[125] 战德臣,聂兰顺.计算思维与大学计算机课程改革的基

本思路[J].中国大学教学,2013,(02):56—60.

[126] 战德臣,王浩.面向计算思维的大学计算机课程教学内容体系[J].中国大学教学,2014,(07):59—66.

[127] 张春莉,王艳芝.深度学习视域下的课堂教学过程研究[J].课程·教材·教法,2021,41(08).

[128] 张海燕,周海涛.从建构主义到建造主义:面向深度学习的知识教学范式转向[J].教育理论与实践,2021,41(22).

[129] 张浩,吴秀娟,王静.深度学习的目标与评价体系构建[J].中国电化教育,2014(07).

[130] 张浩,吴秀娟.深度学习的内涵及认知理论基础探析[J].中国电化教育,2012(10).

[131] 张建伟.网络协作探究学习的设计[J].中国电化教育,2003,(9).

[132] 张进宝,姬凌岩.中小学信息技术教育定位的嬗变[J].电化教育研究,2018,39(05).

[133] 张蕾.面向计算思维的 WPBL 教学模式研究[J].电化教育研究,2014,35(03):100—105.

[134] 张立国,王国华.计算思维:信息技术学科核心素养培养的核心议题[J].电化教育研究,2018,39(05):115—121.

[135] 张立国,谢佳睿,王国华.基于问题解决的深度学习模型[J].中国远程教育,2017(08).

[136] 张文兰,刘君玲,刘斌.情绪交互对在线协作学习者知识建构的影响[J].电化教育研究,2021,42(01).

[137] 张文兰,张思琦,林君芬,吴琼,陈淑兰.网络环境下基于课程重构理念的项目式学习设计与实践研究[J].电化教育研究,2016,37(02):38—45+53.

[138] 张秀君."问题驱动"引领学生深度学习[J].中国教育学刊,2020(11).

[139] 张学军,郭梦婷,李华.高中信息技术课程蕴含的计算思

维分析[J].电化教育研究,2015, 36(08):80—86+107.

[140] 张燕,程良宏.教师的深度学习如何深入:学习要素的视角[J].当代教育科学,2019(08).

[141] 张屹,王珏,张莉,朱映晖,周琬琦,王宇悦.STEM课程中DBL教学培养小学生计算思维的研究[J].电化教育研究,2020, 41(05):81—88.

[142] 郑兰琴,钟璐,牛佳玉.目标导向的协作学习活动设计与案例分析——以表现性目标导向的协作学习活动为例[J].现代教育技术,2020, 30(11).

[143] 郑茜.信息技术教学中培养学生计算思维的策略研究[J].现代教育技术,2017, 27(08):121—123.

[144] 郑葳,刘月霞.深度学习:基于核心素养的教学改进[J].教育研究,2018, 39(11).

[145] 钟启泉.深度学习:课堂转型的标识[J].全球教育展望,2021, 50(01).

[146] 衷克定,玛丽亚木·玉苏甫江."大学计算机"课程的计算思维能力形态及其取向[J].中国大学教学,2013, (05):43—46.

[147] 朱珂,徐紫娟,陈婉旖.国际视阈下计算思维评价研究的理论和实践[J].电化教育研究,2020, 41(12):20—27.

[148] 朱亚宗.论计算思维——计算思维的科学定位、基本原理及创新路径[J].计算机科学,2009, (04):53—55+93.

[149] 朱勇.运用计算思维培育农科学生创新思维的思考[J].高等农业教育,2013, (10):88—91.

[150] 邹雪晴,汪弘,张杨,简鑫.基于SOLO分类理论的深度学习评价——以高中"机械能"为例[J].物理教师,2018,39(06).

[151] 陈玥.基于计算思维的中学信息技术教育的研究[D].扬州大学,2012.

[152] 褚学萍.面向计算思维培养的小学Scratch校本教材开

发的研究[D].南京师范大学,2016.

[153] 樊蒙蒙.面向计算思维培养的高中信息技术项目教学模式的研究[D].湖南师范大学,2019.

[154] 高娇.基于游戏化教学的计算思维培养研究[D].陕西师范大学,2014.

[155] 葛明珠.基于计算思维的协作学习模式在中学信息技术课程中的实践与研究[D].陕西师范大学,2014.

[156] 贾骥.面向计算思维培养的高中信息技术课程教学模式的构建研究[D].东北师范大学,2016.

[157] 江毅.面向知识建构的在线协作学习评价研究[D].新疆师范大学,2021.

[158] 李玲.以培养计算思维为导向的高中《算法与程序设计》教学案例设计[D].沈阳师范大学,2016.

[159] 李青.学习活动建模[D].上海:华东师范大学,2005.

[160] 李绍鸿.论中学生程序学习中计算思维的培养[D].湖南师范大学,2017.

[161] 梁艳瑞.基于 App Inventor 的高职学生计算思维培养研究[D].四川师范大学,2015.

[162] 刘承林.计算思维培养视角下高中 Python 课程教学模式研究[D].山东师范大学,2019.

[163] 刘楚一.促进计算思维发展的教学设计[D].华东师范大学,2019.

[164] 刘佳伟.基于计算思维的 PBL 教学模式在小学 Scratch 课程中的应用研究[D].四川师范大学,2018.

[165] 刘君亮.基于计算思维的混合式学习模型研究[D].北京交通大学,2014.

[166] 刘焱青.App Inventor 2 在中学生计算思维培养中的应用研究[D].湖南师范大学,2016.

[167] 彭慧玲.在计算思维模式下《算法与程序设计》教学实践

[D].四川师范大学,2013.

[168] 齐特.基于计算思维的中学数学知识推送系统研究[D].渤海大学,2016.

[169] 邱淑娟.基于计算思维培养的高中信息技术游戏化教学设计研究[D].曲阜师范大学,2019.

[170] 生诗蕊.基于 PBL 的计算思维培养研究[D].渤海大学,2016.

[171] 石莉丽.基于高中生计算思维培养的问题解决教学模式的应用研究[D].西北师范大学,2019.

[172] 孙丽.融入计算思维理念的问题驱动教学模式研究与实践[D].辽宁师范大学,2015.

[173] 谭献龙.以计算思维为导向的高中程序设计课程的设计与实践研究[D].华中师范大学,2018.

[174] 王丹丹.Arduino 创客项目计算思维特征研究[D].上海师范大学,2016.

[175] 王芬.面向计算思维发展的中学信息技术教学研究[D].陕西师范大学,2017.

[176] 王节.高职学生计算思维现状及发展对策的研究与实践[D].重庆师范大学,2015.

[177] 王娟.基于 Scratch 的创意计算思维可视化研究[D].上海师范大学,2015.

[178] 王琳.面向计算思维培养的高中人工智能教育学习活动的设计研究[D].山东师范大学,2020.

[179] 王梦梦.基于 Scratch 培养初中生计算思维能力的应用研究[D].山西师范大学,2019.

[180] 王耀华.基于计算思维的游戏化学习系统研究与开发[D].深圳大学,2015.

[181] 魏苗.基于计算思维培养的 Scratch 编程校本课程的开发与实施[D].华中师范大学,2018.

[182] 吴婧.面向计算思维培养的 PBL 教学模式应用研究[D].华中师范大学,2019.

[183] 杨男才.基于计算思维的高中信息科技《算法与程序设计》教学探究[D].上海师范大学,2013.

[184] 姚佳佳.同伴对话反馈策略促进大学生深度学习的理论与实践研究[D].浙江大学,2020.

[185] 于颖.计算思维主导的高中信息技术教材结构设计研究[D].东北师范大学,2017.

[186] 张慧.教育游戏对初中生计算思维能力的影响研究[D].延边大学,2017.

[187] 张蕾.面向计算思维培养的任务驱动教学模式应用研究[D].华中师范大学,2019.

[188] 赵兰兰.运用 Scratch 软件培养中学生计算思维的研究[D].上海师范大学,2013.

[189] 郑兰琴.基于信息流的面对面协作学习交互分析研究[D].北京:北京师范大学,2012.

[190] 宗伟伟.促进计算思维发展的教学游戏设计与开发[D].山东师范大学,2015.

[191] Biggs J B.卓越的大学教学:建构教与学的一致性(第四版)[M].王颖,丁艳,高洁,译.上海:复旦大学出版社,2015.

[192] Biggs J B., Collis K F.评估学习质量:SOLO 分类法(观察到的学习结果的结构)[M].高凌飙,张洪岩,译.人民教育出版社,2010.

[193] Bruce Joyce,教学模式(第八版)[M].兰英等译,中国人民大学出版社,2014.

[194] Chekson & Mihalai.生命的心流[M].陈秀娟,译.北京:中信出版社,2009.

[195] David H. Jonassen. Susan M. Land.学习环境的理论基

础(第二版)[M].徐世猛,李洁,周小勇,译.上海:华东师范大学出版社,2015.

[196] Eric Jensen, LeAnn Nickelsen.深度学习的 7 种有力策略[M].温暖译.上海:华东师范大学出版社,2010.

[197] Grant Wiggins & Jay McTighe.追求理解的教学设计[M].闫寒冰等译.上海:华东师范大学出版社,2017.

[198] Johnson B & Christensen L.教育研究:定量、定性和混合方法(第 4 版)[M].马健生等(译).重庆大学出版社. 2015.

[199] Keith Sawyer R.剑桥学习科学手册(第 2 版)[M].徐晓东等译.北京:教育科学出版社.2021.

[200] Knud & Illeris.我们如何学习:全视角学习理论[M].孙玫璐,译.北京:教育科学出版社,2010.

[201] Mchael Fullan.极富空间:新教育学如何实现深度学习[M].于佳琪译,重庆,西南师范大学出版社.2015.12.

[202] Piaget.发生认识论原理[M].王宪钿,译.北京:商务印书馆,2014.

[203] Rubinstein.关于思维和它的研究道路[M].赵璧如译.上海人民出版社,1963 年 11 月.

[204] Manabu Sato.静悄悄的革命[M].李季湄译.北京:教育科学出版社,2014.

[205] Biggs J. Student approaches to learning and studying. Research monograph[M]. Australian Council for Educational Research Ltd. Radford House, Frederick St. Hawthorn 3122, Australia. 1987.

[206] Coffield F J, Moseley D V, Hall E, et al. Should we be using learning styles? What research has to say to practice[M]. London: Learning and Skills Research Center, 2004.

[207] Conole G. A learning design toolkit to create pedagogically effective learning activities. Journal of Interactive Media in Ed-

ucation(Portable Learning. Special Issue, eds. Colin Tattersall, Rob Koper)[M], 2005/08. ISSN:1365-893X.

[208] Covington. The motive for self-worth[M]//AMES R, AMES C. Research on motivation in education: Student motivation. San Diego, CA: Academic Press, 1985.

[209] Entwistle N, Ramsden P. Understanding student learning [M]. New York: Croom Helm, 1982.

[210] Hattie. Visible Learning for Teachers: Maximizing Impact on Learning[M]. New York: Routledge, 2012.

[211] Helen Beetham. An Approach to Learning Activity Design in Rethinking Pedagogy for a Digital Age: Designing and Delivering E-learning eds[M]. Helen Beetham and Sharpe Rhona, Routledge: 2017.

[212] Hutchins E. Cognition in the wild.[M]. MIT Press, 1995.

[213] Johnson D W, Johnson R T, & Holubec E J Circles of Learning[M]. 1993.

[214] Mehta, Jal & Sarah Fine. The Why, What, Where and How of Deeper Learning in American Secondary Schools[M]. Boston, MA: Jobs for the Future. 2015.

[215] National Research Council. Education for life and work: Developing transferable knowledge and skills in the 21st century [M]. Washington, DC: National Academies Press, 2012.

[216] Pellegrino J W E, Hilton M L E. Education for Life and Work: Developing Transferable Knowledge and Skills in the 21st Century[M]. National Academies Press. 500 Fifth Street NW, Washington, DC 2001.

[217] Robert J. Marzano, John S. Kendall. The New Taxonomy of Educational Objectives: Second Edition[M]. Thousand Oaks:

Corwin Press, 2007.

[218] Wiggins G, Mctighe J. Understanding by Design[M]. 2nd ed. Alexandria, VA: Association for Supervision and Curriculum Development, 2005.

[219] Agger C A, & Koenka A C Does attending a deeper learning school promote student motivation, engagement, perseverance, and achievement? [J]. Psychology in the Schools, 2020, 57(4).

[220] Akyol Z, Garrison D R. Understanding cognitive presence in an online and blended community of inquiry: Assessing outcomes and processes for deep approaches to learning[J]. British Journal of Educational Technology, 2011, 42(2).

[221] Allan Collins. Design Research: Theoretical and Methodological Issues[J]. Journal of the Learning Sciences, 2004.

[222] Banerjee A, Chakrabarty M, Rakshit N, Bhowmick A R, & Ray S Environmental factors as indicators of dissolved oxygen concentration and zooplankton abundance: deep learning versus traditional regression approach[J]. Ecological Indicators, 2019, 100.

[223] Beaty R E, Zeitlen D C, Baker B S, & Kenett Y N Forward flow and creative thought: Assessing associative cognition and its role in divergent thinking[J]. Thinking Skills and Creativity, 2021(41).

[224] Biggs J B, Kember D, Leung D Y. The revised two-factor study process questionnaire: R-SPQ-2F[J]. British journal of educational psychology, 2001, 71(1).

[225] Buckley K M, & Trocky N M. From Cooperative to Collaborative Learning Use of a Wiki for a Community Cultural Assessment[J]. CIN-Computers, Informatics, Nursing, 2019, 37(9).

[226] Burnett P C. Assessing the structure of learning out-

comes from counselling using the SOLO taxonomy: An exploratory study[J]. British Journal of Guidance and Counselling, 1999(4).

[227] Chapman C, Ramondt L, & Smiley G. Strong community, deep learning: Exploring the link[J]. Innovations in education and teaching international, 2020, 42(3).

[228] Cynthia Selby, John Woollard. Computational Thinking: The Developing Definition[J]. Special Interest Group on Computer Science Education-2013, 42(1).

[229] Danker, Brenda. Using Flipped Classroom Approach to Explore Deep Learning in Large Classrooms [J]. The IAFOR Journal of Education, 2015, v3(n1).

[230] Dummer T J B, et al. Promoting and assessing "deep learning" in geography fieldwork: an evaluation of reflective field diaries[J]. Journal of geography in higher education, 2008, 32(3).

[231] Engeström Y. Expansive learning at work: Toward an activity theoretical reconceptualization[J]. Journal of Education and Work, 2001, 14 (1).

[232] Felder R M. Learning and teaching styles in engineering education[J]. Journal of Engineering Education, 1988, 78(7).

[233] Floyd. The effect of engagement and perceived course value on deep and surface learning strategies[J]. Informing Science: the International Journal of an Emerging Transdiscipline, 2009(12).

[234] García P, Amandi A, Schiaffino S, et al. Using Bayesian networks to detect students' learning styles in a web-based education system[J]. 2008(04).

[235] Gillies R M. Promoting academically productive student dialogue during collaborative learning[J]. International Journal of Educational Research, 2019, 97, 200—209. https://doi.org/10.1016/j.ijer.2017.07.014.

[236] Graesser A, Sullins J, et al. Affect and learning: an exploratory look into the role of affect in learning with AutoTutor[J]. Journal of educational media, 2004(3).

[237] Gray K, Anderson S, Chen E E, Kelly J M, Christian M S, Patrick J, Huang L, Kenett Y N, & Lewis, K. "Forward flow": A new measure to quantify free thought and predict creativity[J]. American Psychologist, 2019, 74(5).

[238] Gunuc S, Kuzu A. Student engagement scale: development, reliability and validity[J]. Assessment & Evaluation in Higher Education, 2015, 40(4).

[239] Hinnersmann P, Hoier K, & Dutke S. Executing Learning Activities and Autonomy-Supportive Instructions Enhance Autonomous Motivation[J]. Frontiers in Psychology, 2020, 11. https://doi.org/10.3389/fpsyg.2020.02109.

[240] Harris C, Krajcik J, Pellegrino J, & DeBarger A. Designing Knowledge-In-Use Assessments to Promote Deeper Learning[J]. Educational Measurement: Issues and Practice, 2019, 38(2).

[241] Jackson S A, MARSH H W. Development and validation of a scale to measure optimal experience: The Flow State Scale[J]. Journal of sport and exercise psychology, 1996, 18(1).

[242] Järvenoja H, Järvelä S, & Malmberg J. Supporting groups' emotion and motivation regulation during collaborative learning[J]. Learning and Instruction, 2020, 70, 101090.

[243] Jeong H, Hmelo-Silver C E, & Jo K. Ten years of Computer-Supported Collaborative Learning: A meta-analysis of CSCL in STEM education[J]. Educational Research Review, 2019(28).

[244] Jeong JS, González-Gómez D, Conde-Núñez CM. Examination of students' engagement with R-SPQ-2F of learning approach in

flipped sustainable science course[J]. Journal of Baltic Science Education, 2019, 18(6).

[245] Kirschner. Using integrated electronic environments for collaborative teaching learning[J]. Learning and Instruction, 2001, (10).

[246] Kollar I, Fischer F, & Friedrich W H. Collaboration scripts-a conceptual analysis[J]. Educational Psychology Review, 2006, 18(2).

[247] Lyons K M, Lobczowski N G, Greene J A, Whitley J, & McLaughlin J E. Using a design-based research approach to develop and study a web-based tool to support collaborative learning [J]. Computers & Education, 2021, 161, 104064.

[248] Marton, Saljo R. On qualitative differences in learning: In-Outcome and process[J]. British Journal of Educational Psychology , 1976(46).

[249] Matthew et al. Changing the learning environment to promote deep learning approaches in first-year accounting Students [J]. Accounting Education, 2004, (4).

[250] Meijer H, Hoekstra R, Brouwer J, Strijbos, JW. Unfolding collaborative learning assessment literacy: a reflection on current assessment methods in higher education[J]. Assessment & Evaluation in Higher Education, 2020, 45(8).

[251] Millanzi W C, Kibusi S M. Exploring the effect of problem based facilitatory teaching approach on motivation to learn: a quasi-experimental study of nursing students in Tanzania[J]. BMC-Nurs, 2021, 20(3).

[252] Moallem M. An interactive online course: a collaborative design model[J]. Educational Technology Research and Development, 2003, 51(4).

[253] Mchugh M C. Experiencing flow: Creativity and meaningful task engagement for senior women[J]. Women & therapy, 2016, 39(3—4).

[254] Nuria HS, Pablo CMC, & Mercedes GS. Computer-supported collaborative learning: An analysis of the relationship between interaction, emotional support and online collaborative tools [J]. Computers & Education, 2019, 138, 1—12.

[255] Palincsar A S, & Herrenkohl L R. Designing collaborative learning contexts[J]. Theory into Practice, 2002, 41(1).

[256] Paul C. Burnett. Assessing the structure of learning outcomes fom counselling using the SOLO taxonomy: an exploratory study[J]. British Journal of Guidance & Counselling, 1999, (4).

[257] Peng J, Wang M, Sampson D. Visualizing the complex process for deep learning with an authentic programming project [J]. Educational technology & society, 2017, 20(4).

[258] Pettersson, F. Understanding digitalization and educational change in school by means of activity theory and the levels of learning concept[J]. Educ Inf Technol, 2021, 26, 187—204.

[259] Phan H P. Deep processing strategies and critical thinking: Developmental trajectories using latent growth analyses[J]. The Journal of Educational Research, 2011, 104(4).

[260] Phan H P. Relations between goals, self-efficacy, critical thinking and deep processing strategies: a path analysis[J]. Educational psychology, 2009, 29(7).

[261] Plackowski, A. L. Using understanding by design to build a high school linguistics course[J]. American Speech, 2020, 95(2).

[262] Postareff L, Parpala A, Sarilnd B & Ylann E. Factors contributing to changes in a deep approach to learning in different

learning environments[J]. Learning environments research, 2015, 18(3).

[263] Rajendran D, & Prasanna S. Stealth assessment strategy in distributed systems using optimal deep learning with game-based learning[J]. The Journal of Supercomputing, 2022, 78(6), 8285—8301.

[264] Rushton A. Formative assessment: a key to deep learning? [J]. Medical Teacher, 2005, 27(6).

[265] Sharma H, Mathur R, Chintala T et al. An effective deep learning pipeline for improved question classification into bloom's taxonomy's domains[J]. Educ Inf Technol, 2022. https://doi.org/10.1007/s10639-022-11356-2.

[266] Solano-Campos A, Hopkins M, & Quaynor L Linguistically Responsive Teaching in Preservice Teacher Education: A Review of the Literature Through the Lens of Cultural-Historical Activity Theory[J]. Journal of Teacher Education, 2018, 71(2). https://doi.org/10.1177/0022487118808785.

[267] Svensson L. Symposium: Learning Processes And Strategies-iii: On Qualitative Differences In Learning: iii-Study Skill And Learning[J]. British Journal of Educational Psychology, 1977, 47(3).

[268] Sweller J, van Merriënboer J J G. & Paas F. Cognitive Architecture and Instructional Design: 20 Years Later[J]. Educ Psychol Rev, 2019, 31, 261—292. https://doi.org/10.1007/s10648-019-09465-5.

[269] Tawfik A A, Law V, Ge X, et al. The effect of sustained vs. faded scaffolding on students' argumentation in ill-structured problem solving[J]. Computers in Human Behavior, 2021, 87: 436—449.

[270] Vygotsky L S. Play and its role in the mental development of the child[J]. Play: its evaluation and development, 1976, 7(3).

[271] Wang M, Kirschner P, Spector J M, et al. Computer-based learning environments for deeper learning in problem-solving contexts[J]. Computers in Human Behavior, 2018, 87.

[272] Wing J M. Computational thinking[J]. Communications of the ACM, 2006, 49(3), 33—36.

[273] Wing J M. Computational thinking and thinking about computing[J]. Philosophical Transactions of the Royal Society, 2008, 366(1881), 3717—3725.

[274] Xu E, Wang W. & Wang Q. A meta-analysis of the effectiveness of programming teaching in promoting K-12 students' computational thinking[J]. Educ Inf Technol(2022). https://doi.org/10.1007/s10639-022-11445-2.

[275] Xu E, Wang W. & Wang Q. The effectiveness of collaborative problem solving in promoting students' critical thinking: A meta-analysis based on empirical literature[J]. Humanit Soc Sci Commun 10, 16(2023).

[276] Zheng L, Chen C, Liu W, et al. Enhancement of teaching outcome through neural prediction of the students' knowledge state[J]. Human brain mapping, 2018, 39(7).

[277] Zheng L, Li X, Zhang X, & Sun W. The effects of group metacognitive scaffolding on group metacognitive behaviors, group performance, and cognitive load in computer-supported collaborative learning[J]. The Internet and Higher Education, 2019, 42. https://doi.org/10.1016/j.iheduc.2019.03.002.

[278] American Institutes for Research. The Study of Deeper Learning: Opportunities and Outcomes[R]. American Institutes for

Research，2016.

[279] ACARA. The Shape of the Australian Curriculum：Technologies[DB/OL]. 2012-8. http：//www.acara.edu.au/curriculum/learning-areas-subjects/technologies.

[280] Ark T V，Carri S. Deeper Learning For Every Student Every Day[EB/OL]. [2021-06-20]. Getting Smart. https：//www.hewlett.org/library/deeper-learning-for-every-student-every-day/.

[281] Barrett H. Researching and evaluating digital storytelling as a deep learning tool[C]//Society for Information Technology & Teacher Education International Conference，2006(1).

[282] CSTA. K-12 Computer Science Standards[DB/OL]. 2011-8-6. https：//www.csteachers.org/page/CompThinking.

[283] CAS. Computational Thinking：A guide for teachers [EB/OL]，2015-6-7. http：//community. computingatschool. org.uk/resources/2324/single.

[284] Dillenbourg. Over-scripting CSCL：The risks of blending collaborative learning with instructional design[A]. Open Universiteit Nederland，2002.

[285] Hao Wang. Collaborative Deep Learning for Recommender Systems[P]. Knowledge Discovery and Data Mining，2015.

[286] Henri. Collaborative learning through computer conferencing[C]. Berlin：Springer-Verlag，1991.

[287] Huberman，et al. The Shape of Deeper Learning：Strategies，Structures，and Cultures in Deeper Learning Network High Schools. Findings from the Study of Deeper Learning Opportunities and Outcomes：Report 1[R]. American Institutes for Research，2014.

[288] ISTE. Introduction to Computational Thinking for Every Educator[EB/OL]. http：//www.iste.org/learn/iste-u/computational-thinking.

[289] Iste. Code. Org Professional Learning Workshops[EB/OL]. https://www.iste.org/learn/computer-science#code-org.

[290] Mayes, T. & S. de Freitas. Review of e-learning frameworks, models and theories: JISC e-learning models desk study, JISC[EB]. (2021-08-06). http://www.elearning.ac.uk.

[291] NMC Horizon Report. 2017 K-12 Edition[OL]. [2017-03-02]. 〈http://www. nmc. org/nmc-horizon-news/nmc-and-cosn-release-the-horizon-report-2017-k-12-edition〉.

[292] Scale. Student Performance Assessment [EB/OL]. [2018-5-30]. https://scale.stanford.edu/student.

[293] UNESCO. Learning to become with the world: Education for future survival[OL]. [2020-06-18]. 〈https://en.unesco.org/futuresofeducation/news/just-published-learning-become-world-education-future-survival〉.

[294] William and Flora Hewlett Foundation. Deeper learning strategic plan summary education program[EB/OL]. [2021-11-30]. https://hewlett.org/wp-content/uploads/2016/09/Education_Deeper_Learning_Strategy.pdf.

[295] William and Flora Hewlett Foundation. Deeper learning competencies[DB/OL]. [2021-04-15]. http://www.hewlett.org/uploads/documents/Deeper_Learning_Defined_April_2013.pdf.

附录

附录1：思维型协作深度学习活动结果评估问卷

亲爱的同学：

你好！本问卷不是考试亦不作为考核的标准，仅是一份用于学术研究的调查问卷，主要了解同学们这一段时间内的学习状况。问卷采用匿名方式，问题的答案也没有对错之分，请你仔细阅读每一项题目，然后根据自己实际的学习情况在选项中打“√”。

感谢同学们的积极配合，谢谢！

计算思维培育项目组

第一部分：基本信息

1. 您的性别是？　　□男　□女

2. 您在年级考试中的平均排名是？　　□1—50名　□51—150名　□151名以后

3. 您在班级或学校是否担任了职务（如班长、学委、学生会等）？　　□是　□否

4. 您所在的学校的是？ ________________

5. 您所在的班级是？ ________________

第二部分：请你回忆最近一段时间学习本门课程的感受，根据这些感受选出最符合您的选项。这些问题没有正确或错误答案。请在每道题的右侧最符合的选项下面打“√”。

（心理学研究表明：第一反应或第一印象就是最符合的，所以，请不要长时间停留在一道题上）

编号	题　　目	非常不同意	不同意	不确定	同意	非常同意
T111	我发现大多数学习任务都很有趣,而且我经常花额外的时间来获取更多关于它们的信息					
T112	对于重要的学习任务或材料,我会努力学习直到我能完全理解它们为止					
T113	我会因为学习材料很有趣而努力学习					
T114	在完成某一个任务时,我发现我必须做足够的工作才会形成让自己满意的结论					
T115	我的学习目标是在尽可能少学习的情况下完成这门课的任务					
T116	我发现我可以通过记住关键内容而不是理解来通过大多数测验或完成老师布置的任务					
T117	我认为学习不太可能考到的内容是没有意义的					
T118	我发现通过考试的最好方法是努力记住可能的问题的答案					
T119	我通过一遍又一遍地重复来学习一些东西或完成老师的任务,直到我记住了它们,虽然我并不理解这些东西					
T121	上课前,我会提前做好准备					
T122	我很重视和同学一起学习(如小组学习)					
T123	在小组任务中,我尽力履行我的职责					
T124	我喜欢和老师、伙伴交流					
T125	学习有困难时,我愿意告诉老师或同伴遇到的问题					
T126	课后,我及时做作业或完成任务					

续表

编号	题　　目	非常不同意	不同意	不确定	同意	非常同意
T211	我发现新的知识或观点会激发起我对以前知识的回忆					
T212	我能够用自己的语言表达所学的知识					
T213	我能够理解学习内容以及内容间的相互关系					
T214	我能够将所学知识运用于课堂任务或问题解决中					
T215	当我遇到学习任务或问题时,我总会分析问题的重点所在,然后才去解决它					
T216	我说出的观点都必须有依据来支持					
T217	我善于策划一个完整的计划去创造性的解决复杂问题					
T311	我会把复杂的问题划分为几个小问题一个个解决					
T312	我会使用学科领域知识、策略和工具来解决问题					
T313	我能明晰问题的各层次结构,并从结构中发现解决问题的关键					
T314	我能够清晰地阐述问题的推理过程和结果,并富有自己的见解					
T315	我会想出多个解决问题的方法,并选择最优的解决方案					
T316	成功解决问题后,我能够获得经验并将其应用于解决其他生活问题上					
T321	我发现自己常常评估别人提出的观点					
T322	我总会分析问题的重点所在,然后才去解决它					

续表

编号	题　　目	非常不同意	不同意	不确定	同意	非常同意
T323	当我要反对别人的意见，必须提出适当的理由					
T324	需要动脑筋思考而非全凭记忆作答的测试比较适合我					
T325	我并不是一个很有逻辑的人，但却常常装作有逻辑					
T326	生活的经验告诉我，处事不必太有逻辑					
T331	我会在小组中分享我的观点和想法					
T332	我能帮助本小组完成任务、解决各种困难					
T333	我能按时完成自己在小组中的任务					
T334	我会认真倾听、思考小组中每个人的观点					
T335	学习中我愿意表达自己的观点					
T336	学习中我能够清晰的表达自己的观点					
T337	我能向他人提供合理的、有价值的建议					
T338	与他人说话时，我会思考对方想表述什么					
T341	我能将所学的知识和方法应用到新的任务或生活情境中					
T342	学习中，我能够整合他人的批评和建议以完成学习任务					
T343	我喜欢思考并尝试新方法去解决问题					
T344	我能够根据阅读的材料，提供建设性的反馈意见					

续表

编号	题　　目	非常不同意	不同意	不确定	同意	非常同意
T345	学习中,我总有新奇的、与众不同的主意和想法					
T346	我是个有创意的思考者					
T411	我非常享受学习的过程					
T412	我发现学习内容非常有意义					
T413	没有刻意努力,我的注意力就一直集中在正在发生的事情上					
T414	我喜欢这种学习的感觉,并想再一次尝试					
T415	我常常感觉学习好无聊					
T416	学习新的内容常使我感到很焦虑					
T421	有时学习给我一种深深的个人满足感和成就感					
T422	我特别期待上课学习					
T423	我的能力与学习任务中的高难度挑战旗鼓相当					
T424	我觉得有足够的能力来满足学习任务中的高要求					
T425	在最近的课程学习中,我常感觉毫无收获					
T426	在最近的课程学习中,我常常有挫败感					
T431	我很满意我的学习效果					
T432	我很满意老师的教学效果					
T433	综合各种因素,我对自己的学习很满意,觉得很有意义					

注:计分方式(此部分不呈现给填写问卷者,仅供统计分析人员使用):正向计分选项中:“非常不同意”代表 1 分;“不同意”代表 2 分;“一般”代表 3 分;“同意”代表 4 分;“非常同意”代表 5 分;逆向计分选项中:“非常不同意”代表 5 分;“不同意”代表 4 分;“一般”代表 3 分;“同意”代表 2 分;“非常同意”代表 1 分.

附录 2:“R-SPQ-2F”思维型学习过程问卷

亲爱的同学：

你好！本问卷不是考试亦不作为考核的标准，仅是一份用于学术研究的调查问卷，主要了解你的学习态度和常用的学习方式。学习方式本身没有对与错，这取决于是否适合你自己的个性风格和你正在学习的课程，因此，请尽可能诚实地回答每个问题，您也不用担心这会带来不好的影响，因为问卷采用匿名方式。

感谢同学们的积极配合！

第一部分：基本信息

1. 您的性别是？　　□男　□女

2. 您在年级考试中的平均排名是？　　□1—50 名　□51—150 名　□151—250 名　□251 名以后

3. 您在班级或学校是否担任了职务（如班长、学委、学生会等）？　　□是　□否

4. 您所在的学校的是？ ________________________

5. 您所在的班级是？ ________________________

第二部分：感受反馈（*心理学研究表明：第一反应或第一印象就是最符合的，所以，请不要长时间停留在一道题上*）

Tips:请在每道题的右侧最符合你情况的选项打“√”。如果你认为某个问题的回答依赖于你所学习的学科,那么就以对你来说最重要的那门学科为主。	A从不或很少如此	B有时候如此	C大约有一半时间如此	D经常如此	E总是或者几乎如此
1. 我发现有时学习给我一种深深的个人满足感					
2. 在一个学习主题上,我发现我必须做足够多的工作才会形成令自己满意的结论					
3. 我的学习目标是通过这门课程,同时尽可能付出较少的努力和做题时间					
4. 我只认真学习课堂上教师所讲或课程大纲中给出的内容					
5. 我觉得几乎任何一个学习专题一旦开始学习,都会非常有趣					
6. 我发现大多数新的学习专题都很有趣,而且我经常花额外的时间来获取更多关于它们的信息					
7. 我发现我上的课不是很有趣,所以我尽可能地付出较少的时间学习					
8. 我通过背诵和重复来学习一些东西,一遍又一遍地学习,直到我把它们牢记在心,即使我不理解它们					
9. 我发现学习有时会像看好看的小说或电影一样令人兴奋					
10. 对于重要的学习主题,我会进行自测,直到我能完全理解它们为止					
11. 我发现我可以通过记住关键内容而不是理解来通过大多数测验					
12. 我通常把我的学习限制在课堂范围内,因为我认为没有必要做任何与课堂内容不相关的事情					

续表

Tips:请在每道题的右侧最符合你情况的选项打"√"。如果你认为某个问题的回答依赖于你所学习的学科,那么就以对你来说最重要的那门学科为主。	A 从不或很少如此	B 有时候如此	C 大约有一半时间如此	D 经常如此	E 总是或者几乎如此
13. 我会因为学习材料很有趣而努力学习					
14. 我花了很多空闲时间来寻找不同课上讨论过的更多的有趣话题					
15. 我认为深入学习某一专题是没有好处的,否则会让你更困惑和浪费时间,只需要达到考试的标准就行					
16. 我认为老师不应该期望学生花大量的时间去学习每个人都知道不会被考试的内容					
17. 我带着我想要回答的问题来上大多数课					
18. 我会阅读大多数课堂或老师建议的拓展书籍或拓展阅读材料					
19. 我认为学习不太可能出现在考试中的内容毫无意义					
20. 我发现通过考试的最好方法是尽量记住可能出现的问题的答案					

注(*此部分不呈现给填写问卷者,仅供统计分析人员使用*):

① 选项计分方式:A=1, B=2, C=3, D=4, E=5

② 深度学习方法 DA(Deep Approach)=1+2+5+6+9+10+13+14+17+18

浅层学习方法 SA(Surface Approach)=3+4+7+8+11+12+15+16+19+20

③ 深度学习动机 DM(Deep Motive)=1+5+9+13+17

深度学习策略 DS(Deep Strategy)=2+6+10+14+18

浅层学习动机 SM(Surface Motive)=3+7+11+15+19

浅层学习策略 SS(Surface Strategy)=4+8+12+16+20

附录 3：基于 SOLO 分类理论的思维水平发展评估量规

学习类型	SOLO 层次		解释说明	编码	评分
无学习	前结构		① 不具备问题解决的相关知识，回答同义词反复或无关信息的堆积 ② 不理解任务要求，没有完成作品或形成的作品仅仅是简单的模仿	SOLO-1	1
浅层学习	单点结构		① 只能够提出一个与任务解决有关的知识要点 ② 只实现作品的一个功能	SOLO-2	2
	多点结构	低	① 能够提出多个与任务解决有关的知识反馈，但反馈内容之间没有联系与整合，仅是依次罗列 ② 作品实现多个功能，但每个功能之间是彼此独立不相干的部分	SOLO-3	3
		高	① 能提出多个与任务解决有关的知识反馈，且尝试在反馈中整合其中某些方面相关的知识信息，反馈较为丰富但没有实现全面的整合 ② 作品实现了多个功能，每个功能之间有相应的某一方面的拓展，但没有实现全面的整合	SOLO-4	4
深度学习	关联结构	低	① 能够对问题相关的大部分知识信息进行关联和整合反馈，可能有少数内容略微偏离整体讨论主题或框架，但没有出现完全无关或独立的内容模块 ② 能够对作品的大部分功能模块进行整合反馈，有相应的逻辑关系，但出现了部分无法运行或实现的功能模块	SOLO-5	5

续表

学习类型	SOLO层次		解释说明	编码	评分
深度学习	关联结构	高	① 能够基于预设的条件对问题相关的知识信息进行结构化的关联和论证反馈，没有出现任何无关的内容 ② 能够基于问题解决的需求对任务的知识信息和功能模块进行结构化的关联和论证反馈，所有的功能模块得到很好的运行且没有出现任何无关的内容	SOLO-6	6
	抽象结构		① 具备丰富的问题解决的知识，知识及其关系能够被整合到主题概念中，实现对问题更为全面的思考，能够概括出更为抽象的问题特征和迁移应用的情境特征，拓展问题的意义 ② 具备丰富的问题解决的知识，知识及其关系能够被整合到制品创建中，实现作品的全部功能并对问题进行更为全面的思考，能够概括出问题的抽象特征(假设或前提)，构建问题解决的一般规则和假设并迁移应用于新的情境	SOLO-7	7

附录 4：专项学习测试卷

专项学习测试（开源创客之图形化编程）

一、基础题型（本大题共 4 小题，每小题 5 分，共 20 分，每小题列出的四个备选项中只有一个是符合题目要求的，不选、错选、多选均不得分）

1. 下列有关数据和信息的说法，正确的是

A. 数据只有收集后才存在

B. 数据可以是一串数字，经过解释后具有一定的意义，这个意义就是信息

C. 数据也是可以被捏造的，捏造出来的数据无法承载任何信息

D. 相同的数据得到的信息一定是相同的

2. 某品牌感冒药每袋装 10 克，含对乙酰氨基酚 0.2 克，咖啡因 4 毫克，马来酸氯苯那敏 4 毫克。下列说法正确的是（　　）

A. "10"是数据，其本身的意义就是一个阿拉伯数字，在以上情景中被赋予了"10 克感冒药"的含义

B. 该感冒药的信息依靠包装上的说明得以呈现，说明数据具有载体依附性，不能脱离载体而独立存在

C. 对于感冒这种疾病，现在人们已经深刻了解它是什么，如何发挥所能，如何治疗，这是知识的体现

D. 药品包装及其上的信息由印刷加工得到，说明信息具有可加工处理性

3. 下列四个数字中,最大的是(　　)

A. 11101B　　　　B. 40H

C. 56D　　　　D. 3AH

4. 关于大数据,以下说法错误的是(　　)

A. 大数据之大,不仅指信息量大,还包括产生的速度快、种类多等特点

B. 大数据的来源可以是人工产生的,也可以是机器自动产生的

C. 大数据中,每个数据的价值都非常大,不能随意处理

D. 大数据为生活带来便利的同时也带来安全隐患

二、挑战题型(本大题共 5 小题,每小题 10 分,共 50 分,选择题选项中只有一个是符合题目要求的,不选、错选、多选均不得分,填空题请直接将正确答案写在横线上)

5. 根据下方代码,哪个选项不正确?

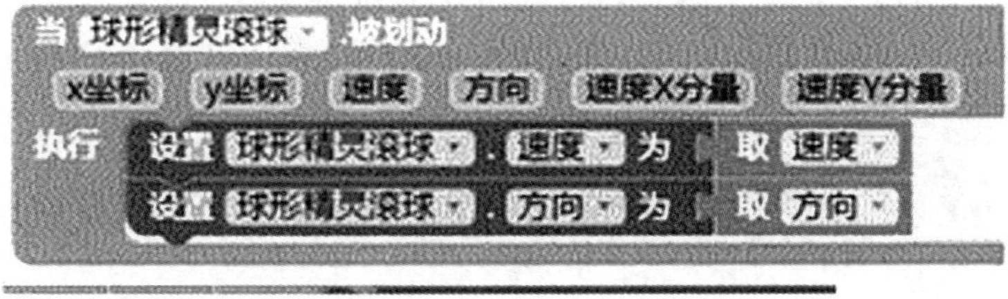

A. 上图中被划动事件中的参数 x 坐标和 y 坐标,指的是手指离开屏幕时的 x 和 y 坐标

B. "球形精灵滚球"的速度为手指划动的速度

C. "球形精灵滚球"的方向为手指划动的方向

D. 速度 X 分量指的是划屏过程中,横坐标方向上的速度分量

6. 下面的流程图展示了一个简单数 7 的游戏过程,当输入数字 n 为 17 时,执行的事件是(　　)。

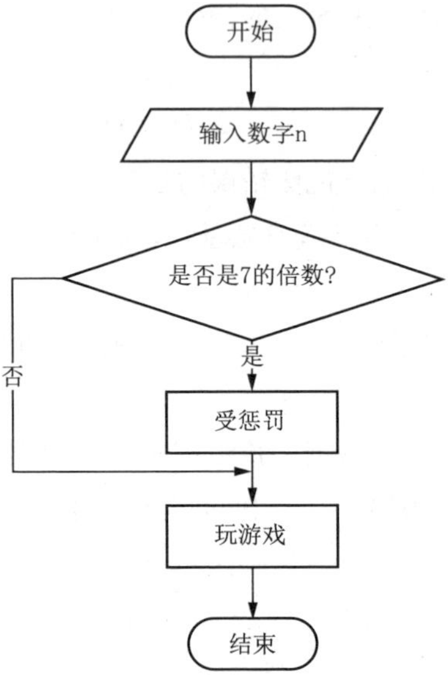

(第 6 题图)

A. 先受惩罚再玩游戏　　B. 先玩游戏再受惩罚

C. 受惩罚　　D. 玩游戏

7. 确定按钮被点击时,“标签提醒”组件中的文本显示为?

A. 23　　B. 报错　　C. 5　　D. 无反应

8. 确定按钮被点击时,“标签提醒”组件中的文本显示为?

A. 1　　　　B. 9　　　　C. 10　　　　D. 11

9. 用户在“文本输入框用户名”中输入“zuccer”，先点击“按钮保存”，再点击“按钮获取”，请问此时全局变量“密码”的值是？

______

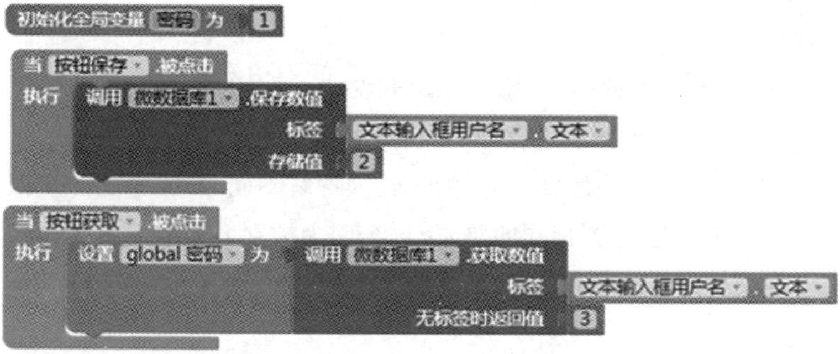

三、设计题型（本大题共1小题，每小题30分，共30分，需写出必要的过程，作图准确）

10. 同学聚会时，大家准备玩猜数字的游戏，游戏的规则是：预先设定一个任意整数N，当N⩽0时系统输出显示“Error！游戏结束”，否则利用循环结构计算并显示1＋3＋5＋…＋(2 * N－1)的值。

请你根据上述游戏规则，使用所学知识，将上述游戏的运行逻辑使用流程图描述出来。

专项学习测试(开源创客之 Python 编程)

一、基础题型(本大题共 4 小题,每小题 5 分,共 20 分,每小题列出的四个备选项中只有一个是符合题目要求的,不选、错选、多选均不得分)

1. 下列有关数据、信息和知识的说法,错误的是

A. 信息是数据经过存储、分析及解释后所产生的意义

B. 面对同样的信息,不同的人会因理解不同,形成不同的知识

C. 与物质、能源相同的是,信息会因为被别人获取而发生损耗

D. 人类可以通过了解信息来认识自然,利用信息进行发明创造

2. 人体正常体温平均在 36—37 ℃之间,小刚早上测量体温显示“36.3 ℃”,下午测量体温显示“36.8 ℃”。结合上述事例,下列说法正确的是(   )

A. 若在纸上单独书写“36.3”这几个数字,它就已经被赋予了一定的意义

B. 小刚两次测得的体温显示不同的数据,这体现了信息的真伪性

C. “人体正常体温平均在 36—37 ℃之间”这体现了人类的智慧

D. 体温计上显示的 36.3 ℃表示小刚的体温信息,说明信息的表示必须依附于一定的载体

3. 以下不同进制的数中,最大的是(   )

A. 114514D　　　　B. 114514H

C. 1101111110101001B　　　　D. 10001010001010001010 1B

4. 如图所示是某算法的部分流程图,下列说法正确的是(   )

A. 流程执行后,sum 的值是 64.

B. 语句“sum+=b”被执行了 1 次.

C. 该部分算法采用顺序结构.

D. 语句“sum+=a”被执行了 3 次.

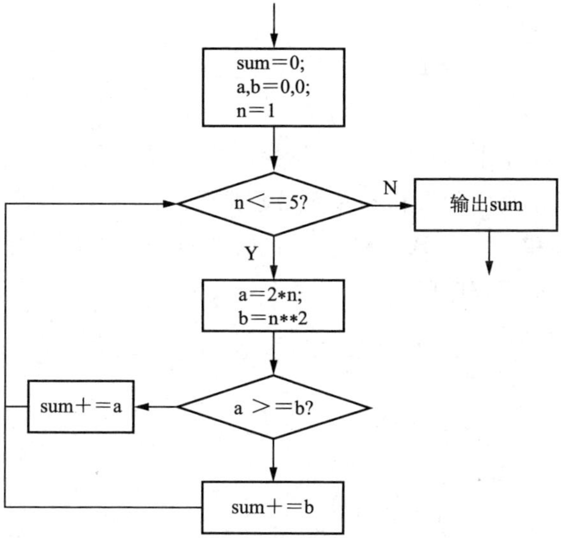

二、挑战题型(本大题共 5 小题,每小题 10 分,共 50 分,选择题选项中只有一个是符合题目要求的,不选、错选、多选均不得分,填空题请直接将正确答案写在横线上)

5. 已知 s=["C++","Python","Java"],则 s[1][2]的结果是

A. "PythonJava"　　B. "C++Python"

C. "+"　　D. "t"

6. 已知变量 s=["123","4567","789"],则表达式 s[1][1::-1]*2+s[-1][1]的值是

A. '45458'　B. '54548'　C. '56568'　D. '67678'

7. 有如下 Python 程序段:

```
a=[3,4,2,5,6,7,7,1,2]
m,c,i=1,1,1
```

```
while i<len(a):
    if a[i]>=a[i-1]:
        c+=1
        m=max(m,c)
    else:
        c=1
    i+=1
print(c,m)
```

则程序执行后,c 和 m 的值分别是(　　)

A. 1 和 5　　B. 1 和 4　　C. 2 和 5　　D. 2 和 4

8. 有如下程序段:

```
def f(a,b):
    if a>b:
        return a-b
    else:
        return a+b
x1=int(input("请输入第一个数"))
x2=int(input("请输入第二个数"))
print(f(f(x1,x2),f(x2,x1)))
```

当键盘输入 12 和 13 后,程序输出的结果是

A. 重复调用出错　　B. 50

C. 24　　D. 26

9. 判断两个字符串是否相等:规定字符"?"为万能字符,即可与任意一个字符相等,在忽略字符串中空格以及不区分大小写的前提下,判断两个字符串是否相同。Python 程序运行界面如图所示。

```
请输入一个字符串:?? a d ?? dad wd
请输入另一个字符串:a? a? c? d? d w?
两个字符串相同
```

(1) 根据以上规则字符串'?? ad?? dadwd'和字符串'a??? c? d? d? d'是否相等________(填:是/否)

(2) 实现上述功能的 Python 程序如下,请在划线处填入适当的代码。

```
s1 = input("请输入一个字符串:")
s2 = input("请输入另一个字符串:")
s1 = s1.upper()
s2 = s2.upper()
s = "" #将字符串 s1 中的空格去掉
for i in s1:
if i! = " ":
    ________①________
s1 = s
#同上,将字符串 s2 中的空格去掉,代码略
i = 0
if len(s1)! = len(s2):
print("两个字符串不相同")
else:
while i<len(s1):
    c1 = s1[i];c2 = s2[i]
    if c1 == c2:
        ________②____________
    else:
        if ________③________:
            i+ = 1
        else: break
if i == len(s1):
    print("两个字符串相同")
else:
```

```
print("两个字符串不相同")
```

三、设计题型(本大题共 1 小题,每小题 30 分,共 30 分,需写出必要的过程,作图准确)

10.《孙子算经》中记载了一个有趣的问题:今有雉兔同笼,上有三十五头,下有九十四足,问雉兔各几何?这四句话的意思是:有若干只鸡兔同在一个笼子里,从上面数有 35 个头,从下面数有 94 只脚。问笼中各有多少只鸡和兔?小明尝试用流程图和 Python 程序解决上述问题。请回答下列问题:

(1) 根据题目,完成流程图中①②处填空。

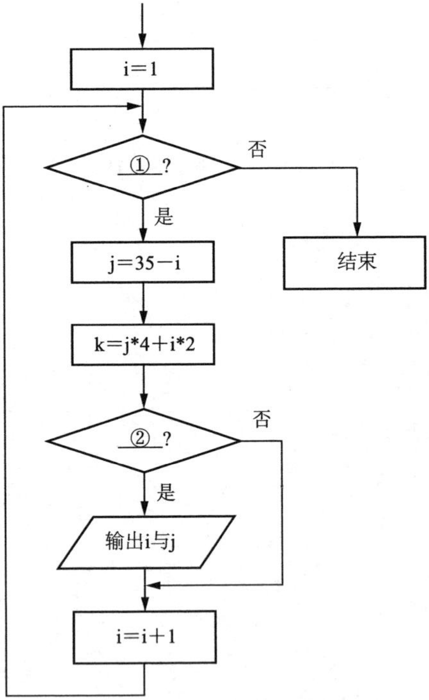

(2) 根据题目,结合流程图,请使用 python 语言编写程序。

附录 5：设计手册：思维型协作深度学习活动设计方案

W 市第×××中学________学年度第________学期

计算思维培育-科技创新课程

思维型协作深度学习设计手册

设计者(教师)：________________________________

承 担 科 目：________________________________

×××教研组(编制)

________年度________学期

<table>
<tr><td colspan="8">预备阶段的设计</td></tr>
<tr><td colspan="3" rowspan="2">学习内容分析</td><td>学习主题</td><td colspan="2">所属模块</td><td colspan="2">内容要求</td></tr>
<tr><td></td><td colspan="2"></td><td colspan="2"></td></tr>
<tr><td rowspan="11">学习目标
分析
与评估</td><td></td><td></td><td>具体描述
（课标要求）</td><td colspan="4">具体表现（问题策略）</td></tr>
<tr><td rowspan="2">意义
建构</td><td>学科概念</td><td></td><td colspan="4" rowspan="4">水平 1：知道理解（Know-Understandings）
（强调学科知识和基本技能）
水平 2：实践应用（Know-Abilities）
（强调关键能力和问题情境）
水平 3：迁移创生（Know-Values）
（强调价值信念和必备品格）</td></tr>
<tr><td>思维水平</td><td></td></tr>
<tr><td rowspan="2">素养
发展</td><td>发展核心素养</td><td></td></tr>
<tr><td>学科核心素养</td><td></td></tr>
<tr><td colspan="7">评估标准</td></tr>
<tr><td colspan="2"></td><td>自评</td><td>组内互评</td><td colspan="2">组间评价</td><td>教师评价</td></tr>
<tr><td colspan="2">专项测试（20%）</td><td>√</td><td></td><td colspan="2"></td><td></td></tr>
<tr><td colspan="2">生成制品（50%）</td><td></td><td></td><td colspan="2">√</td><td>√</td></tr>
<tr><td colspan="2">协作绩效（20%）</td><td>√</td><td>√</td><td colspan="2"></td><td>√</td></tr>
<tr><td colspan="2">评估量表（10%）</td><td>√</td><td></td><td colspan="2"></td><td></td></tr>
<tr><td rowspan="8">学习者
分析</td><td colspan="2"></td><td colspan="2">具体描述</td><td colspan="3">测评方式</td></tr>
<tr><td rowspan="3">认知
基础</td><td>前理解</td><td colspan="2"></td><td colspan="3" rowspan="3">“K-UWCA”预评估法</td></tr>
<tr><td>认知冲突</td><td colspan="2"></td></tr>
<tr><td>发展区</td><td colspan="2"></td></tr>
<tr><td rowspan="4">学习
风格</td><td>主动型/反思型</td><td colspan="2"></td><td colspan="3" rowspan="4">Felder-Silverman
学习风格量表</td></tr>
<tr><td>知觉型/直觉型</td><td colspan="2"></td></tr>
<tr><td>视觉型/言语型</td><td colspan="2"></td></tr>
<tr><td>序列型/整体型</td><td colspan="2"></td></tr>
</table>

续表

<table>
<tr><td rowspan="6">协作组属性分析及组建</td><td>组规模</td><td colspan="4"></td></tr>
<tr><td>差异结构</td><td colspan="4"></td></tr>
<tr><td>分组方式及标识</td><td colspan="4"></td></tr>
<tr><td>组评价</td><td colspan="4"></td></tr>
<tr><td>角色分工</td><td colspan="4"></td></tr>
<tr><td>协作规则</td><td colspan="4"></td></tr>
<tr><td rowspan="6">设计协作任务</td><td rowspan="3">任务类属</td><td></td><td>基础任务</td><td>挑战任务</td><td>反思任务</td></tr>
<tr><td>良构任务</td><td>√</td><td>√</td><td></td></tr>
<tr><td>非良构任务</td><td></td><td>√</td><td>√</td></tr>
<tr><td>任务序号</td><td colspan="4"></td></tr>
<tr><td>问题情境</td><td colspan="4"></td></tr>
<tr><td>成果要求</td><td colspan="4"></td></tr>
<tr><td rowspan="3">设计资源工具</td><td>预设资源工具</td><td></td><td></td><td></td><td></td></tr>
<tr><td>生成资源工具</td><td></td><td></td><td></td><td></td></tr>
<tr><td>泛在资源工具</td><td></td><td></td><td></td><td></td></tr>
<tr><td colspan="6">过程阶段的设计</td></tr>
<tr><td rowspan="2">个人信息</td><td>姓名：</td><td>组名称：</td><td colspan="2">班级：</td><td>授课教师：</td></tr>
<tr><td>学习风格：</td><td>组口号：</td><td colspan="2">学校：</td><td>学习时间：</td></tr>
<tr><td rowspan="4">协作任务</td><td>任务类属</td><td colspan="4"></td></tr>
<tr><td>任务序列</td><td colspan="4"></td></tr>
<tr><td>问题情境</td><td colspan="4"></td></tr>
<tr><td>成果要求</td><td colspan="4"></td></tr>
<tr><td rowspan="2">个体任务确认</td><td>担任的角色</td><td colspan="4"></td></tr>
<tr><td>承担的具体任务分工</td><td colspan="4"></td></tr>
<tr><td rowspan="4">K-UWCA激活联结</td><td colspan="2">知道什么(Know-Understanding)</td><td colspan="3">想学习什么(Know-Wanted)</td></tr>
<tr><td colspan="2"></td><td colspan="3"></td></tr>
<tr><td colspan="2">困惑之处(Know-Confusion)</td><td colspan="3">能够做什么(Know-Action)</td></tr>
<tr><td colspan="2"></td><td colspan="3"></td></tr>
</table>

续表

<table>
<tr><td rowspan="10">共创生成</td><td rowspan="4">观点阐述</td><td colspan="4">个体任务的完成情况：</td></tr>
<tr><td colspan="4">形成的任务求解思路或初步方案：</td></tr>
<tr><td colspan="4">支撑的证据、理由：</td></tr>
<tr><td colspan="4">存在的问题困惑：</td></tr>
<tr><td rowspan="3">质疑论辩</td><td>成员姓名</td><td>阐述的观点、思路或方案</td><td>支撑的证据、理由</td><td>存在的问题困惑</td></tr>
<tr><td></td><td></td><td></td><td></td></tr>
<tr><td></td><td></td><td></td><td></td></tr>
<tr><td>协商共识</td><td colspan="4"></td></tr>
<tr><td rowspan="2">知识/制品</td><td>成果形式</td><td>功能与技术</td><td>应用价值及场景</td><td>创新之处</td></tr>
<tr><td></td><td></td><td></td><td></td></tr>
<tr><td rowspan="16">反思性评价</td><td rowspan="4">观点阐述</td><td colspan="4">本组任务的完成情况：</td></tr>
<tr><td colspan="4">本组创生的知识/制品：（成果名称及形式、功能特点、应用价值及场景、创新之处）</td></tr>
<tr><td colspan="4">支撑的证据、理由：</td></tr>
<tr><td colspan="4">存在的问题困惑：</td></tr>
<tr><td rowspan="3">成果评价</td><td>成果形式</td><td>功能与技术</td><td>应用价值及场景</td><td>创新之处</td></tr>
<tr><td></td><td></td><td></td><td></td></tr>
<tr><td></td><td></td><td></td><td></td></tr>
<tr><td rowspan="3">质疑论辩</td><td>组别</td><td>阐述的观点、思路</td><td>支撑的证据、理由</td><td>问题困惑</td></tr>
<tr><td></td><td colspan="3"></td></tr>
<tr><td></td><td colspan="3"></td></tr>
<tr><td rowspan="6">个体反思</td><td rowspan="2">反思学习结果</td><td colspan="3">本组知识/制品存在哪些缺陷和不足：</td></tr>
<tr><td colspan="3">改进的策略、思路或方案：</td></tr>
<tr><td rowspan="4">反思学习过程</td><td colspan="3">你对本次学习过程是否满意？为什么？</td></tr>
<tr><td colspan="3">你认为本次学习过程中存在哪些问题？如何改进？</td></tr>
<tr><td colspan="3">你在本次学习过程中有哪些值得表扬的地方？</td></tr>
<tr><td colspan="3">你是否需要老师提供帮助？迫切需要哪些方面的帮助？</td></tr>
</table>

续表

<table>
<tr><th colspan="7">结果阶段的设计</th></tr>
<tr><td rowspan="2">个人信息</td><td colspan="3">姓名：</td><td>组名称：</td><td>班级：</td><td>授课教师：</td></tr>
<tr><td colspan="3">学习风格：</td><td>组口号：</td><td>学校：</td><td>学习时间：</td></tr>
<tr><td rowspan="16">学习结果</td><td>对象</td><td colspan="2">维度</td><td>评测形式</td><td>评测工具</td><td>结果</td></tr>
<tr><td rowspan="13">学习者个体发展</td><td rowspan="3">动力领域</td><td>动机指向</td><td rowspan="2">问卷</td><td rowspan="2">协作深度学习结果评估问卷</td><td></td></tr>
<tr><td>学习参与</td><td></td></tr>
<tr><td>学习方法</td><td>量表</td><td>比格斯 R-SPQ-2F 学习过程量表</td><td></td></tr>
<tr><td rowspan="3">认知领域</td><td rowspan="2">知识水平</td><td>问卷</td><td>协作深度学习结果评估问卷</td><td></td></tr>
<tr><td>测评试题</td><td>专项学习测试卷</td><td></td></tr>
<tr><td>思维水平</td><td>量表编码</td><td>基于 SOLO 的思维水平发展评估量表</td><td></td></tr>
<tr><td rowspan="4">能力领域</td><td>问题解决能力</td><td rowspan="7">问卷</td><td rowspan="7">协作深度学习结果评估问卷</td><td></td></tr>
<tr><td>批判性反思能力</td><td></td></tr>
<tr><td>协作与沟通能力</td><td></td></tr>
<tr><td>迁移与创新能力</td><td></td></tr>
<tr><td rowspan="3">情感领域</td><td>情感体验</td><td></td></tr>
<tr><td>自我效能感</td><td></td></tr>
<tr><td>总体满意度</td><td></td></tr>
<tr><td rowspan="2">协作组群体发展</td><td rowspan="2">协作绩效</td><td>成绩平均值</td><td>合并计算</td><td>$\overline{X}=\frac{x_1+x_2+x_3+\cdots\cdots+x_n}{n}$</td><td></td></tr>
<tr><td>协作度</td><td>合并计算</td><td>$C=\frac{\overline{X}-S}{\overline{X}+S}$
$(S=\sqrt{\frac{1}{n}\sum_{i=1}^{n}(x_i-\overline{x})^2})$</td><td></td></tr>
</table>

附录6：活动指南：思维型协作深度学习活动记录单

<table>
<tr><td colspan="6">学习内容：</td></tr>
<tr><td colspan="2" rowspan="2">姓名：</td><td>学习风格：</td><td colspan="2">年-班级：年级-班级</td><td>授课教师：</td></tr>
<tr><td>组名称：组号-组名</td><td colspan="2">学校名称：</td><td>学习时间：</td></tr>
<tr><td rowspan="10">学习
目标
与评估</td><td>课标要求</td><td colspan="4">具体表现</td></tr>
<tr><td rowspan="6">使用“ABCD”法描述课标或教材中对应的学科概念、思维水平、发展核心素养和学科核心素养的要求</td><td colspan="4">水平1：知道理解(Know-Understandings)</td></tr>
<tr><td colspan="4">(强调学科知识和基本技能)
1. 能够知道：(事实概念、原理方法、行为操作、策略技巧)
2. 能够说出生活中的列子：(事实概念、原理方法、行为操作、策略技巧)
3. 能够阐述意义：(事实概念、原理方法、行为操作、策略技巧)</td></tr>
<tr><td colspan="4">水平2：实践应用(Know-Abilities)</td></tr>
<tr><td colspan="4">(强调关键能力和问题情境)
1. 能够完成：(本节课程要求完成的活动任务)
2. 能够解决：(现实中类似活动情境的问题)
3. 能够列出过程、步骤和策略等：(现实中类似活动情境的问题)</td></tr>
<tr><td colspan="4">水平3：迁移创生(Know-Values)</td></tr>
<tr><td colspan="4">(强调价值信念和必备品格)
1. 能够解决：(现实中真实复杂的问题)
2. 能够列出解决问题的核心条件：(现实中真实复杂的问题)
3. 能够说出学习主题对您生活的价值意义：(现实中真实复杂的问题)</td></tr>
<tr><td colspan="5">评估标准</td></tr>
<tr><td></td><td>自评</td><td>组内互评</td><td>组间评价</td><td>教师评价</td></tr>
<tr><td>专项测试
(20%)</td><td>✓</td><td></td><td></td><td></td></tr>
</table>

续表

<table>
<tr><td rowspan="5">学习
目标
与评估</td><td colspan="5">评估标准</td></tr>
<tr><td></td><td>自评</td><td>组内互评</td><td>组间评价</td><td>教师评价</td></tr>
<tr><td>知识/制品
(50%)</td><td></td><td></td><td>✓</td><td>✓</td></tr>
<tr><td>协作绩效
(20%)</td><td>✓</td><td>✓</td><td></td><td>✓</td></tr>
<tr><td>评估量表
(10%)</td><td>✓</td><td></td><td></td><td></td></tr>
<tr><td rowspan="6">协作
任务</td><td rowspan="3">任务类属</td><td></td><td>基础任务</td><td>挑战任务</td><td>反思任务</td></tr>
<tr><td>良构任务</td><td>✓</td><td>✓</td><td></td></tr>
<tr><td>非良构任务</td><td></td><td>✓</td><td>✓</td></tr>
<tr><td>任务序列</td><td colspan="4">任务在整个学习活动过程中的时序编列</td></tr>
<tr><td>问题情境</td><td colspan="4">阐述具体的协作任务情境,如任务的背景因素、限制性因素以及线索因素</td></tr>
<tr><td>成果要求</td><td colspan="4">作品、方案、思维导图、App 程序、视频等</td></tr>
<tr><td rowspan="3">推荐的
资源工具</td><td>预设资源工具</td><td colspan="4">如导学案、Moodle 平台、思维导图、创客开源工具等</td></tr>
<tr><td>生成资源工具</td><td colspan="4">人工制品、知识方案、软件程序等</td></tr>
<tr><td>泛在资源工具</td><td colspan="4">整个互联网络和生活中的资源工具</td></tr>
<tr><td rowspan="2">个体任务
确认</td><td>担任的角色</td><td colspan="4">如观点提出者、支持论证者、质疑论辩者、记录汇报者</td></tr>
<tr><td>承担的任务分工</td><td colspan="4">个体承担的具体任务是什么,什么时间完成、完成提交的成果形式</td></tr>
<tr><td rowspan="5">K-UWCA
激活联结</td><td colspan="3">知道什么(Know-Understanding)</td><td colspan="2">想学习什么(Know-Wanted)</td></tr>
<tr><td colspan="3">请写出关于(当前协作任务和个体任务),你已经知道的东西,如相关词汇、生活经历、网站资源等。</td><td colspan="2">请写出关于(当前协作任务和个体任务),你最想获得的是什么?</td></tr>
<tr><td colspan="3">困惑之处(Know-Confusion)</td><td colspan="2">能够做什么(Know-Action)</td></tr>
<tr><td colspan="3">请写出关于(当前协作任务和个体任务),你有哪些困惑之处?</td><td colspan="2">请写出关于(当前协作任务和个体任务),完成之后能够解决生活中的什么问题,这一概念或技能现在和未来对你会有何帮助?</td></tr>
<tr><td colspan="5">学习支持:可开展侦探游戏获取支持,游戏法则:学习者向其他同伴或老师或其他类型任务的组别就“K-UWCA“的任何或全部问题提问,并将其记录下来,并作签名。</td></tr>
</table>

续表

<table>
<tr><td rowspan="13">共创生成</td><td rowspan="4">观点阐述</td><td colspan="20">个体任务的完成情况：</td></tr>
<tr><td colspan="20">形成的任务求解思路或初步方案：</td></tr>
<tr><td colspan="20">支撑的证据、理由：</td></tr>
<tr><td colspan="20">存在的问题困惑：</td></tr>
<tr><td rowspan="5">质疑论辩</td><td colspan="5">成员姓名</td><td colspan="5">阐述的观点、思路或方案</td><td colspan="5">支撑的证据、理由</td><td colspan="5">问题困惑</td></tr>
<tr><td colspan="5"></td><td colspan="5"></td><td colspan="5"></td><td colspan="5"></td></tr>
<tr><td colspan="5"></td><td colspan="5"></td><td colspan="5"></td><td colspan="5"></td></tr>
<tr><td colspan="5"></td><td colspan="5"></td><td colspan="5"></td><td colspan="5"></td></tr>
<tr><td colspan="5"></td><td colspan="5"></td><td colspan="5"></td><td colspan="5"></td></tr>
<tr><td>协商共识</td><td colspan="20">组内达成的完成协作任务的共识有哪些?</td></tr>
<tr><td>知识/制品</td><td colspan="5">成果名称及形式</td><td colspan="5">功能特点</td><td colspan="5">应用价值及场景</td><td colspan="5">创新之处</td></tr>
<tr><td></td><td colspan="5"></td><td colspan="5"></td><td colspan="5"></td><td colspan="5"></td></tr>
<tr><td>学习支持</td><td colspan="20">可使用“S-RE-C”法开展观点阐述和质疑论辩,即学生先陈述表达自己的观点(Statement),然后给出理由(Reason)和证据(Evidence),最后表述存在的问题困惑(Confuse)。不同观点的学生需要依次按照“S-R-T”法陈述分享自己观点,与组内成员用事实来支持观点进行质疑论辩。</td></tr>
<tr><td rowspan="9">反思性评价</td><td rowspan="4">观点阐述</td><td colspan="20">本组任务的完成情况：</td></tr>
<tr><td colspan="20">本组创生的知识/制品:(成果名称及形式、功能特点、应用价值及场景、创新之处)</td></tr>
<tr><td colspan="20">支撑的证据、理由：</td></tr>
<tr><td colspan="20">存在的问题困惑：</td></tr>
<tr><td rowspan="5">成果评价</td><td colspan="4">组别</td><td colspan="4">成果名称及形式</td><td colspan="4">功能特点</td><td colspan="4">应用价值及场景</td><td colspan="4">创新之处</td></tr>
<tr><td colspan="4"></td><td colspan="4"></td><td colspan="4"></td><td colspan="4"></td><td colspan="4"></td></tr>
<tr><td colspan="4"></td><td colspan="4"></td><td colspan="4"></td><td colspan="4"></td><td colspan="4"></td></tr>
<tr><td colspan="4"></td><td colspan="4"></td><td colspan="4"></td><td colspan="4"></td><td colspan="4"></td></tr>
<tr><td colspan="4"></td><td colspan="4"></td><td colspan="4"></td><td colspan="4"></td><td colspan="4"></td></tr>
</table>

续表

<table>
<tr><td rowspan="11">反思性评价</td><td rowspan="5">质疑论辩</td><td>组别</td><td>阐述的观点、思路</td><td>支撑的证据、理由</td><td>问题困惑</td></tr>
<tr><td></td><td></td><td></td><td></td></tr>
<tr><td></td><td></td><td></td><td></td></tr>
<tr><td></td><td></td><td></td><td></td></tr>
<tr><td></td><td></td><td></td><td></td></tr>
<tr><td rowspan="6">个体反思</td><td rowspan="2">对学习结果反思</td><td colspan="3">本组知识/制品存在哪些缺陷和不足:</td></tr>
<tr><td colspan="3">改进的策略、思路或方案:</td></tr>
<tr><td rowspan="4">对学习过程反思</td><td colspan="3">你对本次学习过程是否满意?为什么?</td></tr>
<tr><td colspan="3">你认为本次学习过程中存在哪些问题?如何改进?</td></tr>
<tr><td colspan="3">你在本次学习过程中有哪些值得表扬的地方?</td></tr>
<tr><td colspan="3">你是否需要老师提供帮助?迫切需要哪些方面的帮助?</td></tr>
<tr><td rowspan="15">学习结果</td><td>评测对象</td><td colspan="2">维度</td><td>评测形式</td><td>结果</td></tr>
<tr><td rowspan="12">学习者个体</td><td rowspan="3">动力领域</td><td>动机指向</td><td rowspan="2">问卷</td><td></td></tr>
<tr><td>学习参与</td><td></td></tr>
<tr><td>学习方法</td><td>量表</td><td></td></tr>
<tr><td rowspan="2">认知领域</td><td>知识水平</td><td>问卷、测评试题</td><td></td></tr>
<tr><td>思维水平</td><td>量表编码</td><td></td></tr>
<tr><td rowspan="4">能力领域</td><td>问题解决能力</td><td rowspan="7">问卷</td><td></td></tr>
<tr><td>批判性反思能力</td><td></td></tr>
<tr><td>协作与沟通能力</td><td></td></tr>
<tr><td>迁移与创新能力</td><td></td></tr>
<tr><td rowspan="3">情感领域</td><td>情感体验</td><td></td></tr>
<tr><td>自我效能感</td><td></td></tr>
<tr><td>总体满意度</td><td></td></tr>
<tr><td rowspan="2">协作组群体</td><td rowspan="2">协作绩效</td><td>成绩平均值</td><td>$\overline{X}=\frac{x_1+x_2+\cdots\cdots+x_n}{n}$</td><td></td></tr>
<tr><td>协作度</td><td>$C=\frac{\overline{X}-S}{\overline{X}+S}$</td><td></td></tr>
</table>

后　记

路虽远，行则将至；事虽难，做则必成。时至此刻，本书得以撰写完成。在写作本书的过程中，我们深感责任重大，不仅要确保理论框架的严谨性和科学性，还要确保实践案例的实用性和可操作性；同时也对智能时代的教育发展充满了期待。正如前言所述，计算思维作为智能时代不可或缺的核心素养，对于学生的创新精神和实践能力至关重要。为此，我们查阅了大量的文献资料，进行了多次的教学实践，与同行专家和一线教师进行了深入的交流和讨论。我们希望通过这些努力，能够为广大读者提供一个关于如何在编程教育中有效培养计算思维的系统框架和实践路径。

然而，我们也深知教育是一项复杂而艰巨的任务，智能科技日新月异，教育实践也需要不断地探索和创新。本书虽然提出了一些新的观点和方法，但仍然存在许多不足之处，还需要进一步探索和完善。因此，我们期待各位同行在阅读本书时，能够提出宝贵的意见和建议，与我们共同探讨、交流和分享。

本书成果受新疆师范大学优秀学术著作出版基金和新疆维吾尔自治区人才发展基金“天池英才”引进计划青年博士项目的资助，为新疆师范大学博士科研启动基金项目“教育数字化赋能高校师范生协作深度学习的创新模式研究”（编号：XJBSRW2024023）和2025年度自治区高校本科教育教学研究与改革项目“人机协同赋能新疆高校本科生数智素养进阶式提升的教学实践路径研究”（编号：XJGXJGPTA-2025022）的系列成果之一，同时也是新疆高等教育发展研究中心和新疆心智发展与学习科学重点实验室的系列研究成果之一。

最后，感谢所有为本书付出努力和贡献的专家和学者，他们的智慧和经验为本书的撰写提供了重要的支撑和启示；同时，我们也要感谢所有读者对本书的关注和支持；感谢参与教学实践的学生和教师的配合和反馈；感谢出版社的编辑和工作人员的辛勤付出。正是有了你们的支持和帮助，本书才得以顺利完成。我们相信，在大家的共同努力下，计算思维的培养将在基础教育领域得到更加广泛的重视和实践，为智能社会的未来发展培养更多的优秀人才。

2025 年 3 月 10 日

图书在版编目(CIP)数据

计算思维培育 ： 思维型协作深度学习实践 / 徐恩伟，宁可为著. -- 上海 ： 上海人民出版社，2025. -- ISBN 978-7-208-19741-1

Ⅰ. O241

中国国家版本馆 CIP 数据核字第 20258H9F22 号

责任编辑 邵 冲
封面设计 夏 芳

计算思维培育:思维型协作深度学习实践
徐恩伟 宁可为 著

出　　版 上海人民出版社
（201101 上海市闵行区号景路 159 弄 C 座）
发　　行 上海人民出版社发行中心
印　　刷 上海商务联西印刷有限公司
开　　本 890×1240 1/32
印　　张 10.5
插　　页 2
字　　数 264,000
版　　次 2025 年 9 月第 1 版
印　　次 2025 年 9 月第 1 次印刷
ISBN 978-7-208-19741-1/G·2231
定　　价 65.00 元